진보의 합창

진보의 합창 행복한 정치를 위한 프러포즈

1판1쇄 | 2012년 1월 9일

지은이 | 박원석, 이정미, 신언직

펴낸이 | 박상훈
주간 | 정민용
편집장 | 안중철
편집 | 윤상훈, 이진실, 최미정
제작·영업 | 김재선, 박경춘

펴낸 곳 | 폴리테이아
등록 | 2002년 2월 19일 제300-2004-63호
주소 | 서울시 마포구 합정동 413-7번지 1층 (121-883)
전화 | 편집_02-739-9929 제작·영업_02-722-9960 팩스_02-733-9910
홈페이지 | www.humanitasbook.co.kr

인쇄 | 천일_031-955-8083 제본 | 일진_031-908-1407

값 13,500원
ISBN 978-89-92792-30-1 03340

이 도서의 국립중앙도서관 출판시도서목록(CIP)은 e-CIP홈페이지(http://www.nl.go.kr/ecip)와
국가자료공동목록시스템(http://www.nl.go.kr/kolisnet)에서 이용하실 수 있습니다.
(CIP제어번호: CIP2011005747)

*
행복한 정치를 위한 프러포즈

진보의 합창

박원석 이정미 신언직 지음

폴리테이아

차례

우리가 함께 책을 내게 된 이유

시련은 예고편이 없다고 한다

2004년 민주노동당이 13퍼센트 지지율에 10석의 국회의원을 배출하면서 진보 정치의 주역으로 화려하게 등장했을 때, 우리는 몰랐다. 앞으로 우리가 감당해야 할 시련이 무엇인지를 말이다. 운동과 달리 정치는 어떻게 움직이는지, 그래서 어떻게 해야 정치의 세계에서 진보의 위력을 키워 나갈 수 있는지, 그때는 몰랐다.

　모두가 목격했듯, 우리는 정파로 나뉘어 싸웠고 분열했고 분당했다. 지금 생각하면 왜 그렇게들 모질었나 싶을 정도로 상처를 주고받으면서까지 각자가 옳다고 우기기만 했다. 진보 정치의 에너지는 분

그러나 그때까지만 해도 우리는, 각자 어떤 정치가가 되고자 하는가를 책으로 말할 수 있을 만큼 자기 생각을 가져야 한다는 정도로만 받아들였을 뿐, 실제로 책을 쓰는 저자가 된다는 생각은 해보지 못했다.

그런데 책을 진짜 내자고 하니, 일단 박상훈의 말을 들어 보는 게 옳은 것 같았다.

"내세요!"

조심스럽게 이야기를 꺼냈는데, 대뜸 돌아온 대답은 책을 내라는 것이었다. 주권자인 시민으로부터 권력을 위임받고자 하는 정치가가 어떤 이유로 정치를 하는지를 말할 수 없다면 그게 오히려 이상하다고 말했다. 주류 언론은 정치가들이 책을 내고 출판기념회를 하는 것을 부정적으로 묘사하곤 하는데, 그런 '반정치의 이데올로기'에 굴복할 필요가 없다는 말도 했다.

그래서 '정말 책을 내는 건가.' 하는 생각에 이르게 되었는데, 그때 깨달은 것은 우리가 어떤 내용으로 책을 만들지에 대해서는 전혀 생각하지 못했다는 사실이었다. 지금 생각하면 웃음밖에 안 나온다. 참 무모했다.

길지 않은 논의 끝에 각자 자신이 살아온 사회적 삶을 글로 정리하고 그 기초 위에서 앞으로 어떤 정치가가 될 것인지 써보기로 했다. 먼저 각자의 글쓰기부터 마치고 난 뒤, 날을 잡아서 온종일 함께 대담을 이어가 보기로 했다. 각자가 쓴 글과 대담 내용을 바탕으로 책을 구성해 보기로 한 것이다.

급하게 일어나 각자의 글을 써서 만나자고 헤어졌는데, 잘 실감이 나지 않았다. 그때까지도 박원석은 '해보는 데까지 하다가 다시 논의하자.'는 얘기 정도로 생각했다.

신언직은 누구 하나 빠지면 나머지가 곤란해지니 '좋아. 한번 해보자.'고 결심했다. 결심이 서니 어떻게든 역할을 완수해야겠다는 생각에 마음이 급했다.

이정미는 일단 제안한 일이 추진될 수 있다는 데 안도했다. 그런데 그다음은? 머릿속이 하얘졌지만 저질러 놓은 일이니 무조건 잘 성사시켜야 한다는 책임감으로 모든 불안을 잠재웠다.

만들어진 글과 과업의 성취

글을 쓴다는 것, 그것도 책을 내기 위해 쓴다는 것, 그것이 얼마나 대단한 일인가를 그때 알았다. 서로 정한 날짜는 다가오는데 글은 잘 써지지가 않았다.

그런데 신언직이 획기적인 방법을 찾아냈다. 자신과 자신이 어떻게 살았는지를 가장 잘 아는 손낙구에게 부탁해 자신에게 질문하게 했고, 자신이 답변한 말을 녹취한 다음, 그 내용을 다듬어 훌륭하게 글을 완성해 낸 것이다. 그때 신언직은 성취감으로 얼굴에서 빛이 났다. 과업만 주어지면 어떻게 해서든 성과를 만들어 내는 신언직의 첫 역할은 컸다. '실천적 접근'이라는 말에 가장 적합한 스타일이 있다면 단연 신언직이다.

컴퓨터 앞에서 쓰고 지우고를 반복하던 이정미도 이 방법으로 전환했다. 『복지국가 여행기』의 저자인 박선민이 기꺼이 질문자의 역할을 맡아 주었다. 이정미는 자신의 삶과 생각을 말하고 글을 완성해 가면서 그간 살아온 삶을 다시 살았다고 할 정도로 힘들어했다. 그러나 이정미 역시 과업을 성취했다. 그뿐 아니라 이정미는 자신이 살아온 삶의 상처를 치유하는 경험도 했다.

마지막까지 이 책에 공동 저자로 참여할 것인지를 두고 결정을 내리지 못했던 박원석은 일단 나중을 위해서라도 써보라는 박상훈의 조언에 꼬박 하루를 들여 자신의 생각과 삶에 대한 이야기를 써내는 데 성공했다. '촛불 집회 이후의 촛불 집회'라고나 할까, 그의 글에서는 당시 그의 깊은 고민이 배어나 있었다. 지나온 삶을 정리하고 내면의 솔직한 생각을 써내려 가면서 박원석은 한결 자신감을 얻었다.

이렇게 해서 우리는 책에 들어갈 말을 했고 글을 썼다. 과정은 힘들었지만, 배운 것은 많았다. 정치가는 대중에게 자신의 가치와 소명을 밝히고 지지를 구하는 사람이다. 자신을 드러낸다는 것은 무엇을 하며, 어떻게 살았고, 무엇을 하려는가를 분명하게 드러내는 것에서 출발한다.

살아온 인생을 정리해 책을 써내려 가면서 우리 각자는 자신의 삶이 한층 일목요연해짐을 느꼈고, 자신을 지지하는 사람들과 대중에게 자신을 드러낼 얘깃거리들을 분명하게 찾았다. 쓰면 쓸수록 쓰고 싶은 얘기들은 많았고, 지루하지 않도록 줄이고 다듬는 것이 오히려 일이었다. 우리 모두 책을 쓰면서 인생이 더 풍부해지고 스스로 더 깊어지는 것을 느꼈다.

우리, 진보 삼총사

우리가 서로 친해진 과정, 서로 신뢰하게 된 과정을 이야기하지 않을 수 없다. 우리가 함께 일하게 된 것은 민주노동당 분당의 상처를 딛고 다시금 통합 진보의 길을 가자는 취지로 만들어진 진보의합창이라는 시민 정치 운동 조직을 만들면서였다.

진보의합창은 2011년 4월 처음으로 논의가 이루어져 제안되었다. 진보 정당, 학계, 노동계, 시민사회, 법조계, 문화예술인 등 진보 대통합을 바라는 각계각층 사람들의 전국적인 선언과 참여로 조직됐다. 서울의 경우 각계에서 참여하는 5차 선언까지 진행됐고, 부산·울산·경남·인천 등 전국 광역도시에서도 선언과 참여를 통해 1만여 명 이상을 조직화했다.

진보 대통합에 대한 진지한 토론과 워크숍, 진보 정치 콘서트를 진행했으며, 6월 3일 국회 의원회관 대강당에서 출범식을 가졌다. 초기에 기세가 드높았지만, 진보 통합 논의가 여러 이유로 난항을 겪으면서, 진보의합창의 역할과 활동도 침체됐고, 애초 기획한 만큼 사업이 진행되지 못했다.

애초 목표를 기준으로 보면, 진보의합창은 실패했다. 그러나 남긴 것은 많았다. 서로 살아온 길이 다르고 정파가 다르고 시민운동과 정치 사이의 거리도 없는 것은 아니었지만, 그것이 우리가 협력하고 공동 행동을 하는 데 장애가 되지 않을 수 있다는 것을 경험했다. 무엇과도 바꿀 수 없는 성취라 할 만했다.

다르지만 우리는 서로 좋아했고, 아니 달랐기에 서로 부족한 것을 보완했고, 달랐기에 서로에게 넘치는 것을 제어해 줄 수 있었다. 관계를 어떻게 만들어 가느냐에 따라, 서로 다르다는 사실이 분열의 상처가 될 수도 있고 더 큰 협력과 연대의 기회가 될 수도 있다는 사실을 우리는 실천적으로 획득했다. 서로 살아온 날은 다르지만 소속을 떠나, 정파와 진영을 떠나 어느새 세 사람은 함께 정치를 살아갈 든든한 동지가 됐다.

물론 서로 신뢰하고 믿는다고 해도, 우리는 서로 다퉈야 할 때 다툴 것이고 싸워야 할 때 싸울 것이다. 모든 문제에서 우리가 다 같은 생각을 하는 것은 당연히 아니다. 서로의 차이를 분명히 하면서 좁힐 것은 좁히고 다른 것은 조정해 갈 것이다. 갈등과 통합의 변증법을 우리는 실천으로 구현하고자 최대의 노력을 할 것이다.

한때 우리는 따로따로의 서로였다. 그러다 우리는 함께하는 서로가 되었다. 서로 힘을 합하면 무서울 게 없는 삼총사가 되었다. 앞으로도 그럴 것이다.

우리는 삼총사다. 진짜 삼총사다.

고맙다! 감사합니다! 정말 잘해 보겠습니다!

오늘의 우리를 있게 한 모든 분들께 감사한다.

박원석은 자나 깨나 아들 때문에 노심초사하는 부모님, 부족한 형을 믿고 지지해 주는 동생 박원상, 그리고 좋은 남편, 좋은 아빠가 못 됨에도 늘 응원해 주는 아내 최은숙과 아들 박소륜에게 특별한 사랑과 감사의 뜻을 전한다. 참여연대의 임종대·청화·정현백·이석태 공동대표님 이하 임원, 상근 활동가들, 회원들에게 감사를 드린다. 참여연대를 빼고는 오늘의 자신이 있을 수 없었음을 책을 쓰면서 절감했다. 특히 무거운 짐을 떠안게 된 후배들, 그중에도 사회경제 분야 활동가들에게 미안한 마음과 감사의 뜻을 표한다.

신언직은 순탄치 않은 아들의 삶을 따뜻하게 이해해 주며 평생을 살아오신 어머니와, 남편 때문에 자신의 소중한 꿈을 제대로 펼치지 못하는 아내에게 감사하고 미안하고 사랑한다는 말을 꼭 하고 싶다. 개인적으로 이번 책을 위해 도움을 준 손낙구·이지안·박정훈에게도 감사한다. 고맙고, 미안하고, 가슴 아픈 사람들이 너무 많다. 열심히 실천해서 달라진 현실을 만드는 것으로 나의 고마움을 표현하고 싶다.

이정미는 몇 해 전 돌아가신 어머니에게 이 책을 바친다. 삶의 과정마다 상황과 조건에 굴하지 않고 결단할 수 있었던 것은 어머니의 화끈한 성격을 닮았기 때문이다. 굶어 죽지는 않을까 걱정하며 매번 일용할 양식을 살뜰하게 챙겨 주는 언니 이정옥에게 특별히 감사한다. 이미혜, 항상 나의 든든한 기둥이다. 진심으로 고맙다. 영등포위원회 사무국장 정재민은 이 일로 바쁜 나의 공백을 잘 메꾸어 주었다. 나의 스승이신 오종렬 진보연대 상임고문님, 권낙기 선생님께서 오랫동안 건강하시기를 간절히 바란다. 마지막으로 내 삶의 처음이자 언제나 열심히 살아갈 이유가 되고 있는 고 강희철 님을 추억한다.

세 사람 모두 함께 감사할 분들이 있다. 책이 나오기까지 망설이는 우리에게 자신감을 주고 조언하며 이끌어 준 박상훈에게 각별한 우정

의 인사를 보낸다. 또한 책의 방향과 내용에 대한 조언은 물론 거친 글
들을 꼼꼼하게 다듬어 준 박선민 보좌관, 근사한 사진을 찍어 주고 표
지 디자인 작업을 해준 최은선·신현아 님께도 특별한 감사를 표한다.
출판기념회를 위해 노력해 준 김재용·김상열·임진수·안진걸·권혜진·
최인숙·기현주 님께도 진심으로 고맙다는 말을 전한다.

언젠가 진보 정치가 한국 민주주의의 주역으로 우뚝 서게 되는 날
이 왔을 때, 그때 우리는 오늘 우리가 이런 책을 낸 것을 어떻게 기억
하게 될까. 정말 그런 날이 빨리 왔으면 좋겠다.

2012년 1월
박원석·이정미·신언직

진보,
통합의 길을 간다

우리는 어떤 진보인가

▌ 당신은 어떤 진보인가? 사회주의를 기준으로 말해 봐달라.

신언직 ┃　얼마 전 (통합진보당으로) 통합되기 전 민주노동당에서 사회주의 강령을 수정하는 것 때문에 논란이 되었다. 적지 않은 반대가 있었지만 수정되었다. 이 모습을 지켜보면서 내가 그 자리에 있었다면 어떤 입장으로 어떤 표결을 했을까 스스로 묻지 않을 수 없었다.

　1980년대 중·후반 운동권에서 NL·PD 논쟁이 한창일 때 난 NL도 PD도 아니었다. PD에 가까웠지만, NL에 대해서도 개방적인 남한사회주의노동자동맹(이하 사노맹)에 몸담았고, 구속되어 법정에서 공안검사가 "피고인은 사회주의자인가?"라고 물었을 때 "그렇소! 나는 사회주의자요."라고 대답도 했었기 때문이다.

결론부터 말해 표결에 참가했다면 수정안에 반대했을 것이다. 난 여전히 사회주의 가치를 존중한다. 자본주의를 극복하고 새로운 대안을 찾는 데에, 사회주의가 완전한 대안이 될 수는 없을지라도, 사회주의가 말하고 있는 평등과 사회화를 실현하는 것은 여전히 우리가 나아갈 길이기 때문이다. 그러나 난 혁명적 사회주의에는 동의하지 않는다. 민주주의가 진전된 상황에서 20세기 초와 같이 혁명을 통한 사회주의는 어렵다고 판단한다. 민주주의를 통해 현실적이고 평화적인 길로 나아가야 한다.

박원석 | 나는 좀 생각이 다르다. 민주노동당이 사회주의 강령을 삭제한 것은 잘했다고 생각한다. 현실적으로나 세계사적으로나 사회주의는 실패했고 이제 대안이 될 수 없다. 지구상에 남아 있는, 사회주의를 표방하는 체제들도 (해방 체제가 아닌) 어떤 형태로든 억압이 있는 억압 체제에 가깝다. 나는 진보 좌파들이 사회주의 얘기만 나오면 하나같이 무슨 도덕적 강박관념이 있는 듯한 태도를 취하는 것이 마음에 안 든다. 여전히 사회주의가 신념이라는 사람들도 보면 전혀 그렇게 살고 있지 않은 것은 물론이거니와, 실현 가능한 사회주의적 대안이나 비전도 없다.

나는 한국의 진보파가 좀 더 실현 가능한 목표를 개념화할 필요가 있다고 생각한다. 참고로 스웨덴 재무 장관을 지낸 사민주의 이론가

비그포르스(Ernst Wigforss)는 그와 스웨덴 사민당이 설계한 국가 개조의 작업가설을 표현하면서 '잠정적 유토피아'라는 일종의 현실적 이상향을 제시했다. 나는 차라리 그 개념이 도그마가 씌워진 사회주의보다는 현실에 기초해 총체적인 미래상을 제시하는 것으로 유효하지 않을까 싶다. 어쩌면 '과정으로서의 사회주의'라고 할 수도 있겠다. '잠정적 유토피아'는 유토피아로 가기 위해 현실에 징검다리들을 놓는 가설이다. 그런 징검다리 없이 유토피아를 현실에서 구현하겠다는 것은 자칫 공상이 될 수 있다.

이정미 ㅣ 1980년대에는 자본주의 체제의 문제점을 극복할 대안 체제로 사회주의를 지향했다. 하지만 체제 중심 담론은 현실의 변화를 담아내기 힘들었고, 사회주의 이행 자체를 관념화하는 데 일조했다. 나는 대안 체제를 모색하려면 우선 시장 만능과 시장 혐오의 극단적 선택에서 벗어나야 한다고 생각한다. 국가·시민·시장이 상호작용하면서 국가 공동체의 이해관계자들이 일정한 규칙 안에서 시장을 조정하는 모델, 즉 북유럽 사회민주주의가 하나의 대안으로 고려될 수 있다고 본다. 경제적으로는 시장과 계획이 공존하고, 정치적으로는 보통선거와 다당제에 기초하며, 소유에서는 사회적 소유와 사적 소유가 협력하는 형태가 될 것이다.

신언직 ｜ 난 자유주의와 마찬가지로 사회주의 역시 보편적 정치 이념의 하나라고 생각한다. 따라서 사회주의라는 이념이 거세된, 우리 정치의 불구성 때문에 우리의 상상력이 지극히 협소할 수밖에 없는 현실이 몹시 안타깝다. 물론 내가 긍정하는 것은 민주주의와 평화의 가치 위에 선 사회주의다. 현실에서는 유럽식 사회민주주의에 가깝다고 할 수 있다. 그렇지 못한 사회주의, 예컨대 북한식 사회주의에 대해서는 매우 비판적이다. 그래서 이정미가 북한식 사회주의에 대해 어떻게 생각하는지가 궁금하다.

이정미 ｜ 북은 지난 65년 동안 매우 특수한 상황이었다. 미국과 정치·군사적으로 첨예하게 대립하는 가운데 주권을 지키면서 체제를 유지해야 했다. 말하자면 전시(戰時) 사회주의 체제라 할 수 있다. 따라서 북의 사회주의를 전형적인 사회주의의 모델로 보기 어렵다는 점은 인정한다. 하지만 쿠바나 베네수엘라처럼 사회주의를 실현하고자 하는 현실 국가들의 실험은 계속되고 있다. 그렇다면 북의 경우 역시 특수한 조건에서 사회주의 지향과 이념을 실현하고자 하는 현실 체제의 하나로 바라봐야 하지 않을까.

산·분해·약화되어 갔고 진보 정당이 실력을 보여 주길 기대했던 시민들은 실망했다.

다시 함께하는 진보의 길을 가자며 '진보의합창'을 결성했을 때, 처음에는 회의적인 시각이 많았다. 가까운 우리 주변에서도 진보가 다시 분열의 상처를 딛고 일어설 수 있을까 하는 비관론이 없지 않았다. 그러나 누군가 지금의 우리에게 "잘할 수 있을까?"를 묻는다면, 우리는 하나의 높고 강한 음조로 "그렇다!"고 합창하겠다. 정말 잘하고 싶다. 더는 좌절하지 않고 싶다.

시련은 예고 없이 오고, 예기치 못한 시련이 오기까지 인간은 스스로를 과신하다 비극적 운명을 겪게 되곤 한다. 그 시련을 견디고 나서야 함께해야 하고 함께할 수 있다는, 제대로 된 희망이 선명하게 떠오른다. 인생의 경험이 쌓여 가면서 알게 되는 진실이랄까. 어쩌면 실수를 반복하면서 알게 된 삶의 지혜인지도 모르겠다. 확실히, 대가를 치르지 않고 거저 주어지는 '인식의 획득'은 없는 법이다.

우리는 시련을 겪었다. 그리고 그 시련 속에서 배웠고, 내면적으로 더 단단해졌고, 실력도 늘었다. 상처가 없다고 말할 수는 없지만, 그보다는 앞으로 우리가 할 일에 대한 설렘이 더 크다.

지금 우리는 폐쇄적 정파 구조를 넘어 우리 사회의 진보적 변화를 바라는 시민들을 향해 어깨 걸고 일직선으로 날아갈 희망에 부풀어 있다!

"책을 내자고?"

우리가 책을 낸다는 것은 상상도 안 해본 일이었다. 그런데 어느 날 이정미가 같이 책을 내보자고 제안했다. 박원석은 주저했고 신언직은 회의적이었다. 우리가 어떻게 책을 내지?

오랫동안 참여연대에서 시민운동을 해온 박원석은 2008년 촛불 집회를 이끈 주역으로 우리 가운데 가장 잘 알려져 있다. 이정미는 민주노동당 최고위원을 지냈고 이른바 '자주파'(민족문제를 중심에 둔 운동권을 통칭하는 용어로, NL로도 불린다) 운동을 이끌었다. 진보신당 서울시당 위원장을 지낸 신언직은 18년간 노동운동에 복무했는데, 넓게 보면 '평등파'(계급문제를 중심에 둔 운동권을 통칭하는 용어로, PD로도 불린다)에 속했다고 할 수 있다.

이렇게 서로 다른 우리 셋이 그간 진보 통합을 위해 함께한 공동 행동의 경험을 책으로 승화시켜 보자는 것이 이정미의 생각이었다. 좋은 아이디어인 것은 분명했지만, 책을 낸다고 생각하니 아무래도 어색하기만 했다. 그래도 후마니타스 출판사의 박상훈 대표를 만나서 상의해 보자는 데까지는 서로 이야기가 되었다.

박상훈은 '정치바로아카데미'에서 정치 분야 강의를 했고 우리 셋 모두 그 강의를 수강했기에 잘 알고 지내는 사이였다. 그는 늘 정치가는 글과 말을 다루는 직업이니 책을 쓸 수 있어야 한다는 말을 많이 했다.

잘못 이야기하다가는 〈국가보안법〉에 걸리겠다.(웃음) 아무튼 북한 이야기가 나온 김에 남북 관계와 통일 문제에 대해 이야기해 보자. 대안은 무엇인가? 연방제인가 남북 연합인가? 아니면 두 체제 간 평화공존인가?

이정미 | 2체제 1국가 방식의 완전한 연방제를 이루는 데는 시간이 걸릴 것이다. 그럼에도 단일국가 체제에 대한 지향을 포기해서는 안 된다. (현 시기 과제로 남북 연합 단계를 거칠 수는 있으나) 완전한 연방제 방식에 부합하는 완결된 통일은, 한반도를 포함한 동북아 평화를 위해서뿐만 아니라, 우리가 미국을 포함한 주변 강대국으로부터 확고한 정치·경제·외교적 주권을 갖기 위한 숙명적 과제다.

신언직 | 분단 체제를 극복하는 것은 통일의 과정이기 때문에 많은 시간이 필요하다. 통일은 서로를 인정하고 존중하는 것을 전제해야 하기 때문에 '흡수 통일'은 위험하다. 그렇다고 '평화공존'에만 머무르는 것 또한 분단 체제에 따른 문제를 근원적으로 해결하지 못하기에 옳지 않다. 결국 6·15 공동선언에 담긴 연방과 연합의 길로 가야 한다. 난 연방과 연합의 중간 어딘가에 길이 있지 않나 생각한다. 남북 간의 정치·군사적 긴장과 경제적 격차 등을 해소하는 긴 과정을 거치면서, 유럽연합보다는 약간 높지만 미국(의 연방제)보다는 낮은 수준의 통일을

모색하는 것이 현실적이라고 본다.

박원석 | 북한은 두 가지 측면을 동시에 가진 상대라고 본다. 한 측면은 외교의 대상인 국가이고, 다른 한 측면은 민족적 특수 관계다. 나는 두 가지 관점 사이에서 균형 잡힌 시각으로 북한을 봐야 한다고 생각한다. 일차적으로 중요한 것은 남북 간 평화·협력·교류의 정착과 확대다. 여기서 더 나아가 상호 군축과 정전 상태 종식을 통해 영구적인 평화 체제로 나아가야 한다. 나는 이 모든 단계를 통일로 봐야 하며, 과정으로서의 통일의 관점을 갖는 게 중요하다고 생각한다. 남과 북 사이에는 남북기본합의서와 7·4 공동성명, 6·15 공동선언, 10·4 공동선언 등 남북의 평화공존과 통일에 관한 비전을 합의한 역사적 문서들이 있다. 나는 국가연합·연방제와 같은 통일국가의 상을 막연하게 그리기보다 우선은 남북 간의 합의 사항을 구현하는 것이 중요하다고 본다.

주제를 정치 노선에 대한 것으로 바꿔 보자. 민주당(민주통합당)에 대해 어떻게 생각하나? 왜 야권 단일 정당이 아니라 독자적 진보 정치의 길이 중요하다고 보는가?

신언직 | 지금 진보 정당에 주어진 과제는 크게 두 가지다. 하나는 MB

정권을 심판하고 정권을 교체하라는 국민의 명령이고, 다른 하나는 한나라당·민주당 양당에 실망하고 환멸을 느끼면서 제3의 새로운 대안을 찾는 국민의 열망에 부응하는 것이다. 얼마 전에 (민주당을 포함해 진보적 야권 단일 정당을 만들자며 결성된) '혁신과통합'을 주도하고 있는 몇몇 분을 만나 길게 얘기를 나눈 적이 있다. 요지는 "야권 단일 정당을 통해 정권 교체를 이루고 그 안에서 진보 블록을 만들어 힘을 키우자."는 것이었다. 정권 교체와 진보의 힘을 키우는 것에 대해서는 많은 부분 공감했다. 그러나 민주당과 진보당이 이념과 역사, 정체성이 다른데 단일 정당이 가능한가에 대해서는 견해를 달리했다. 난 민주당이 제대로 혁신하기를 바라며 이를 위해 노력하는 분들을 존중한다. 그러나 민주당이 당을 깨는 수준의 혁신을 하지 않는 이상 단일 정당은 보수 대 진보로의 재편이 아니라 기존의 양당 체제로 복귀하는 것이라 판단했다.

지금은 진보와 복지가 대세이며, 새로운 재편기다. 한나라당조차 복지를 말하지 않을 수 없는 시대 상황이 되었다. 새롭게 보수 대 진보로 재편되어야 한다. 기존의 양당 체제로 복귀하는 것은 시대정신을 제대로 담아내는 것이 아니다. 이는 이미 박원순·안철수 현상이 잘 말해 주고 있다. 따라서 진보 정당이 나아갈 길은, 첫째, 통합진보당으로 힘을 키우고, 둘째, 야권 연대를 통해 정권 교체를 이루고, 셋째, 기존의 낡은 양당 체제를 새로운 보수 대 진보 구도로 재편해 가는 것이다.

박원석 | 일단 총선의 야권 연대가 중요하다. 반MB 선거 승리의 관점에서도 그렇고 진보의 권력 자원을 늘리는 측면에서도 그렇다. 진보정당의 입장에서 피할 이유가 없고, 적극적으로 임해야 하는데, 전망이 간단하지는 않을 것이다. 민주당 입장에서는 정세가 좋고 후보자들이 넘치기 때문에 웬만해서는 통합진보당에 양보하려 하지 않을 것이다. 어떤 원칙과 기준을 갖고 총선 야권 연대를 할 것인지 시민사회까지를 포함해 논의를 시작해야 한다.

야권 단일 정당 또는 연합 정당은 (다른 원론을 모두 떠나) 진보 정치의 세력이 약한 조건에서 선뜻 받아들이기 어려운 방안이 아닐까 싶다. 야권이 합치는 게 국민의 명령이라는 주장도 있지만, 국민이 바라는 것은 정확히는 한나라당과 일대일 구도를 만들라는 것이다. 일대일 구도를 만드는 방법은, 꼭 단일 정당이나 연합 정당이 아니더라도, 연합 공천이나 후보 단일화 등 여러 가지가 있을 수 있다. 진보 정당이 더 성장한 이후 진보 대 보수로 정치 지형을 재편하는 전략적 관점에서 변화를 시도해 볼 수는 있다. 그런 가능성에 대해서는 열린 사고가 필요하다.

이정미 | 정당은 애초에 그 사회를 구성하는 계급·계층이 자신의 이해관계를 대변하는 정치적 대리인을 선출하고자 만든 조직이다. 우리 사회의 절대다수인 노동자를 대변하는 정당이 있어야 하는 것은 당연하

다. 그러나 지역 기반 정당의 권력 분점으로 점철된 한국의 척박한 정당 구조에서 노동자들의 정당은 오랜 기간 존재하지 않았다. 민주당이 지역주의 정당을 벗어나지 않는 한, 기득권을 유지하고자 하는 관성에서도 벗어나지 못할 것이다. 모든 정당이 '자신을 지지하는 계급·계층을 대변하는 조직'이라면, 민주당도 그 기준으로 당을 재정립해야 한다. 현재의 민주당은 그들이 표방하는 가치도, 이념도, 정당 운영 방식도 진보 정당과 다르다. 그러나 진보적 정권 교체라는 국민의 요구를 실현하기 위한, 2012년 총선·대선에서의 야권 연대는 반드시 이루어져야 한다.

> 진보신당·사회당에 대해서는 어떻게 생각하는가? 이들도 참여하는 진보 통합의 길은 없는 것인가?

박원석 | 단도직입적으로 말해, 진보신당·사회당과는 함께 못하면서 국민참여당과 할 수 있었던 이유는 뭘까? 나는 정치를 보는 시각, 정치관의 차이 때문이라고 본다. 진보신당·사회당은 권력이라는 수단을 획득해 사회를 변화시키겠다는 뚜렷한 목표보다는, 신념과 이상을 지키면서 현실 정치의 한계를 지적하고 비판하겠다는 것으로 정치의 역할을 설정하고 있는 듯하다. 흔히 '빛과 소금의 정당', '등대 정당'이라는 말도 하는데, 물론 그런 역할도 필요하고, 그렇게 하겠다는 분들의

뜻도 존중해야 한다. 그러나 그것을 넘어서자는 게 진보 대통합의 취지였고, 그 결과가 통합진보당이라면 나는 서로 갈 길이 다른 것이라고 생각한다.

신언직 | 아쉽고 안타깝고 마음이 아프다. '통합파'로서 진보 대통합을 위해 노력했음에도 진보신당이 통합에 이르게 하는 데는 실패했다. '통합파'의 부족함을 스스로 되짚어 볼 때라 생각하고 있다. 나는 이른 바 '독자파'가 주장하는 신념의 정치를 존중한다. 나 자신이 1987년 백기완 독자 후보론을 주창했을 때부터 적지 않은 기간 비슷한 길을 걸었기 때문이다. 그러나 아무리 좋은 진보의 가치와 정책이 있다 해도 그것을 실현할 정치의 수단, 즉 권력을 매개하지 않으면 안 된다. 그리고 진보 정당이 2004년 원내에 진출해 시민권을 획득한 이후에는 그 가능성이 열렸다. 또 비록 진보 정당이 갈라져 어려웠지만 그 가능성은 시대적 전환기를 맞이해 더 커지고 있었다. 따라서 진보 통합은 신념의 정치를 넘어 진보 정치가 권력을 수단으로 현실을 바꿔 보고자 하는 전략적 선택이었다. 나는 그 길을 가고자 통합파로서 노력했고 진보신당을 떠나 통합진보당을 시작했다. 함께했던 분들께 미안한 마음이 왜 없겠는가. 그러나 이제는 자신이 선택한 길에서 최선을 다할 때라 생각한다. 그 과정에서 상호 협력하고 경쟁하다 보면 더 큰 길에서 만날 거라 믿는다.

이정미 |　　정당의 목표에 대해 인식의 차이가 있다. 나는 정당이라면 집권을 목표로 해야 하며, 이를 통해 우리를 지지하는 사람들의 삶을 구체적으로 개선해야 한다고 생각한다. 진보신당·사회당과는 가고자 하는 길과 목표가 다르다. 이들이 하고자 하는 것은 사회의 진보적 방향을 제시하고 개척하는 일이다. 소금 역할이라고 할 수 있다. 대중적 진보 정당 안에서 다 같이 함께하고자 했지만 길이 달랐다. 나는 이들이 자신의 역할을 잘 수행하길 진심으로 바란다.

> 모두에게 깊은 상처로 남아 있는 2008년 분당에 대해 묻고 싶다. 분당 당시 각자 입장은 어땠는가? 지금 입장에서 분당을 어떻게 평가하며, 얻을 교훈이 있다면 무엇이라고 보는가?

신언직 |　　2007년 대선 패배와 함께 민주노동당 지도부는 총사퇴했다. 그 뒤 심상정 혁신비상대책위(이하 비대위)가 만들어졌고 나는 대표 비서실장으로 참여했다. 아침 6시부터 다음 날 새벽까지 동분서주했던 기억이 난다. 내부를 조율하고 대표의 대외 업무를 처리해야 했다. 당선자 신분으로 방문한 이명박 대통령을 맞기도 했다. 여하튼 바쁘게 돌아갔다. 그러나 신경은 온통 비대위 혁신안이 대의원대회를 통과하느냐 여부에 쏠렸다. 부결되면 대규모 탈당과 분당을 피할 수 없었기 때문이다. 이미 한쪽에서는 선도 탈당을 시작했고 대선 패배의 주요 책임을 저야

하는 다수파는 '일심회' 건이 불거지면서 혁신안에 비판적이었다.

결국 대의원대회에서 부결되자 분당이 시작됐다. 분당만큼은 안 되게 하려고 많이 노력했는데 혁신안이 부결되면서 역부족이었다. 막을 수도 도망갈 수도 없었다. 대거 탈당하면서 다들 진보의 재구성을 얘기했는데 그렇게 확 와 닿지 않았다. 꼭 탈당하고 새로운 정당을 만들어야 하는지 의문이 가시지 않았다. 마지막까지 고민하다 그동안 함께해 온 세력의 유실이라도 막아야겠다 싶어서 진보신당에 참여했다.

되돌아 생각해 보면 뼈아프다. 시간을 더 갖고 무조건 하나의 합의안을 만들어 내든지, 아니면 대의원대회가 아니라 당원들에게 직접 묻는 방법을 갖고 더 논의해야 했는데 그렇게 하지 못했다. 정파 질서가 강한 대의원대회에 그대로 올려 봐야 부결될 것이 뻔했다. 실책이었다. 그리고 분당 과정에서 서로 많은 상처를 주었고 진보 정당을 지지하는 사람들에게 크나큰 실망을 주었다. 이른바 진보 정치를 하는 사람들이 잘못했을 때 진보 정치만이 아니라 얼마나 많은 사람들에게 좋지 않은 결과를 가져오는지 뼈저리게 경험했다.

박원석 ┃ 나는 당원이 아니었기 때문에 세세한 정황은 모른다. 다만 분당이 결정되는 대의원대회를 인터넷 생중계로 지켜보면서 어렵게 싹튼 진보 정치가 이렇게 길을 잃나 하는 생각에 안타까웠다. 진보 정당이 미성숙했고, 정치적 목표가 불분명했기 때문에 내부 문제에 집착

하고 싸웠던 것이 아닌가 싶다. 수권 정당이라는 목표가 실제로 분명하고 정치적 힘을 키워야 한다는 목적의식이 뚜렷하게 공유돼 있었다면, 권력투쟁도 분당이라는 극단적인 방식이 아니라 다른 방식으로 해소될 수 있지 않았을까 싶다. 인간은 감정의 동물이기 때문에 분당의 상처라는 게 다 치유되고 사라지지 않았을 것이다. 통합 또한 우여곡절을 겪었고 당내 정파들 간 힘의 불균형이라는 것도 분명히 있기 때문에 경우에 따라서는 또 다른 문제들이 생길 수도 있다. 다만 더 큰 목표를 갖고 통합한 만큼 성숙하게 문제를 풀어야 할 것이라 본다.

이정미 ㅣ 나는 당시 당 대회 부의장이었다. 혁신안이 부결되고 환호하는 사람들과, 눈물 흘리며 당 대회장을 떠나는 사람들을 단상에서 참담한 마음으로 지켜봐야 했다. 모두가 정치적으로 미숙했다. 태생적으로 진보 정당에는 다양한 세력이 공존한다. 당내 다수 세력이 당 운영을 주도할 수도 있다. 하지만 그 과정과 내용이 합리적이고 설득이 가능해야 한다. 그렇지 않았을 때 민주적 운영은 어려워지고, 패권주의가 강화된다.

혁신안이 부결될 경우 당의 분열이 예상되었음에도 모두가 안일했다. 또한 분당 전 비대위는 당내 갈등 수습에 대한 전권을 가지고 있었지만 여전히 당내 소수이기도 했다. 그렇다면 다수의 합의를 이끌어낼 수 있는 합리적 조정안을 마련했어야 했다. 어떤 정당이든 심각한

갈등이 생길 수 있다. 보수 정당 안에서도 그런 경우가 종종 발생한다. 하지만 이런 이유로 당을 깨지는 않는다. 당시 민주노동당의 정파 세력들은 자신의 운동 진영의 논리로 당을 바라보고 운영했다.

신언직 ┃ 당원 총투표에 대해서는 어떻게 생각하나? 나는 당시 혁신 비대위가 당원 총투표를 하자는 안건을 올렸다면 어땠을까 생각해 본다. 앞으로도 민감한 사안에 대해 당원 총투표로 하자는 의견이 있을 수 있다.

이정미 ┃ 당원 총투표가 당원들의 직접민주주의를 강화한다는 원론적 입장에서는 찬성한다. 그러나 당내 리더십이 제대로 작동되지 못하면서 당원 직접 민주제에 기대어 문제를 해결하려 할 때는 당내 갈등이 더 큰 파국으로 치달을 위험성도 충분히 고려해야 한다.

박원석 ┃ 나는 당직·공직 선출이 아닌, 정당의 운영과 관련해 당원 총투표를 자주 하는 것에는 부정적이다. 그건 책임 정치가 아니라 일종의 포퓰리즘이 될 수도 있다. 당원에게 묻겠다는 것이 일견 민주적인 것처럼 보이지만, 리더십이 책임을 회피하는 측면도 있고, 권력 강화 수단으로 활용되기도 한다. 당의 운영은 최고위원회나 대의원대회 같은 의사 결정 기구들이 책임지고 하는 게 맞다.

> 당시 일심회 사건으로 이른바 '종북' 논쟁이 불거졌다. 종북이라는 개념을 어떻게 생각하는가? 또, 이번 통합 과정에서도 같은 문제가 제기되었는데, 다 해결된 것인가?

박원석 ㅣ 두 측면으로 나누어 봐야 한다고 생각한다. 내면의 자유, 사상의 자유라는 면에서 개인이나 집단이 어떤 체제와 사상을 동경하고 추종하는 것까지 문제 삼을 수는 없다. 그러나 '일심회' 사건처럼 당의 공적 지위에 있는 구성원이 개인적으로든 집단적으로든 실정법이 금하고 있는 체제와 직접 연루되는 것은 경우가 다르다. 대중정당이 실정법의 한계나 문제를 비판할 수는 있어도 (실정법을) 무시할 수는 없고, 국민 정서도 의식하지 않을 수 없다. 그러나 다른 한편, '종북'이라는 딱지 붙이기식 논란을 정당 내부에서 벌인 것이 적절했는지는 의문이다. 좀 더 냉정하게 당기 위반 행위, 일탈 행위로 책임을 묻고 처리했으면 어땠을까 싶다. 앞으로도 북핵 문제, 북의 권력 승계 문제 등 민감한 현안에 대한 공식 입장을 대외적으로 표할 때 이견이 발생할 수 있을 것이다. 나는 토론해서 결정하면 되고, 이견이 있다면 그대로 드러내는 것도 여러 정파가 통합된 진보 정당다운 방법이라고 본다.

신언직 ㅣ 나는 좀 다르게 생각한다. 쉽게 해결될 문제가 아니라고 본다. 물론, 종북 문제 등 논란이 되었던 사안들에 대한 상호 이해를 이끌어 낸 진보 통합 연석회의의 5·31 합의로 대북 문제에 대해서는 일정한 가이드라인이 만들어졌다. 대북 문제는 한쪽의 입장으로 정리하는 것이 아니라 다른 입장의 표명도 인정하기로 했다. 그렇게 해서 가이드라인이 만들어졌지만, 그러나 앞으로도 여전히 논란은 나타날 수밖에 없을 것이다. 신념의 차이에서 비롯된 부분도 있기 때문에, 생각을 바꾸지 않으면 안 되는데 그게 잘되겠나. 서로 노력하고 상호 이해의 기반을 넓혀 가야 하겠지만, 어떻게 해야 그런 변화를 이끌 수 있는지는 앞으로의 과제라고 본다. 솔직히 말해, 그게 쉽게 가능할지에 대해서는 낙관적이지 못하다.

이정미 ㅣ 나는 종북 논란 자체가 납득되지 않았다. 우리는 통일을 지향하는 정당이다. 만약 근본적으로 통일 정부를 지향하지 않는다면 모를까 통일 정부를 구성하려면 그 대상이 있어야 하는 것 아닌가. 북은 그 길을 함께 만들어 갈 파트너다. 그런데 '종북'이 뭔가? 북을 무조건적으로 고무·찬양한다는 것인데, 이것은 우리가 가져야 할 통일 지향을 왜곡하는 것이다. 또한 보수주의자들은 분단 현실을 악용하면서 친북·연북에 대해 가공하거나 과장해 왔다. 진보 진영은 이에 대해 좀 더 객관적 입장을 견지해야 하지 않았을까. 국민의 눈높이도 고려하면서, 그러나 진보 정당만이 할 수 있는 과감한 대북 정책을 추진하며 평화 통일 정당으로서의 위상을 확고히 하는 것도 우리의 과제다.

인연의 시작, 진보의합창

역시 미묘한 차이가 느껴진다. 그렇다고 너무 다른 측면만 말할 수는 없겠는데, 우선 세 사람이 함께 참여한 진보의합창을 시작하게 된 이유부터 듣고 싶다.

박원석 ┃ 먼저 나는 시민운동이 '빅텐트론'처럼 민주당 중심의 통합 또는 단일 정당론으로 쏠려 가는 것을 견제하고 싶었다. 여러 이유와 명분으로 포장하겠지만, 시민운동이 또 한 번 민주당에 물 대주는 역할을 했다는 평가를 받아서는 안 된다고 생각했다. 2011년 2월에 박석운 한국진보연대 대표를 만나 처음으로 상의했는데, 처음에는 포럼 형태의 더 작은 모임을 생각했다. 내가 간략한 제안서를 썼고, 박석운 대표와 함께 민주노동당의 권영길·강기갑 두 의원과 김창현 울산시당 위원장, 그리고 진보신당의 심상정·노회찬 고문을 두루 만나며 논의가 커졌다. 그 외에도 학계·노동계·시민사회 등의 사람들을 다양하게 만났고, 진보 정치의 통합을 위한 시민 정치 운동체인 진보의합창을 만들었다. 기존의 진보 정치를 구성하고 있는 세력만이 아니라, 더 폭넓고 다양한 세력이 참여하는 명실상부한 진보의 대통합을 이뤄 내고 싶었고, 그게 진보 정치가 힘을 갖는 1단계라고 생각했다.

이정미 | 사람들은 통합 정당에 대한 열망이 높았다. 이에 비해 실무 협상은 지지부진하게 진행되었고, 그러다 보니 그 진정성에 대해서도 의구심을 갖게 되었다. 통합에 대한 대중의 열망을 보여 주고, 되돌릴 수 없는 일로 만들기 위해서는 진보의합창 같은 대중운동이 필요하다고 생각했다. 통합 협상을 이끌어 가는 지도부에 힘을 보태 주고 싶기도 했다. 당이 분열될 때에도 끝까지 반대한 통합파였던 나는, 진보 정당의 통합에 모든 것을 걸고자 했다.

신언직 | 민주노동당으로 진보가 하나의 목소리를 내다가, 민주노동당·진보신당으로 분당되면서 불협화음의 중창을 했는데, 2010년 지방선거 이후 진보 대통합 논의가 시작되었다. 독창하는 것도 들어 봤고 나뉘어 중창하는 것도 들어 봤는데, 이제는 통합해서 합창을 하라는 시대적 명령이었다고 본다. 하나 더하기 하나가 둘이 되는 통합이

아니라 셋이 되고 넷이 되는 대중적 통합 운동이 되어야 한다는 것이었다.

당시 나는 진보신당 서울시당 위원장을 마치고 2012년 4월 총선 출마를 위해 다시 강남 지역으로 돌아와 지역 활동을 하고 있었는데, 진보 통합 논의가 시작되면서 두 가지 제안을 받았다. 하나는 당에서 통합 사업을 하는 수임위원이었고 다른 하나는 진보의합창 공동집행 위원장을 하는 것이었다. 잘하고 싶었다. 하나 더하기 하나가 아니라 셋을 만들고 넷을 만드는 일을 하고 싶었다. 자주파와 평등파의 통합, 좌파와 우파의 통합, NL과 PD의 통합이 아니라 그걸 넘어서야 한다고 생각했다. 그러려면 아래로부터의 광범위한 대중적 참여를 통해 새로운 에너지를 만들어 가야 한다고 판단했다.

진보의합창, 그 과정과 결과를 총평한다면?

이정미 ｜ 나는 진보의합창 집행위원장을 하면서 주로 지역 조직을 구성하는 일 등 사람을 만나고 조직하는 일을 총괄했다. 출범식 때의 감동을 지금도 잊을 수가 없다. 권영길·강기갑·노회찬·심상정 네 분 의원들과 김영훈 민주노총 위원장의 토크쇼는 유쾌한 웃음을 자아냈고, 민주노동당·진보신당 당원들이 함께 어울린 '합창'을 보면서는 코끝이 시큰했다. 사람들이, 당이 분당되고 나서 웃을 일이 별로 없었는데

오늘은 정말 기쁜 날이라고 했을 때 정말 뿌듯했다. 진보 통합을 바라는 정당, 시민사회, 노동 세력 등 광범한 세력을 결집했다는 점은 가장 큰 성과였다. 그러나 진보의합창은 시작만큼 결실을 잘 맺지 못했다. 진보 통합을 지지한다는 데는 모두가 동의했지만, 향후 전망에 대해서는 의견이 다양했다. 진보 통합이 되면 당으로 흡수되어 해체하는 것인지, 정치적인 시민 단체로 계승할 것인지 논란이 되었고, 여러 이해관계를 통일하기도 어려웠다.

신언직 | 진보 통합에 동의하는 모든 세력을 하나로 모으기 위해 다섯 차례의 '진보의합창 선언' 운동을 벌였다. 그리고 이를 바탕으로 진보의합창 출범식을 국회 의원회관 대강당에서 했다. 신언직·이정미 우리 둘이 공동사회를 봤는데 등에서 땀이 났다. 행사나 집회 사회는 민주노총 때 내 전공이기도 해서 쉽게 생각했는데 그렇지가 않았다. 콘서트 형식의 문화 행사여서 생소하고 새로웠다. 우습게 봤다가 큰코다칠 뻔했는데 파트너인 이정미가 내 실수까지도 잘 받아 줘서 성공적으로 끝났다. 이후 본격적인 활동이 시작되었는데, 결과적으로 아쉬운 것은 진보의합창 노력이 진보 통합으로 온전히 수렴되지 못한 것이다. 진보 통합이 우여곡절을 겪으면서 진보의합창이 그 이상 발전하지 못했다. 다만 진보 정당을 지지하는 시민 정치 조직의 단초를 열었다는 점에서 의의가 있다. 앞으로 야권 연대 논의가 진행될 텐데 진보 정당

을 대변하는 역할을 하지 않을까 생각한다.

박원석 | 솔직하게 말할까? 나는 통합도 중요하지만 변화와 혁신에 관심이 많았다. 하지만 그런 면에서는 한국 진보 세력이 여전히 무겁고, 완고하고, 실용적이지 못하다는 느낌을 받았다. 요즘 말로 '구리다.'고 해야 하나. 진보의합창은 좀 결이 다른 정치 운동을 해보자고 모인 건데, 두 정당(민주노동당·진보신당)을 중심으로 한 통합 논의의 종속변수가 돼버렸다. 일단 정치인들은 당내 정치 눈치 보고 살피느라 자유롭지 못했고, 노동이나 진보 지식인 그룹은 되는 것도 없이 논란만 일으켰다. 뭐 하나 경쾌하게 치고 나가는 것이 없다 보니, 차라리 내가 시민사회 사람들을 따로 모아 문제 제기를 하는 게 나았을 뻔했다는 생각도 들었다. 시간이 가면서 내가 할 수 있는 일이 크지 않다는 판단을 하게 됐고, 자연스럽게 역할을 줄였다.

결국 성과는 만족스럽지 못했다는 것인데, 그럼 여기 세 사람을 포함해 같이 일했던 사람들과의 경험은 어땠나?

이정미 | 좋았다. 신언직은 내가 아는 최고의 낙관주의자였다. 박원석은 어쩜 그렇게 혼자서도 잘 싸우던지, 배우고 싶었다. 물론 일을 하면서 아쉬운 점도 있었다. 논의는 많았는데 일을 실행하고 성공시키는

조직력이 부족했다. 하지만 셋이 함께 일했다는 이유만으로도 골치 아픈 통합이 즐겁게 느껴졌다. 재미있었다.

박원석 ｜ 일단 코드가 잘 맞았고, 인간적으로나 정치적으로 가까워졌다. 나는 함께 일하는 사람들과의 호흡, 그리고 재미를 중시하는 편인데, 다시 만나 일해도 재미있을 것 같다. 신언직은 노동운동 출신으로는 쉽게 만나기 어려운 말끔한 강남 좌파다. 인간적이고 경험도 많고 웃음도 많은 낙관주의자다. 이정미는 착하고 사람도 잘 챙긴다. 주변에 따르는 젊은 후배들이 많은 것도 장점이다.

신언직 ｜ 진보의합창 소집권자였던 박석운 대표 이야기도 하고 싶다. 한마디로 대단했다. 얼마나 일을 쪼아 대는지 아마 이 분야에서는 따라갈 사람이 없을 거다. 정말 '영원한 집행위원장'이란 별명이 그냥 생긴 게 아니었다. 판을 짜고 끌고 가는 실력도 대단했다. 그렇지만 한마디 해야겠다. "박 선배님, 앞으로는 같이 일하고 싶지 않습니다. 이제 대표 역할 많이 하시니 집행위원회 회의 땐 오지 마세요."(모두 웃음)

박원석 ｜ 박석운 대표는 민중운동 영역에 있는 나의 멘토라고도 할 수 있는 분이다. 예전부터 민중운동 진영에서 시민운동과 허심탄회하게 소통하고 경계를 넘나들 수 있던 유일한 분이기도 한데, 이건 박 대표

만이 갖고 있는 장점이다. 대단한 추진력과 완력의 소유자이면서도 아
이처럼 순진하고 맑은 심성을 가진 분이다.

신언직 │　　최철원 상황실장 이야기도 안 할 수 없다. 대개 이런 일은 회
의가 많고 이렇게 하자 저렇게 하자는 말은 많고 되는 일도 없는 법인
데 최철원이 있어 일이 돌아갔다고 본다. 상황실 식구들과 함께 궂은
일을 도맡아 묵묵히 했다.

이정미 │　　일을 진행하는 데 아무리 머리가 많아도 손발이 없으면 헛일
이다. 진보의합창에 함께했던 젊은 친구들이 애를 많이 썼다.

새로운 전환, 통합진보당

▋ 우여곡절 끝에 통합진보당이 출범했다. 그 과정을 어떻게 평가하나?

박원석 ┃ 아쉬운 점들이 많다. 우여곡절 끝에 왔지만 결국 일부는 함께하지 못했고, 국민에게 감동을 주는 대통합도 만들어 내지 못했다. 시기도 여러 번 놓쳤다. 막판에는 이도 저도 안 된 상황에서 그동안 바짝 날 세우고 논의했던 것들 다 접고 정치 상황이나 힘의 관계에 떠밀려 간 측면도 없지 않다. 물론 통합이 이루어지지 않은 것보다는 낫고, 국민의 기대도 일정하게 받고는 있어서 다행이다. 다만 통합으로 생기는 시너지나 정치 효과는 오래 못 간다. 모든 정당에게 앞으로 총선까지의 정치적 경쟁의 요체는 '누가 더 새로운 면모를 보이는가?' 하는 혁신의 경쟁일 것이다. 어떻게 다양한 세력들을 포괄해 내느냐, 어떤 비전을 보여 주느냐, 그리고 총선에서 어떤 성적표를 받느냐가 향후 통합진보당의 발전과 진로에서 관건이 되지 않겠나 싶다.

신언직 | 진보신당이 함께하지 않아 미완의 진보 대통합이고, 전통적인 진보 세력과 진보적 자유주의 세력이 손을 잡은 새로운 시도다. 그리고 개인적으로 진보신당에서 함께했던 분들과 헤어져야 하는 아픔을 겪었다. 이제는 결과로 말해야 한다고 생각하고 있다. 총선과 대선을 통해 집권을 꿈꾸는 당이 되느냐 그렇지 않느냐 하는 도전을 잘 헤쳐 나가야 할 것이다.

이정미 | 쉽게 올 수 있는 길을 너무도 어렵게 돌아왔다. 지름길을 놔두고, 지뢰 가득한 미로를 통과한 기분이다. 이 과정에서 우리가 논의해야 할 많은 것들을 놓쳤다. 과거에 대한 평가가 없었음은 물론 통합된 진보가 지향해야 될 미래 비전에 대한 토론도 부족했다. 물론 진보정치가 주류에 편입하기 위한 전략적 제휴, 국민참여당과의 합당을 두려워할 필요는 없다. 진짜 두려워해야 할 것은 '국민들의 마음을 얻느냐 마느냐'다. 진짜 정치 하는 기분이 든다.

> 통합진보당 내 정파 간 패권주의를 극복하는 것이 과제일 텐데, 어떻게 보나?

박원석 ㅣ 패권주의 문제나 정파 문화가 없어졌다고 보기는 어렵지만, 앞으로 통합진보당이 원내에서 의석이 커지고 또 대중정당으로 확대돼 당원이 크게 늘어나면 해결할 수 있다고 본다. 정당 내 다양한 의견을 가진 그룹들이 있고 그 사이에 정치적 경쟁이 일어나는 것은 당연하다. 그렇지만 과거 운동권의 정파 구도를 지금도 답습하고 있는 것은 좀 후진적이지 않나? 기존 정파 분류를 뛰어넘어 다양한 당내 의견 그룹이 생겨야 하는 것 아닌가. 하나 더 지적하면 '보이지 않는 권력'처럼 정파가 기능하는 것도 문제다. 당 안의 당도 아닌데, 밀실에서 나와 공개적으로 이름을 걸고 경쟁해야 한다. 다양한 의견 그룹이 공개적으로 정치적 경쟁을 하면서도 이견을 조정하는 방향으로 문화도 바꾸고, 제도도 만들어야 한다고 본다. 당내 영향력 있는 정파와 그 리더들이 과거와 다른 마음가짐이나 태도를 보여 줬으면 좋겠다.

이정미 ㅣ 정파 구조 자체가 문제는 아니다. 비공개 정치조직의 특성과 공개적 활동 공간이 갖는 특성의 부조화가 문제였다. 정파는 정당과는 달리 책임을 물을 수 있는 객관화된 구조를 갖지 않았기 때문이다. 정파를 문제 삼기보다 문제가 되지 않을 방도를 제시하는 것이 성숙한 태도라 본다. 공개적으로 활동하게 하면서 책임도 물을 수 있는 당내 정파 그룹이 활성화되어야 한다. 이것은 당연히 그 정파 조직의 정책과 방향을 책임질 리더를 중심으로 갈 수밖에 없다. '쇄신 그룹', '개혁 그룹' 등 기존 정당들에서 볼 수 있는 계파 활동에서도 배울 것이 있다고 본다. 패거리가 아니라 생산력을 갖는 그룹으로 나아가기 위해서는 정책 투표제 같은 제도의 도입도 적극 고려해야 한다.

신언직 ㅣ 정파 패권 문제는 난제 가운데 난제다. 진보 통합이 최종적으로 결정되면서 진보신당에서 나온 통합파 모임인 '통합연대'도 해산됐고 그러면서 의견 그룹으로 전환하자는 논의가 있었다. 난 반대하지는 않았다. 그러나 난 통합연대로 과거와 같은 정파 활동을 할 생각은 없다. 그렇게 되면 또 다시 갇히게 된다. 이쪽에서 진영을 짜면 저쪽에서도 진영을 짜게 마련이다. 난 먼저 내 안의 벽을 허무는 일부터 시작해 볼 생각이다.

> 통합진보당의 허니문은 곧 끝날 것이다. 아마도 본격적인 내부 갈등은 공천을 둘러싸고 전개될 텐데, 우선 개방형 비례대표 선출에 대한 의견이 어떤지 듣고 싶다.

신언직 ㅣ 통합 선언 이후 10퍼센트대의 지지율이 나왔는데 이를 어떻게 끌어올릴지가 중요하다. 개방형 비례대표도 여기에 초점을 맞춰야 한다. 2030세대와 통하는 인물, 촛불 시민사회를 대변하는 인물, 사회운동의 대표자. 이런 분들이 개방형 비례대표가 돼서 통합진보당이 총선에서 승리하고 대중적 진보 정당으로 발전하는 데 기여했으면 한다.

박원석 │ 개방형 비례대표제를 둔 것은 당 밖의 새로운 세력을 포괄하려는 변화이고 발전이다. 시민사회 입장에서 보면, 진보 정당에 개방형 비례대표제 같은 것이 확대됨으로써, 민주당으로만 휩쓸려 가던 흐름에 변화를 가져올 수 있는 계기도 된다고 본다.

이정미 │ 좀 더 근본적으로 문제를 짚어 보고 싶다. 우선 진성 당원제에 기반을 둔 진보 정당 운영의 기본 정신이 훼손되어서는 안 된다는 점을 강조하고 싶다. 그러나 과도기적으로 당의 문호를 여는 것이 당발전에 기여할 수 있다면 일정한 외부 참여를 인정할 수 있다. 그런 점에서 이번에 우리 당이 합의한 개방형 비례대표 30퍼센트 전략 공천은 진짜 전략적으로 해야 한다. 당의 지지 기반을 확대하는 데 기여할수 있는 방식을 모색해야 한다. 이런 목표가 분명하게 관철되는 것이라야 의미가 있다. 몇몇 지도부가 밀실에서 논의하고 결정하는 방식이라면 개방형 명부의 의미가 퇴색될 것이다.

  선출 방식과 관련해 내 생각을 분명히 말해 보고 싶다. 첫째, 20~30

대 청년 명부는 꼭 두어야 한다. 대학생과 청년들이 대거 참여하는 선거인단 모집 등의 참신한 경선 방식을 통해 청년층의 지지를 확대하고 젊은 진보 정당으로 나아가야 한다. 둘째, 여전히 진보 정당이 필요하다고 생각하는 시민사회 진영이 있다. 이들을 결집시켜야 하고, 전략 공천도 이들을 고려해야 한다. 셋째, 노동자와 농민 등 기존의 전략 지지층 이외에 진보 정당이 주목해야 할 계층인 중소 자영업자를 고려해야 한다. 현재 이들의 삶은 비정규직 노동자와 다를 바 없고, 개별화되어 있지만 우리 사회의 다수를 차지하고 있다. 이들의 삶을 대변할 정치 세력은 진보 정당밖에 없다. 이런 점을 분명히 해두지 않으면 나중에 결국 정파 간 나눠 먹기로 전락하고 말 것이다.

박원석 | 기왕 공천 얘기가 나와서 한 가지만 더 얘기하자면, 통합진보당이 각종 선거 공직 후보를 선출할 때 주권 당원만이 아닌 국민의 의사를 직접 묻는 '국민 참여 경선'과 같은 방안을 도입하는 것을 적극적으로 고려하면 좋겠다. 이번에도 '후보 조정을 하고 안 되면 후보 간 합의에 의해 당원 투표, 여론조사 등의 방법으로 결정'하는 정도에서 합의되는 것 같은데, 국민 참여 경선이 유발하는 관심이나 역동적 에너지를 정치적 확장이 필요한 소수 정당이 마다할 필요가 없다. 나는 이번 총선은 몰라도 대선 후보 선출에서는 그런 요소를 능동적으로 끌어안아야 한다고 본다.

공천 과정에서 또 한 가지 논란이 될 문제는 민주당과의 협력 문제일 것이다. 반MB 목표를 달성하기 위한 민주당과의 연정은 가능한 일인가?

이정미 ┃ 연정의 가능성은 우리가 얼마만큼 영향력을 갖느냐에 달려 있다. 우리가 영향력을 발휘할 수 있는 정치 세력화를 이루지 못한다면 연정 자체가 불가능할 것이며, 설사 한두 자리 양보받는다 해도 의미가 없다. 그래서 총선이 중요하다. 원내 교섭단체를 구성할 수 있을 정도의 힘을 가져야 한다. 2012년 권력 교체는 단순히 이명박과 한나라당에 대한 반대가 아니라 대중의 삶이 실질적으로 개선되는 것을 목표로 삼아야 한다. 총선 결과를 통해 진보 정당의 실력을 높여야 한다는 것, 향후 정권이 좀 더 진보적·개혁적인 방향에서 대중의 삶을 책임질 수 있어야 한다는 것, 이 두 가지 기준을 가지고 총선 이후에 판단해도 늦지 않다.

신언직 ┃ 야권 연대는 가치와 정책을 넘어 권력의 문제로 가야 한다고 본다. 2012년 총선에서는 가치와 정책을 중심으로 후보 단일화를 하려고 시도는 하겠지만, 쉽지 않을 것이다. 민주당은 여론조사 지지율을 갖고 진보당을 압박할 것이다. 그리고 대선에서도 여론조사 방식의 단일화로 압박해 올 것이다. 따라서 총선에서 무슨 일이 있어도 지지율을 높이고 많은 국회의원을 배출해야 한다. 그리고 이것이 대선에서 야권 연대의 내용을 결정지을 텐데, 그 수위를 어떻게 할지를 결정하기엔 아직 이르다. 단 공동 집권과 연정에 대해서도 열어 놓고 적극적으로 고민할 필요가 있다고는 생각한다.

박원석 ㅣ 대선 문제를 지금 얘기하기는 이르고 신중해야 한다고 본다. 자칫 공동 연립정부 구성을 고리로 총선 전에 당을 합치자는 식의 논의가 나올 수도 있다. 민주통합당과 연정은 생각해 볼 수 있고, 진보정치가 집권으로 가는 데 필요한 힘을 키우는, 중간 단계의 권력 참여로 볼 수도 있다. 다만 그것은 검토할 수 있는 경로이지, 고정불변의 상수 내지 목표로 단정해 버리면 안 된다. 민주당과 연립정부를 상수로 단정하면 역설적으로 진보 정치의 내부 동력이 떨어질 수 있다. 연합 정치라는 것이 힘이 있는 쪽에서 2퍼센트 부족해 손을 내미는 것인데, 비토 파워(veto power)를 가진 진보 정당이 먼저 서두를 필요가 없다. 게다가 이번에는 안철수라는 강력한 변수까지 잠복해 있지 않나? 문제는 결국 힘이다. 통합진보당이 목표로 하는 원내교섭단체를 돌파하면, 대선 지형은 또 종전과 달라질 것이다.

다시 통합진보당으로 초점을 옮겨 보자. 먼저 통합진보당이 향후 해결해야 할 과제를 요약해 달라.

박원석 ┃ 통합진보당의 색깔과 새로움을 국민들에게 차별화해 보여야 한다. 통합 이후 시간이 많이 흐르지는 않았지만, 지금까지는 그런 것이 사람으로든, 비전으로든, 정당 운영 원리로든 아니면 다른 무엇으로든 크게 안 보였다. 총선에서 반MB의 정치적 수혜자는 민주통합당이 될 가능성이 크고 복지국가는 너도나도 주워섬길 것이기 때문에, 그것을 넘어선 통합진보당만의 정체성과 비전, 색깔을 보이는 것이 중요하지 않겠나. 개인적으로는 경제 정의 문제, 재벌 문제 등을 어떻게 할지에 대한 분명한 비전과 대안을 세웠으면 좋겠다. 노무현 정부가 재벌을 제대로 못 다뤘는데, 다음 정권의 성격과 운명도 '재벌을 어떻게 다룰 것인가'에 달려 있다.

이정미 ┃ 아직도 옛 민주노동당 당원들 중에는 국민참여당과 통합하는 것에 대해 걱정하는 분들이 많다. 그중에서도 민주노동당의 창당 정신인 노동 중심의 가치가 희석되지는 않을까 하는 우려가 제일 큰 듯하다. 민주노동당 안에도 정파 구조는 있었지만, 앞으로 각기 다른 정당 조직을 운영해 왔던 세력들 간에 화학적 융합이 잘될지도 걱정이다. 창당 과정에서 소소하지만 이런 우려들이 조금씩 현실로 나타나기도 했다. 나는 진보 정치의 정체성에 대해 당분간 경합의 시기를 거칠 수밖에 없다고 본다.

민주노총을 포함해 기존의 배타적 지지 단체들에 대해 더 많은 정성을 기울여야 할 것이다. 당의 정체성은 그 당을 떠받치는 당원들의 힘에서 나온다. 노동 현장을 비롯한 진보 정치의 중심 세력들이 더 많이 당원으로 가입할 수 있도록 노력해야 할 것이다. 합당 과정에서 합의한 기본 가치들이 실질적으로 공유될 수 있도록 당원 교육도 강화해야 한다.

그러나 더욱 중요한 것은 새로운 통합 정당이 새로운 진보 집권 시대를 열어 갈 전망을 제시하고 그것으로 당원들의 마음을 모아 나가는 것이다. 통합 이후 행정적 문제에 너무 시간을 허비해서는 안 된다. 관심과 지지를 끌어낼 수 있는 이슈를 만들고 비전을 제시하는 전략 단위가 시급히 가동되어야 할 것이다. 그런 토대 위에 2012년 선거에서 통합진보당은 분명히 약진할 것이다. 진보 정치의 진짜 승부는 그때 시작될 것이다. 2017년에는 우리 힘으로 구체제와 단절하고 새로운 정치사회 체제를 반드시 만들 수 있어야 한다.

신언직 | 앞서 한 이야기에 더해 한 가지만 분명히 덧붙여 두고 싶다. 2012년이라는, 한국 정치의 대전환기를 맞이해 '집권을 꿈꾸는 진보당'의 정체성을 세워야 한다. 2012년 총선을 통해 영남에서는 한나라

당과 맞서는 제1 야당이 되어야 하고, 호남에서는 민주당과 경쟁하는 당이 되어야 한다. 그리고 수도권에서도 반드시 국회의원을 당선시켜 제3의 대안 정당으로 힘을 키워 나가야 한다. 힘을 키워야 한다. 힘! 힘이 없으면, 우리가 한 모든 이야기는 장밋빛 꿈 내지 헛된 공론이 되고 만다. 미래에 대해 우리가 믿을 수 있는 것은 우리가 가진 힘이라는 사실을 중심에 두고, 모든 문제 내지 과제에 접근했으면 하는 바람이 간절하다.

진보가 이끄는 미래 권력의 모습

좋다. 진보가 힘을 갖는다면, 당신은 어떤 나라를 만들고 싶은가? 두 세 문장으로 요약해서 표현해 달라.

박원석 ㅣ 짧게 얘기하면 선진국이다. 정치적 자유, 경제 정의, 누구에 게나 적절한 수준의 사회보장, 기회의 평등, 평화 등 이 다섯 가지가 실현되는 나라다. 여기서 더 나아가 생태 친화적인 사회, 누구나 일정 수준 이상의 문화를 향유할 수 있는 사회라면 선진국이라고 본다.

이정미 ㅣ 지금 당장 만들고 싶은 나라는 '상식이 통하는 나라'다. 시장 체제의 개혁이 핵심 화두다. 재벌 개혁, 노동3권 보장, 조세 개혁이 시 급하다.

신언직 ┃　내가 만들고 싶은 대한민국은 좀 더 평등하고, 좀 더 평화롭고, 좀 더 생태 친화적인, 일하는 사람들이 행복한 나라다. 노동이 아름다운 복지국가 대한민국이다.

▌　그에 반해 지금 한국 사회는 어떤 상황이라고 보나?

박원석 ┃　앞서 말한 기준으로 하나씩 따져 보면 된다. 일단 〈국가보안법〉과 같은 정치적 부자유와 억압이 있다. 최근에는 정부 비판도 자유롭게 못한 상황이다. 경제나 시장은 재벌이 장악해 불공정성이 만연해 있고, 사회는 갈수록 양극화되고 있다. 한미 FTA로 대표되는 무분별한 신자유주의 정책으로 국가 경제가 위협받고 있다. 세계 15위권의 경제라면서 사회보장 수준은 OECD 최저이고, 결과의 불평등이 기회의 평등을 가로막고 그로 인해 더 큰 결과의 불평등이 생기는 악순환에 있다. 남북 관계는 단 몇 년 사이에 1990년대 초반 수준으로 후퇴했으며, 때때로 전쟁의 불안과 위험마저 느낀다. 토건 공화국이라는 말처럼, 한 치 앞을 내다보지 않는 생태와 환경의 파괴가 개발이라는 이름 아래 버젓이 진행된다. 미래는 물론 하루하루 현실이 불안한 국민의 불만이 목까지 차올라 있는 불안 사회다.

신언직 ┃　1987년 6월 항쟁으로 정치적 민주주의에 큰 진전을 이뤘으나 세계적인 신자유주의로 사회경제적 민주주의는 제대로 나아가지 못하고 있다. 6·15 합의가 있었지만 남북 간 긴장은 계속되고 있다. 또한 환경 파괴로 자연과 인간의 지속 가능성이 위협받고 있다. 지금 이 대전환기가 아닌가 생각한다. 세계적으로 신자유주의가 끝나고 있다. 미국식 신자유주의를 따라 한 나라들이 다 망하고 있다. 미국 금융 위기가 유럽으로 넘어가고 이제는 세계적인 경제 위기를 맞이하고 있다. 대한민국도 예외가 아니다. "경제가 어렵다", "먹고살기 힘들다."라는 목소리가 나온 지 오래됐다. 이제는 20 대 80의 사회가 아니라 1퍼센트의 금융 투기 자본과 재벌이 99퍼센트의 노동자와 서민에게 희생을 강요하는 사회가 되었다. 정치는 어떤가. 먹고사는 문제가 제일 중요한 문제로 떠오르면서, 사람들은 이 문제를 제대로 해결하지 못한 기존의 정치에 대해 "아니다."라고 말하고 있다. 민생의 위기가 정치의 위기로 이전된 상황에서, 낡은 정치에 대한 대수술이 시급하다. 정치를 근본적으로 바꾸어야 한다.

이정미 | 우리 국민들의 일상을 한마디로 요약하자면 '불안'이다. 대학은 갈 수 있을까, 졸업하면 취직은 될까, 직장에서 해고되면 어떻게 하나, 연애하고 결혼할 수는 있나, 애는 낳으면 잘 키울 수 있나, 늙으면 어떻게 사나……. 기본적인 생활이 모조리 불안한 사회다. 삶이 이런 조건에 있으면 누구도 행복할 수가 없다. 객관적으로 처한 어려움도

크지만, 근본적으로 더 중요한 것은 자신의 삶의 조건을 변화시킬 힘이 있느냐일 것이다. 우리 사회의 약자나 피해자들이 문제 해결의 주체가 될 수 있게 하는 것, 그게 핵심일 텐데 지금의 우리 현실은 그와는 거리가 멀어도 한참 멀다.

> 제대로 된 민주주의라면 정치가 사태 해결의 중심 동력이 되어야 할 텐데, 지금의 한국 정치를 어떻게 보나?

신언직 | 보수 한나라당은 파산선고를 받고 박근혜가 구원투수로 나서 다시 신장개업 중이다. 민주당은 호남을 기반으로 하는 늙은 정당의 한계를 극복하기 위해 민주통합당으로 리모델링 중이다. 통합진보당은 양당 체제에 실망한 국민들에게 제3의 선택을 받고자 새롭게 출발했다. 내년 총선과 대선에서 어떤 결과를 얻는지가 향후 정치 지형을 좌우할 것이다.

박원석 | 그렇다. 부자 정치, 늙은 정치, 낡은 정치로는 이 문제를 풀 수 없다. 2011년 서울시장 보궐선거가 끝나고 어느 신문에선가 "한나라당은 부자 정치, 민주당은 늙은 정치, 진보 정당은 낡은 정치"라고 쓴 것을 보고 공감한 적이 있다. 국민들은 정치의 대안을 목말라 한다. 안철수 현상이 나타나는 것도 그래서다. 누가, 어떤 세력이 대안 세력

으로서의 면모를 보이고 국민의 정치 갈증을 해소하느냐가 최소한 향후 10년의 정치 질서를 좌우할 것이다.

▌ 복지국가 관련한 논쟁이 한창이다.

박원석 │ 그 자체는 일단 고무적이다. 조·중·동이 여전히 포퓰리즘 운운하지만, 2010년 지방선거에서 친환경 무상 급식 정책에 대한 지지나, 2011년 서울시장 재·보궐선거를 거치면서 복지가 대세인 점은 확고해졌다. 문제는 너도나도 복지를 말하는 통에 차별성이 없고, 좀 식상해졌다는 것이다. 진보가 복지를 얘기하려면 박근혜와 다른 차별성이 있어야 한다. 나는 세 가지라고 본다. 첫째, 재벌 문제와 경제 정의 문제를 복지와 결부시키는 것이다. 경제와 복지는 하나의 통합 구조물이다. 공정한 경제 없이 좋은 복지는 있을 수 없다. 둘째, 노동에 대한 보호, 좋은 일자리 문제를 복지의 핵심 내용으로 삼아야 한다. 노동시장의 근원적 불평등을 해소하지 않고, 사회보장을 통한 재분배로 해결해 보겠다는 것은 환상이다. 셋째, 조세 형평성과 재정 개혁이다. 부자 감세하면 복지는 없다. 재정지출의 우선순위도 바꿔야 한다. 복지국가라 하면 흔히 스웨덴처럼 사회보장 수준이 높고, 노동이 탈상품화된 모델을 생각하는데, 사회 발전의 경로 의존성이라는 측면에서 한국이 스웨덴 같은 복지국가로 가기란 쉽지 않다. 현실적인 이행 전략을 짜는 것이 중요하다. 그런 점에서 나는 앞서 말한 원칙들에 기초해 핵심적인 개혁 대안, 재정 대안, 타임 플랜을 정리해 '제1차 복지국가 5개년 계획' 같은 것을 내놔야 한다고 본다. 진보가 집권해 그런 계획을 한 5차까지 돌리면 선진국으로 간다는 비전을 보임으로써 추상적인 담론 수준의 복지국가를 실질적인 비전과 계획으로 구체화해야 한다.

이정미 ┃ 복지국가를 만들기 위해서는, 첫째, 진보 진영의 집권 가능성이 높아져야 한다. 둘째, 지속 가능한 정권이 되어야 한다. 미래를 내다보고 설계해야 하는 복지 제도의 특성상, 복지국가는 그 정책을 실현할 의지가 있는 정당이 단기적으로 집권해서는 완성할 수 없기 때문이다. 즉 지금의 복지국가 논쟁에 빠져 있는 다당제 구조, 정치 개혁, 정당명부제 확대 등의 개혁이 함께 논의되어야 한다.

좀 다른 질문을 하고 싶다. 애초 민주노동당은 노동자 계급정당으로 시작했다. 그런데 통합진보당이 만들어지면서 일종의 국민정당 내지 대중정당의 이미지가 더욱 강해진 느낌이 든다. 이제 계급은 버려지는 것인가?

신언직 ┃ 우문이다. 물론 '통합진보당은 노동 중심성이 약화됐다.'는 비판이 있다는 것은 잘 안다. 국민참여당까지 함께했으니 당연한 지적이다. 그러나 '계급이냐 대중이냐' 같은 식으로 둘 중 하나를 선택해야 한다는 듯이 말하는 것은 옳지 않다. 노동자를 대변한다는 점에서, 통합진보당은 노동자를 위한 노동자들의 정당이라는 성격을 갖는다.

박원석 | 우선 현대사회에서 노동의 문제를 곧 계급 문제로 좁혀서 환원하는 것도 과거의 사고방식이라고 생각한다. 그렇게 해서는 노동자들이 갖고 있는 다양한 정체성을 지나치게 추상화해 버릴 수 있고, 노동자들이 갖는 중산층적 욕망 같은 것을 설명할 수 없게 된다. 자본주의사회에서 진보 정당이 노동의 가치를 중시하는 것은 당연하다. 그런데 동시에 진보 정당은 다양한 서민과 사회적 약자를 대변하는 정당이기도 하다. 계급정당의 성격을 버린다고까지 할 필요는 없겠지만, 지나치게 배타적으로 강조하는 것도 다양한 계층을 포괄하는 데는 제약이 되지 않겠나. 진보 정당이 수권으로 나아가기 위해서는 대중정당으로의 체질 개선이 필수적인데 이게 어려울 수도 있기 때문이다.

이정미 | 대중의 삶의 양상은 기본적으로 계급적이다. 그러나 이 사회는 역사적으로나 정치적으로나 존재에 대한 인식을 가로막는 걸림돌이 너무 많다. 계급이란 말은 사람들에게 이념적으로 들린다. 여전히 많은 사람들이 자신은 노동자가 아니라고 생각한다. 시민성과 노동계급성의 일치를 어떻게 만들어 낼 것인가가 우리에게 주어진 과제다.

진보 정당과 노동조합은 동반 성장해야 한다. 제2의 노동자 정치 세력화를 위해 새로운 진보 정당에 당원으로 가입하는 운동을 대대적으로 펼쳐야 한다. 민주노총의 강력한 지지가 필요하다. 또한 연대의 또 다른 축은 비정규직과 청년 노동자가 될 것이다. 당원 확대와 노조 가입률 확대가 동시에 이루어질 수 있도록 노동자들의 조직화를 위한 당의 적극적 노력도 필요하다.

> 하지만 지금과 같은 노동운동에 대한 비판도 많다. 우리 노동운동의 과제는 무엇이라고 보는가?

신언직 ┃ 노동운동의 내부 혁신, 희망버스와 같은 사회적 연대, 정치가 바뀌는 것, 이 세 가지라고 본다.

이정미 ┃ 노동운동의 위기를 말하면서 정규직 대공장 노동자들의 조합 이기주의를 비판하는데, 문제의 원인이 무엇인가를 잘 짚어 봐야 한다. 1997년 정리 해고의 칼바람이 분 이후 대공장 노동자들도 일상적인 생존의 위협을 느끼고 있다. 잘리지 않고 회사를 다니는 동안, 자녀 교육과 노후 문제를 모두 해결해야 한다는 위기의식이 노동 연대를 제약하고 있다. 안전망 없는 노동 유연성이 가져온 결과다. 사회적으로 해결해야 할 과제이기도 하다.

다음으로는 노동자들의 고용구조가 다변화되고 있다는 것이다. 8 백만 가까운 비정규직 노동자들이 자신을 세력화할 수 있는 조직을 갖지 못하고 있고 실제 노동3권의 사각지대에 놓여 있다. 비정규 노동자들의 노동기본권을 해결하기 위해 이들을 대변할 노동 조직이 다양한 방식으로 만들어져야 한다. 그러나 청년유니온과 같이, 이들을 보호할 노동조합조차 인정하지 않는 사회구조 안에서는 이런 문제를 해결하기 어렵다. 노동운동의 위기를 극복하기 위해서는 정치권에서 고용 안정과 노동3권 보장을 위한 근본 대책을 제시하고 새로운 활로를 열어 주어야 한다. 노동운동 자체의 혁신도 모색되어야 하겠지만, 스스로 문제를 다 해결하기는 매우 어려운 상황이라고 본다.

박원석 ∣   가끔 답답함을 느끼는데, 복지국가 논의를 할 때도 노동은 꼭 '노동 중심의 복지국가'라고 얘기해야 직성이 풀리는 경향이 있다. 그게 아니라 "원래 복지국가는 노동이 중심이다."라고 말하고 노동이 앞장서서 주장하며 치고 나가는 게 맞지 않나. 모든 문제의 중심이 노동이라는 것을 실천적으로 보여 주지 못하고 형식적으로 요구하는 경향이 있는데 이걸 극복해야 한다. 이 사회에서 노동의 역할이나 의제를 좁은 의미의 노동 내부로 국한시키지 말고, 넓은 곳으로 나와 사회와 만나고 주도하겠다고 나서는 것이야말로 제일 중요하다. 그리고 이를 적극적인 연대를 통해 구현해야 하지 않겠나. 정규직과 비정규직의 연대, 노동과 시민의 연대, 보편적인 사회연대 같은 것에 노동의 성패가 달려 있다고 생각한다.

> 그 밖에 중요하게 여기는 가치가 있다면?

신언직 | 일본 원전의 폭발이 경고했듯이 생태주의 사회를 만들어야 한다. 우리는 개발과 성장 지상주의에서 벗어나 생명과 생태를 존중하고 자원과 환경을 보존함으로써 미래 세대에 살 만한 자연을 물려주어야 한다. 진보당은 녹색의 가치를 실현하는 정당이 되어야 한다. 그리고 녹색당 추진 세력과도 적극적으로 협력과 연대를 해나가야 한다.

이정미 | 2004년 여름 동성애자 인권 캠프에 초대받은 나는 처음으로 이 사회의 성소수자들이 겪는 고통스러운 삶의 현실을 알 수 있었다. 고등학교 때 부모에게 처음으로 성 정체성의 혼란을 털어놓았다가 기절할 때까지 구타를 당하고 정신병원에 감금되었다는 한 친구는, 그 뒤로 가족 모두와 연락을 두절한 채 외로운 삶을 살아가고 있었다. (사실상의 가족을 이루고 있음에도) 가족이 되면 누릴 수 있는 복지 혜택으로부터 배제당한 채 살아야 하는 동성 커플도 있다. 세상의 90퍼센트는 다수일 수 있지만 그들만이 정답은 아니다. 존재하는 10퍼센트도 그 자체로 의미 있는 삶을 살 권리가 있다. 이성애자가 아니라는 이유

로 학교와 직장에서 차별받고 폭력의 상황에 노출되는 비인간적인 사회에서 이제 좀 벗어나야 하지 않겠나. 다양한 성적 지향이 존중받고 인정되는 사회가 되어야 한다. 성소수자에 대한 모든 차별을 금지하는 제도가 반드시 마련되어야 한다.

█ 재외국민 증가, 다문화 가족 증가에 대해서는 어떻게 생각하나?

신언직 ┃ 재외국민과 다문화 가족이 증가하면서 선거에 영향을 미치는 새로운 집단으로 등장하고 있다. 재외국민의 경우 2012년 선거에서 첫 투표를 하면 그 흐름을 알 수 있을 것이다. 최근 보수 단체가 적극적으로 나서고 있다. 진보도 움직여야 한다. 해외의 진보적인 단체와 협력하고 해외 당원을 늘려 의미 있는 역할을 하도록 구체적인 대책을 마련해야 한다. 다문화 가족에 대한 관심도 확대해야 한다. 이주 노동자에 대한 지원과 같이 다문화 가정에 대한 지원 방안도 함께 모색해야 할 것이다.

█ 최근 남북 관계에 대한 우려가 많다.

박원석 ┃ 김대중·노무현 정부를 거치면서 진전됐던 남북 관계가 일거에 후퇴한 상황이라, 이를 복원하기 위해서는 시간과 노력, 비용이 들

것이다. 게다가 김정일 국방위원장이 사망하면서 북한에 새로운 권력이 들어서고 또 안정을 찾는 시간이 필요하기 때문에 남북 관계는 생각보다 더디게 정상화될 수 있다. 한 가지 역설적인 사실은 연평도 포격 사건이 일어난 이후, 강남에서 오히려 이명박 정부의 안보 무능과 경직된 대북 정책을 비판하는 여론이 높아졌다는 점이다. 주가가 순식간에 크게 출렁이면서 돈을 날렸기 때문인데, 이른바 지정학적 리스크가 상존하는 한반도에서 평화가 관리되지 않으면 먹고사는 문제도 담보할 수 없다는 실례가 아니겠나. 그런 점에서 남북 관계의 평화적 관리는, 진보나 보수를 떠나 합리적인 세력이라면 모두가 동의할 수 있는 목표라고 본다.

▮ 청년 세대의 문제에 대해서는?

이정미 | 우리 시대에는 대학을 나온 청년들에게 기회의 기득권이 보장되었다. 그러나 지금은 대학을 나오든 아니든, 기득권이라는 것 자체가 없다. 이 문제를 해결하기 위해서는 청년들 스스로의 결단이 필요하다. 지금 한국 사회의 청년 문제를 스펙 쌓기와 경쟁 대결을 통해 해결할 수는 없다. 10년 후의 한국 사회는 지금의 청년 세대가 주도할 것이다. 그 인생을 책임지기 위해서 직접행동과 광범한 연대에 나서라고 말하고 싶다. 청년들이 성공한 멘토들의 위로나 받는 무력한 세대

가 아님을 보여 주어야 한다.

박원석 | 2008년 촛불 시위 때까지만 하더라도 청년 세대가 경제 현실로 인한 심리적 억압에 너무 짓눌려 있다는 평가가 많았다. 그런데 그뒤로 달라졌다. 등록금 문제를 들고 나왔고, 청년유니온과 같은 조직도 생기고 주목받았다. 연이은 재·보궐선거에서 투표율도 높아졌고, 현 정권에 대한 심판 여론도 상당했다. 정당들이 앞다투어 2040대책을 마련하거나 청년 비례대표 얘기가 나오는 것도 그 때문이다. 청년 세대가 현실 비판의 목소리를 찾기 시작한 것은 굉장히 의미 있는 변화인데, 이런 흐름은 총선과 대선을 거치면서 더 커질 것이라고 본다.

차세대 진보 리더십

주제를 바꿔 보자. 평등을 강조하는 진보 진영에게 리더십이란 무엇인가?

박원석 ┃ 나는 진보 정당들이 과거 개인으로 상징되는 리더십이 작동하는 정당 모델에 대해 부정적인 인식을 갖고 있었다고 본다. 과거 민주노동당의 '당직·공직 겸직 금지'가 대표적인 사례다. 2004년 총선을 통해 원내에 진출한 정치인들이 진보적 대중 정치의 스타로 떠올랐지만 그런 리더십이 정당정치에는 활용되지 못했다. 그 결과는 당연히 진보 정당이 갖는 자원과 잠재력을 조직하는 데 있어서 빈약한 성과로 나타났고, 당은 정파 간 패권 다툼으로 얼룩져 결국 분당에 이르렀다. '당직·공직 겸직 금지'는 폐지됐지만, 이른바 '의회주의에 대한 경계'와 '변혁성 유지'라는 명분 아래, 개인으로 대표되는 리더십을 경계하고 이를 부정적으로 여기는 경향은 여전한 것 같다. 현대 정치의 리더십은 대중으로부터 검증되고 형성되는 것이다. 눈에 안 보이는 세력 또는 선거와 같은 공개적인 장을 통해 리더십을 검증받을 의사가 없는 사람들이 당의 운영과 의사 결정에 영향력을 미치는 것은 정상적인 현상이 아니다.

이정미 ㅣ 2004년, 민주노동당은 1인 권력 집중에 대한 경계가 너무 심했다. 수평적 의사 결정, 평당원 민주주의 등이 과도하게 강요되기도 했다. 국민들은 한 정당이 그려내는 영상을 그 정당의 리더를 통해 본다. 지금은 진보 진영 안에서 여러 정치적 리더들이 경합하는 시기다. 이것은 자연스러운 과정이고, 당이 피해 가서도 안 되는 과정이다. 여기서 우리도 차기 유력 대권 주자도 만들어 내고, 국민의 사랑을 한 몸에 받는 진보 정치 아이콘을 만들어야 한다. 그리고 그 과정에서 검증된 인물이라면 정파를 떠나 힘을 모아야 하지 않을까 싶다.

신언직 ㅣ 좋은 정치는 좋은 지도자와 좋은 지지자가 함께 만든다. 나는 노동운동을 하면서 단병호 위원장과, 진보 정치를 하면서 권영길·심상정·노회찬과, 이제 통합진보당에서는 정책위 공동의장을 맡았으니 이정희·유시민 대표와도 가까이에서 일하게 되었다. 리더는 하루

아침에 만들어지지 않는다. 그만한 내공이 있어야 하고 또 그 사람만의 색깔이 있어야 한다. 단병호 위원장은 어떤 고난에도 굴하지 않는 '일관된 카리스마'가 있고, 권영길 의원은 "어, 어." 하는 것 같지만 판을 깊이 들여다보면서 하나로 모아 내는 '통합의 리더십'이 있다. 심상정 대표는 현장에서부터 잔뼈가 굵어서 그런지 단단한 실력의 소유자이고, 노회찬 전 의원은 누구 말대로 '조선제일언(言)'에 비견되는 말의 힘이 있고, 이정희 대표는 사람을 끄는 힘이 있다. 지금 통합진보당은 과도기 3인 공동대표 체제다. 3인의 장점을 살려야 한다. 유시민 대표의 대중 소통의 리더십까지 포함해 3인의 장점이 최대한 발휘되도록 모두가 노력할 때다.

> 과거 '3김'과 같은 정치 리더십 모델은 사라졌다. 그들을 대신할 새로운 리더십 내지 차세대 리더십이 필요한 것 아닌가?

박원석 | 이미 국민이 그것을 원하고 있는 것 아닌가. 당장에 보더라도 의사·기업가·교수로, 정치와 무관하게 살아왔던 안철수에 대한 지지를 보면, 기존의 리더십과 다른 새롭고 참신한 리더십에 대한 기대는 폭넓다. 또 이정희 대표처럼 젊은 리더십에 대한 지지가 높은 것도 차세대 리더에 대한 기대에서 나오는 것이다. 얼마 전 어느 여론조사에서 차세대 리더를 묻는 조사 결과를 보았는데, 오세훈과 나경원 두

사람이 여전히 수위를 다투더라. 구세대 행태를 너무나 많이 보인 두 사람이 여전히 차세대 리더에 이름이 오르내리는 것 자체가 뭔가 문제가 있다. 진보 정치에서도 차세대 리더들을 발굴해 이런 현실을 바꿔야 한다.

신언직 ┃ 당연하다. 진보도 마찬가지다. 1987년 6월 항쟁 이후 노동운동은 단병호 위원장, 진보 정치는 권영길 대표라는 걸출한 인물을 탄생시켰다. 그다음 주자는 노회찬·심상정이었고, 뒤이어 이정희 대표가 떠올랐다. 2012년 총선과 대선을 통해 새로운 리더들이 많이 만들어져야 한다. 지금의 리더들 역시 총선에서 이기느냐 그렇지 않느냐에 의해 정치 진로가 달라질 수 있기 때문이다.

세 사람은 그간 조력자 인생을 살았다. 그러다 이제 정치 전면에 나서기로 결심한 이유는?

이정미 ┃ 권영길·노회찬·강기갑·심상정·이정희를 제외하고는 진보 진영 리더들이 대중 앞에 검증받아 볼 기회가 별로 없었다. 나도 마찬가지다. 정치 전면에 나선다는 것은 대중 정치인으로 살아간다는 것이다. 당의 최고위원, 대변인, 지역구 총선 후보 등 지금까지의 경험은 좋은 정치가가 되기 위한, 실력 있는 정치를 펼치기 위한 준비 과정으로 충분했다.

신언직 ㅣ 전노협부터 국회 보좌관까지 15년을 단병호 위원장과 일했고 민주노총에서 민주노동당까지 10년 넘게 권영길 대표와 일했다. 리더와 함께했으니 참모였던 셈이다. 그런데 40대 중반을 넘기면서 바뀌었다. 지도자를 도와 대리 실현하는 것을 넘어 직접 뛰어들어 해 보고 싶었다. 스스로에 대한 자신감도 생겼고 이루고 싶은 꿈도 분명해졌기 때문이다. 그런데 회사 생활을 접고 창업하면 꼬박꼬박 받던 월급이 생각나듯, 새로운 영역을 개척하려니 힘들다. 옛날 우산 속이 그립기도 하다. 하지만 내 힘으로 새로운 우산을 만들면 더 많은 사람들이 비를 피할 수 있지 않을까 생각한다.

박원석 ㅣ 정치가 계속되는 한, 또 시대가 변화되는 한, 언제나 차세대 리더들이 필요하다. 그러나 그게 나여야 하는지에 대해서는 아직 생각해 보지 못했다.

이정미 ㅣ 다시 강조하고 싶은데, 신인상은 생애 한 번밖에 수상할 수 없는 것처럼 참신함도 한 번으로 끝난다. 그 후로는 연속적인 성공과 감동을 주어야 한다. 적어도 향후 5년간 진보 정치 세력은 일종의 점이지대를 지나게 된다. 기존 체제로부터 부여된 숙제를 완성시키면서도 새로운 시대적 과제를 해결하는 연결 고리가 우리다. 우리가 잘해야 한다.

░   그렇다면 '차세대 리더십'이 갖춰야 할 제1 덕목은 무엇이라 보나?

박원석 | 오바마 미국 대통령이 정치란 "목소리가 없는 사람에게 목소리를 주는 것"이라고 했다. 나는 단순한 권력의지보다도 민중적인 소명이 제1의 덕목이라고 생각한다. 그런 담대한 소명이 있으면 다른 능력이 좀 부족해도 보완할 수 있지만, 그런 소명이 없으면 다른 화려한 능력들이 있다 한들 지도자가 되기에는 결함이 있다. 그런 정치인들은 이미 많이 봐왔지 않나.

이정미 | 새로운 시대의 리더는 새로운 리더십을 가져야 한다. 대중에게 어떤 미래상을 보여 줄 것인지가 분명해야 한다. 좋은 정치가 우울한 한국 사회를 행복한 한국 사회로 바꾸어 줄 것이라는 확신을 주어야 한다. 명확한 비전을 제시하고, 그 비전에 대해 공감대를 형성할 줄 아는 능력이 차세대 리더의 제1 덕목이라 생각한다.

신언직 | 진보 진영 차세대 리더가 갖춰야 할 제1 덕목은 집권의 꿈, 권력의지가 분명해야 한다는 것이다. 지금은 큰 변화가 일어나는 대전

환기다. 2012년 총선과 대선을 매개로, 진보도 이제 아웃사이더가 아니라 복판으로 들어가 권력이라는 수단을 통해 실질적인 변화를 주도해야 한다. 10년 전 진보가 "살림살이 나아지셨습니까?"라고 물었을 때 많은 사람들이 큰 인상을 받았다. 공중을 날던 진보가 비로소 땅에 내려왔기 때문이다. 이처럼 진보는 운동권 사투리가 아니라 2030세대와 통할 수 있어야 한다.

잘 들었다. 이제부터는 정치만이 아니라 인간적인 측면에 대해서도 이야기를 듣고 싶다. 잠시 쉬었다가 이야기하자.

인간과 정치

▌ 인간이란 어떤 존재라고 보는가?

박원석 ┃　거참 어려운 철학적 질문이다. 생물학적인 의미보다 사회적
이고 정치적인 의미에서 인간의 존재가 중요하다고 생각한다. 그게 아
니라면 인간존재에 대한 사유와 탐구가 그렇게 복잡하면서도 수천 년
을 이어 온 철학의 화두는 아니었겠지. 늘 인간에 대해 신뢰도 하고 실
망도 하면서 산다. 이런 사람도 있고 저런 군상도 있는데, 절대적으로
'인간이란 어떤 존재다.'라고 경험을 통해 얘기하기엔 살아온 날들이
짧고 통찰도 부족하다. 다른 사람의 생각을 빌리자면, 한나 아렌트
(Hannah Arendt)가 『인간의 조건』에서 말한 '노동·작업·행위'라는 세
가지 근본 활동으로 구성된 '활동적 삶'(vita activa)이라는 정의에 공감

한다. 사회적·정치적 의미에서 인간의 삶에 대한 그보다 더 명쾌한 철학적 정의를 아직은 접해 보지 못했다.

이정미 | 내게 있어서, 인간은 고독한 존재다. 그렇기 때문에 관계가 중요하다. 예전에 고민이 많아 혼자 동해에 간 적이 있다. 새벽 바다를 보며 복잡한 머릿속을 정리하려고 했는데 5분을 못 있겠더라. 바로 돌아와서 사람들을 만났다. 결국 해답은 사람들과 이야기하면서 얻었다. 고독은 개별 인간의 불완전성으로부터 나온다. 그러나 인류의 발전 과정이 사회적 상호작용을 통해 가능했던 것처럼 조직과 집단 속에서 인간은 지혜를 얻고 발전의 기회를 얻게 된다. 개별 인간의 이해관계를 뛰어넘어 연대의 폭이 넓어질수록 사람은 아름다워 보인다. 그것이 지난 부산국제영화제에서 어느 유명 배우보다, 한진중공업 작업복을 입었던 김꽃비가 아름다웠던 이유다.

신언직 | "난 나경원이야. 박원순은 안 돼!" 지난 서울시장 보궐선거 때 강남 개포동에 있는 구룡마을 판자동네에서 붕어빵을 팔던 가난한 70대 노인이 우리를 보고 한 얘기다. 난 당시 강남에서 박원순 서울시장 후보 지지 유세를 하고 있었다. 일요일이라 오전에는 성당과 교회를 돌고, 오후에는 등산을 마치고 내려오는 주민들을 만나러 갔다. 마침 한나라당 나경원 후보 선거운동원들이 먼저 와있어 인사를 나누고, 자

신들은 할 만큼 했으니 우리보고 하라며 자리를 내줘 유세차를 대고 운동원들이 준비하고 있던 상황이었다. 운동원 한 분이 "왜요? 박원순은 왜 안 돼요?"라고 물으니, 답은 간단했다. "빨갱이잖아." 반면에 매일 아침 대치역사거리를 비롯해 주요 길목에서 출근하는 시민들에게 인사를 드렸는데 많은 분들이 손을 흔들며 호응해 주셨다. 그중에는 벤츠처럼 비싼 외제차를 타는 분들도 계셨다. 물론 선거 결과는 예상한 대로 나왔다. 붕어빵을 팔던 노인이 사는 가난한 판자동네 구룡마을에서는 박원순 후보에게 많은 표를 주었고, 벤츠를 타는 분들이 몰려 사는 타워팰리스 같은 곳에서는 나경원 후보에게 압도적으로 표를 주었다. 그리고 전체적으로 아파트 30평(10억 원)을 기준으로 그 이상에서 사는 사람들은 한나라당 나경원 후보를, 그 아래에 사는 사람들은 대체로 박원순 후보를 지지했다. 2010년 지방선거에서 오세훈 서울시장이 당선될 때는 아파트 25평(7억 원)을 기준으로 나뉘었는데 이번에는 30평으로 올라갔다. 그만큼 25평 이상 30평 이하 중산층이 한나라당에 등을 돌린 것이다. 이처럼 인간은 대체로 자신이 처한 조건에 의해 규정받는 정치적 존재다. 그러나 앞서 이야기했지만, 개별적으로 인간은 객관적 조건과는 전혀 다른 주관적 의식을 나타내기도 한다. 나는 인간을, 그런 불일치를 줄여 가기 위해 스스로 노력하고 다른 사람과 함께 협력하는 존재로 이해한다.

노선과 인간

정치적 견해가 다른 사람들과 일해 본 경험이 있는가?

신언직 | 그렇지 않은 경우가 있나. 그간 노동운동과 진보 정당 활동을 하면서 늘 정치적 견해가 다른 사람들과 일했다. 그리고 2010년 지방선거 때부터는 선거 연합을 매개로 다른 정당 사람들과도 일해 오고 있다. 당연한 것이라고 보고 자연스럽게 받아들이고 있다.

박원석 | 시민운동에서는 정치적 견해가 다르고 같은 것이 크게 부각되거나 중요한 차이로 드러나지 않는다. 그래서 설사 차이가 있고 다를지라도, 민감하게 부딪히거나 갈등이 표출될 일이 그다지 없다. 학생운동을 할 때는 거의 그런 문제에 목숨을 걸었다고 할 만큼 소모적

인 논쟁도 많았다. 학생운동이 대중운동화되면서 정파를 유지하고 확대재생산하려는 동기도 덩달아 커져 논쟁이 극심해진 면이 있다. 단지 정치 노선의 차이에 머무르는 것이 아니라 심지어 읽는 책도 다르고, 부르는 노래도 다르고, 집회를 따로 하는 경우도 다반사였다. 성숙하지 못하고 편협했던 그때를 생각하면, 지금도 부끄러운 장면이 많다.

이정미 | 심상정 원장이 주관하는 '정치바로아카데미'에 참여했을 때 생각이 난다. 사실 정치적 부담이 매우 컸다. 내 정치 성향과 입장을 고려했을 때 아카데미를 수강한다는 사실 자체가 구설수에 오를 수 있었다. 그러나 강의 내용이 욕심났고, 통합을 위해서 여러 사람들과 폭넓게 토론해 보고 싶어 참여했다. 막상 해보니까 공부하는 공간이라서 그런지 내 말과 의견을 개진하는 데 별 부담이 없었다. 공부하면서 서로의 의견이 많이 좁혀지는 과정을 겪었다. 좋은 경험이었다.

> 견해나 노선 차이 때문에 감정적 대립으로 흘러갔던 경험은 다들 있을 것 같다.

신언직 | 1990년 두 번째로 구속되어 영등포구치소에서 재판을 받고 지방으로 이감하게 됐다. 이감 전날 어디로 이감하는지 교도관에게 물어봤다. 보안 사항이라 잘 가르쳐 주지 않는데 친하게 지내던 사이라

알게 됐다. "순천교도소로 가는데……. 거기 구학련 출신 아무개도 있다고 하대……." 그 얘기를 듣는 순간 잠이 사라졌다. '구학련' 출신 주사파 꼴통 누구와 함께 살아야 한다고 생각하니 '곱징역'이라는 생각이 들었다. 다음 날 순천교도소로 이감을 가서 그를 만났다. 눈빛이 영민했고 의지가 강해 보였다. 한 달간은 가급적 서로 말을 안 했다. 괜히 부딪히기 싫었다. 그런데 같은 사동에 살면서 교도소를 상대로 이런저런 일들에 대응하다 보니, 괜찮았다. 같은 학번에 동년배고 서로 노선이 다르다는 것뿐 별 차이가 없었다. 그래서 이감하기 전날의 얘기를 해주었다. 그랬더니 그도 누가 이감 오냐고 물었는데 노동자대학 사건 관계자가 온다고 해서 '아, 사노맹. 피곤하겠군.' 했다는 것이다. 그놈의 노선이 뭔지, 부딪치기도 전에, 그리고 감옥 안에서도 서로 피하는 지경에 이른 것이다. 그날 이후 그와 많은 대화를 나눴다. 어떻게 활동했는지, 가족은 어떻게 되는지, 애인은 있는지. 그러면서 서로 신념의 차이를 가져오는 사회주의와 주체사상에 대한 토론도 많이 했다. 그러던 어느 날 운동 시간에 높은 담벼락 밑을 걸으며 어머니에 대해 얘기를 나누는데 그의 얘기를 듣고는 머리를 한 대 맞은 느낌이 들었다. 형제가 동시에 공안수로 감옥살이를 해서 어머님이 두 아들 면회를 다닌 적도 있다는 것이다. 나는 안다. 서울서 순천까지 면회 오시는 어머니들이 얼마나 마음 아파하는지. 그런데 우리는 이 안에 갇혀서도 담벼락만큼 높은 벽을 쌓고 있었으니 얼마나 한심한 일인가. '이념과 노선 이전에 사람이 먼저다.' 하는 생각이 들기 시작했다. 교조적인 사고방식에서 벗어나고 싶다는 생각을 간절하게 했다.

박원석 | 학생운동 시절에는 뭐 하나 끄집어내 얘기하기 어려울 만큼 그런 경우가 비일비재했다. 최근 있었던 일을 얘기하자면, 2011년 초 『오마이뉴스』와 인터뷰하면서 이른바 '빅텐트론'을 나름 세게 비판한 적이 있다. 당시 참여연대 정책위원장인 김기식 선배가 빅텐트론을 한창 주장하고 있었는데, 그 주장을 공개적으로 반박하고 비판한 것이다. 시민운동 전체가 그렇게 기울어서는 안 된다는 목적의식에서 의도적으로 비판한 것이었다. 참여연대 내부에서도 웅성거리고, 밖에서도 이런저런 말이 들렸다. 참여연대 초기부터 코드가 잘 맞았고 인간적으로 가까웠던 선후배 사이여서 의아해한 사람도 많았지만, 그것은 정치적 입장이 다른 문제다. 그 일로 인해 김기식과 감정적 대립까지는 아니지만, 인간적으로 한동안 서먹했던 적이 있다. 서로의 진정성을 모르지 않고 신뢰하기 때문에 관계가 틀어지지는 않았고, 서울시장 재·보궐선거 전후로 다시 협력하면서 서먹했던 것도 자연스럽게 회복됐다. 정치적 견해의 차이는 있지만 김기식은 내가 아는 최고의 운동가였으며 또 탁월한 정치가가 될 사람이다.

진보 안의 패밀리 의식

> 운동 진영 내에 존재하는 폐쇄적 '패밀리 의식'에 대해서는 어떻게
> 보나? 또 그것의 장점과 한계는 무엇이라고 생각하나?

신언직 | 심하게 말하면 전라도는 '서방파', 부산은 '칠성파'와 같은 것
이다. 운동권 출신은 대개 학생운동으로 시작하는데 처음에 어느 선배
를 만나는가가 중요하다. 대개의 경우 그 선배가 속한 조직과 노선을
함께하기 때문이다. NL을 만나면 십중팔구 NL이 되고, PD를 만나면
마찬가지로 PD가 된다. 그리고 사회에 나와 노동운동이든 진보 정당
이든 관계가 지속되기 때문에, 아무리 좋은 가치와 노선을 말해도 끈
끈한 동창회처럼 폐쇄적인 문화를 낳을 수밖에 없다. 이 모든 게 잘못
됐다고 말하는 것은 아니다. 민주화 이전에는 오히려 이런 결속력이

공안 탄압을 이겨내는 힘이 되기도 했다. 그러나 민주화 이후에는 여러 가지 문제를 낳고 있다. 비공개적 결정, 줄 세우기 등 패권주의를 낳는 요인이 되기도 했다. 이제는 제발 달라져야 한다고 생각한다.

박원석 ┃ 패밀리나 정파는 과거 운동이 합법적이지 않던 시절, 탄압으로부터 운동력과 조직을 유지하고 발전시켰던 수단이었다. 패밀리나 정파 운동이 없었다면 오늘날과 같은 대중운동이 만들어지기도 어려웠을 것이다. 그러나 운동이 대중화·합법화된 이후로는 당연히 그 역할이 줄어들고, 대중운동을 통해 지도력이 만들어지는 것이 마땅했다. 그럼에도 여전히 패밀리나 정파가 지위를 유지하려다 보니, 이념과 사상의 도그마를 더 강하게 세우게 되고 진리를 독점하는 태도로 변질된 것이다. 나는 정파 그 자체보다는 정파가 어떻게 기능할 것인가가 더 중요한 문제라고 생각한다. 과거처럼 비공개 영역에서 진리를 독점하는 태도로 권력을 유지하고, 결정을 좌우하려 들 것이 아니라 공개된 정치의 장으로 나와야 한다.

이정미 ┃ 모든 운동은 힘을 모으고 그 힘이 한 방향으로 가도록 노력하는 과정이라고 생각한다. 방향성이 일치하는 사람들이 집단과 조직을 이루는 것은 당연하다. 그곳에서 개개인들은 전체 집단에 대한 책임감을 가지게 된다. 다양한 정파 조직들의 집단적인 노선 토론과 논

쟁 과정이 운동을 발전시켜 왔다는 점을 부정해서는 안 된다. 운동에
대한 그 집단들의 무한 책임 의식이 대중운동을 발전시켜 온 역사도
부정해서는 안 된다. 물론 집단의 선택이 늘 옳은 것은 아니다. 나도
그런 경험이 있다. 그러나 집단에서 그런 오류를 올바로 평가한다면
운동을 한 단계 발전시킬 힘이 될 것이다. 집단의 선택이 항상 선이고
진리라고 믿는 것에 대한 편향을 경계해야 하지만 집단 자체를 배타
시해서도 안 된다.

> 각자가 속한 진영의 장점이 있다면?

박원석 | 시민운동은 운동을 총론에서 출발하는 것이 아니라, 현실의
구체적인 문제를 개선하자는 데서 출발한다. 그렇다 보니 생산적이고
성과의 확인이 빠르며 구체적인 업적을 남긴다. 물론 그와 같은 운동
방식이 구조적인 문제를 파편화하고, 상호 정합성 없이 모순된 주장을
하게 한다는 지적도 있는데, 어느 정도 일리 있는 얘기다. 다만 나는
크게 전망하고 종합하는 것은 시민운동의 역할이 아니고, 오히려 정치
의 역할이라고 생각한다. 정치와 시민운동이 각각의 비전과 역할을 분
명히 갖고 만날 때 더 큰 시너지 효과를 낼 수 있다.

이정미 | 정치적인 방향과 과제가 일관되고 뚜렷하다. 그리고 집단적

인 짜임새도 있다. 그래서 목표한 일을 성취한다. 또한 일 못지않게 그 안에서 일하는 사람들과의 인간적인 관계를 중요하게 여긴다는 것이, 내가 생각할 때 가장 큰 장점이다.

각자가 속한 진영의 단점이나 한계를 말한다면?

박원석 ┃ 시민운동은 정치적 견해에 따라 구분되는 진영은 아니다. 따라서 어떤 진영 논리나 고유한 관성으로부터 자기 한계를 발견하거나 하는 것은 없다. 다만 운동의 비전과 호흡이 짧고, 정치적·운동적인 사고와 감수성보다는 기능적이고 관리적인 사고와 행동이 더 지배적으로 나타날 때, 전체 판을 보기보다는 자기운동 또는 자기 단체만 들여다보고 거기에 우선적인 로열티를 부여할 때 한계나 답답함을 느낀다. 또 다른 점으로는 시민운동의 정치 참여가 (과거의) 민주당에 경도된다는 점이다. 평상시 운동에서의 가치나 정책은 진보 정당과 친화성이 더 크고 민주당의 한계를 지적하면서도 현실 정치를 선택할 때는 민주당으로 휩쓸려 간다. 현실 정치에서 진보 정치가 미치는 힘에 한계가 있고 폐쇄적인 면도 있겠지만, 그걸 바꾸는 것 또한 시민운동의 역할이라고 할 수 있을 텐데, 정치를 너무 짧은 호흡으로 하는 게 아닌가 싶다.

이정미 ┃   사람을 중요하게 생각하고, 집단의 일치성을 추구하기 때문에 어떤 때는 일이 너무 더딜 때가 있다. 지도력 있는 한두 사람이 이끌어 나간다면 결정 과정이 빠르고 추진력을 가질 수 있을 텐데, 그런 점이 부족하다고 생각한다. 그런데 신언직은 왜 말이 없지?

신언직 ┃   나는 언제부터인가 나 자신이 특정 정파나 진영에 속한다는 생각 자체를 안 하게 되었다.

협력, 공감, 외로움, 후회 그리고 유쾌함

> 정파 문제를 마음 편하게 말하기가 참 힘들구나 하는 생각이 들었다.
> 좀 다른 이야기를 해보자. 진보 안에서 협력과 소통의 힘을 경험한
> 적이 있었으면 말해 달라.

박원석 | 광우병국민대책회의 상황실을 운영하면서 소속 단체가 다른 다양한 사람들이 모였다. 갑자기 모인데다 서로 일을 하는 감각도 다르고, 촛불 시위의 기조와 전술을 둘러싼 이견도 표출되어 조율하기가 쉽지 않았다. 문제 해결은 현장에서 일어났다. 매일 밤을 새우며 집회를 감당해야 하는 상황에서, 서로 말은 안 해도 책임감과 헌신성을 확인하게 됐다. 때로는 상황실에서 느끼는 점을 각 소속 단체가 공유하지 못하는 데 대한 답답함을 토로하기도 했다. 기억에 남는 사람은 촛

불 시위 때 국민대책회의 행진팀장을 맡았던, '다함께'의 김광일이다. 원칙적이면서도 논쟁에서는 끝까지 입장을 고수하되, 결론이 나면 이 견이 있어도 합의한 대로 따르고 집행하는 친구다. 견해의 차이는 있지만 그런 일관된 면모는 존중했다. 촛불 시위 말미에 이르러 국민대책회의 내부에 소모적인 논쟁이 많아지긴 했지만, 서로 소통하고 협력해 큰 힘이 발휘되는 경험을 했다.

▌ 신언직·이정미는 덧붙일 말 없나?

이정미 │ 앞서 말했던, 진보의합창 때 경험이 가장 좋았다. 그 이후로는 소통과 협력의 힘이 자연스럽게 내 일상에 접맥되고 있다.

신언직 │ 동감이다. 서로 달랐던 우리가 지금 이렇게 책을 내는 일을 위해 대화하고 그러면서도 각자 자기 생각을 가감 없이 말할 수 있다는 사실만큼 좋은 사례는 없을 것 같다. 지금 나는 소통과 협력의 힘을 실감하고 있는 중이다.

▌ 진보 정치를 하면서 가장 외로웠던 순간은?

이정미 │ 동네 행사에 가면 정말 외롭다. 보수 양당 틈바구니에서 민주노동당이라고 인사하면 낯선 표정으로 악수를 받아 주는 분들 속에서 외롭다. 게다가 어디 협회장까지 일일이 소개하는 데만 30분 넘게 걸리면서 진보 정당은 소개에서도 후순위로 밀리거나 빼먹기 일쑤다. 행사 도중 주최 측에 항의하고 중간에 퇴장한 일도 있다. 지역구에 구의원 한 명이 없는 진보 정당의 서러움은 당해 보지 않으면 모른다.

박원석 ｜　아직까지 정치를 하지 않았기 때문에 질문에 뭐라 답을 할 수 없다. 그런데 정치를 한다면 여러 순간 외롭지 않을까 하는 생각이 든다. 어쩌면 정치를 한다는 결단을 내릴 때부터 외로움을 안고 가는 것일 텐데, 담대하게 그것을 받아들이는 것 또한 정치가의 길인 듯하다. 보통 정치인들이 선거에서 낙선하는 경우처럼 현실 정치에서 실패할 때 제일 외로울 것 같다고 짐작해 보는데, 그럼에도 다시 출마하고, 현실 정치로 돌아오는 것을 보면 정치는 외로움을 어느 정도 운명처럼 안고 가는 것이 아닌가 싶다.

신언직 ｜　난 외롭지 않다. 나는 늘 꿈꾸고 그 꿈을 이루고자 노력하고 새로운 사람을 만나면서 힘이 난다. 난 아직 배가 고플 뿐, 외롭지는 않다.

> 그때 이런 결정이 아니라 다른 결정을 했더라면 하고 후회하는 일은
> 있나?

박원석 ┃ 2008년에 조계사에서 농성하다 마지막 정리하는 방식을 놓고 여러 고민을 했다. 정기국회 중에 한나라당에서 수배 중인 나를 국회 청문회 증인으로 출석할 것을 요구한다고 했는데, 결국 여야 간 입씨름만 하다가 증인 채택은 하지 않는 것으로 결론이 났던 적이 있다. 당시 바로 체포되더라도 국회 청문회에 나가서 우리 주장을 국민 앞에 당당하게 알리는 것이 어떨까 하고 혼자 여러 번 생각했다. 그러나 청문회장까지 체포되지 않고 갈 수 있을지부터, 함께 농성하던 동료들이나 국민대책회의에서 반대하리라고 판단해 고민만 하다가 말았다. 그 뒤로 한동안 그때 결정을 후회했다. 체포되더라도 청문회에 나가 전 국민이 지켜보는 가운데 하고 싶은 말을 다하고 정리했더라면 하는 아쉬움이 여전히 든다. 결과적이지만 조계사에서 나온 뒤로 다소 맥 빠지는 모습으로 검거돼서 더 그런 듯하다.

> 유쾌했던 일화가 있다면?

박원석 ┃ 참여연대 초기 아주 '촉망받던' 젊은 활동가 시절이다. 당시 공동대표 중 한 분이 언론계의 원로 김중배 선생이시다. 어느 날인가

의정부에 있는 시민 단체 후원의 밤에 축사를 하러 가실 때 수행을 했다. 돌아오는 길에 종로에서 소주나 한잔하자고 하셨다. 다음 날 새벽에 간담회가 있어 자료를 만들기 위해 사무실에 가야 했지만, 대표가 한잔하자는데 마다하기도 어렵거니와 인간적 매력이 있으신 분이라 끌렸다. 그렇게 시작된 술자리가 30년이라는 나이 차에도 불구하고 차수를 변경하며 길어졌다. 대기자답게 정치·경제·사회 다방면에 걸쳐 거침없고 날카롭게 해석하는 식견에 감탄하며 마시고 또 마셨다. 술을 드시면 꼭 〈임을 위한 행진곡〉을 중간 소절부터 부르시는 버릇이 있는데 "도오옹지는 간데없고, 기이잇발만 나부껴" 하다가 결국 청진동 해장국집에서 쫓겨났다. 사모님께 전화를 드려 선생을 보내드리고 나니 새벽 3시가 넘었다. 아침 7시에 있는 간담회에 쓸 자료를 만들어야 하는데, 도저히 술기운을 이기지 못해 사우나 가서 잠깐 자고 일어난다는 것이 눈떠 보니 해가 중천이었다. 그 사건이 있은 뒤부터 나는 촉망을 덜 받게 됐다. 그런 인연 때문인지 김중배 선생께 훗날 결혼식 주례를 부탁드렸을 때 흔쾌하게 허락하셨다.

이정미 ∣   나는 새를 무서워한다. 그것도 너무 무서워한다. 고등학교가 공원 꼭대기에 있었는데 아침 등굣길에 비둘기 떼가 갑자기 다가와서 반 기절 상태가 된 적도 있다. 대학 시절 전라북도 장수의 어느 마을로 여름 농촌활동을 갔다. 그런데 문제가 있었다. 화장실과 닭장이 서로

102

연결되어 있는 것이었다. 화장실과 닭장 사이로 닭들이 머리를 내밀고 꼬꼬거리고 있는데 나는 너무 무서워 열흘의 농활 기간 동안 화장실을 가지 못했다. 결국 농활 마지막 날 일하다 쓰러졌다. 학교 양호실까지 실려가 선생님에게 자초지종을 말씀드렸더니 소화제 한 알을 주고는 빨리 학교 화장실로 가라 하셨다. 그다음 해부터 농활을 가면 나는 아무리 배가 고파도 밥을 절반만 먹었다. 화장실을 피하는 방법은 그 것밖엔 없었다.

진보 삼총사, 서로를 말하다

▌ 세 사람이 함께 처음 만났을 때의 느낌은?

신언직 | 우리 셋이 제대로 만난 것은 진보의합창에서였다. 이정미 위원장은 다시 만나서, 박원석 처장은 새로워서 좋았다. 이정미 위원장은 민주노동당이 분당되면서 헤어졌다가 이번에 다시 만났다. 노선의 차이로 거리감이 있었는데 진보 대통합이라는 더 큰일을 도모하게 된 것이다. 박원석 처장은 촛불 집회 때 사회 보는 모습을 본 적이 있고 기자회견이나 토론회에서 몇 차례 봤다. 셋이 만났을 때 뭔가 될 것 같은 느낌이 들었다.

박원석 | 신언직을 처음 봤을 때 노동운동과 진보 정당 운동을 한 사

람답지 않게 깔끔하다는 인상을 받았다. 아니나 다를까 강남 좌파였다. 이정미는 정치바로아카데미 1기 반장을 정하는 자리에서 내가 추천했는데, 얼굴에 '나 책임감 강해.'라고 쓰여 있었기 때문이다.

이정미 | 신언직은 2003년 민주노동당 중앙위 때 처음 보았는데 진보 진영에 저렇게 스마트하게 생긴 사람도 있다는 게 신기했다. 그 후 신언직은 원내 보좌관으로 일하고 있었고 일의 분야가 달랐기 때문에 별로 만날 기회가 없었다. 상당히 정치적인 사람이라는 편견을 가지고 있었는데 진보의합창을 함께하면서 그와는 반대로 상당히 인간적인 사람이라는 것을 알게 되었다. 박원석을 처음 본 것은 촛불 집회 때였는데 멀리서 봐서 그런지 별 인상이 없었다. 정치바로아카데미를 하면서 제대로 봤는데 처음에는 '참 똑똑하군.' 싶었고, 그다음엔 약간 '싸가지 없다.'는 생각이 들었다. 나쁜 뜻은 아니고, 시민사회 진영의 다양한 사람들 속에서 무게 잡고 일하려니 힘들었겠다 싶은 마음에서 나온 느낌이었다. 게다가 자기 인생을 스스로 개척해 온 역사를 알게 되면서 젊은 나이에 내공이 있다는 생각이 들었다.

　　　상대방과 일하면서 배운 점이 있다면?

박원석 | 신언직은 정치인답게, 사람을 대하는 것이 편안하고 상대에

게도 편안한 느낌을 주면서도 유쾌하다. 진보 정치인들 중에도 그런 모습은 흔치 않은데, 다소 까칠한 면이 있는 나로서는 그런 편안함을 배웠다. 이정미는 매우 의욕적이고 책임감이 투철하다. 그 옛날 운동권을 보는 느낌이 들면서도 배울 점이 있었다.

이정미 | 신언직은 진짜 낙관주의자다. 일이 어려울 때 잘될 거라고 한마디 해주면 정말 힘이 난다. 신언직도 산전수전을 다 겪은 사람이라 대화를 해보면 깊이 있는 사람, 의리 있는 사람이란 느낌을 많이 받는다. 단병호 위원장님과의 관계에 대해 이야기할 때는 감동적이었다. 최근에 자신의 정치 진로를 결정한 후 거침없이 나아가는 모습이 참으로 멋져 보인다. 박원석은 일에 대한 추진력이 뛰어나고, 자기 관리가 철저한 사람이다. 어떤 환경과 상황에서도 자기주장이 분명한 점도 매력적이다.

신언직 | 함께 일한 것이 즐거웠다. 소통도 잘되고 손발도 잘 맞고 술 마시는 것도 분위기 좋고. 이 인간들이 묘한 매력이 있었다. 나는 노동운동을 오래 해서 그런지 좀 딱딱한 구석이 있는데 시민운동 하는 박원석은 촛불의 아이콘답게 젊고 활기차고 정치판부터 세상 돌아가는 것에 훤하다. 이정미는 다른 사람 이해 잘하고, 하기로 한 건 성실하게 책임지는 사람이다. 우리 세 사람이 팀워크를 이룬 게 가장 좋았다.

▌ 상대방에게 반했던 적도 있었나?

박원석 | 시종일관 반했고, 볼 때마다 반한다고 할까.(웃음)

신언직 | 아직 덜 반해서 앞으로도 계속 만나야 할 것 같다.(웃음)

이정미 | 셋은 정말 서로에게 솔직하다. 왜 그렇게 되었는지 잘 모르겠지만 이런 점이 서로를 끌어당기는 힘이 아닐까?

▌ 이런 점이 부럽더라 하는 게 있다면?

신언직 | 인기 많은 게 부럽더라. 박원석은 촛불 집회 때 같이한 후배들에게 인기가 많다. 우르르 모이면 약간 자기가 보스인 양 폼도 잡고. 난 그게 없다. 술 마시자고 하면 달려올 인간들은 많지만. 그리고 이정미는 남성들에게 인기가 많다. 외모가 잘나서 그런가. 내 주위 남성들에게도 인기가 많다. 외모만은 아닌 것 같고 사람들 잘 챙기고 뭔가 사람을 끄는 매력이 있다.

박원석 | 신언직은 복잡한 문제를 단순화해 쉽게 푼다. 언젠가 진보의 합창 회의를 하는데, 전국적인 조직화 목표를 두고 말들이 오갈 때 칠판에다가 '어디는 어떻게 몇 명', '어디는 누구를 중심으로 몇 명' 하면서 쓰더니 '합쳐서 얼마' 이렇게 정리를 하더라. 물론 그대로 되진 않

았다.(웃음) 이정미는 문화적인 감각이나 감수성이 나보다도 더 젊어서 부러웠고 따르는 젊은 후배도 많았다. 대중운동이나 대중 정치를 하려면 그런 문화적 트렌드를 잘 아는 것이 중요한데, 오히려 선배가 시민운동을 했으면 어땠을까 생각했다.

이정미 | 신언직은 노동운동의 중심에서 일했고, 민주노동당 시절에는 원내 활동을 직접 경험했다. 그의 다양한 경험에서 나오는 지혜를 접할 때 부럽다. 박원석은 한국 사회에서 촛불의 대중을 이끌어 보았다. 그런 경험을 갖기란 쉽지 않은 일이다. 그를 매우 강한 사람으로 만들어 주었을 것이다.

▌ 상대방이 크게 성장할 것이라고 느꼈던 때는?

신언직 | 진보 대통합을 위한 진보의합창 선언 운동을 벌일 때 전통적으로 진보 정당을 지지했던 진보 진영 이외에 시민운동 진영과 전문가들의 참여가 중요했다. 이 역할을 박원석 처장이 했다. 난 솔직히 문성근 씨의 '백만 민란', 김기식 씨의 '내가 꿈꾸는 나라'가 먼저 지나간 시민운동 진영에서 얼마나 참여할지 크게 기대하지 않았다. 그런데 시민사회에서 훌륭한 분들이 많이 참여해 주셨다. 촛불 상황실장, 참여연대 협동사무처장은 아무나 하는 게 아니구나 하는 생각이 들었다.

108

박원석 처장의 가능성을 확인한 것이다.

예전부터 느껴 왔지만 이정미 위원장은 노선을 떠나 대화하기가 편하다. 경청할 줄 안다. 자신의 얘기보다 상대의 얘기를 먼저 듣는다. 그리고 자신의 얘기를 일방적으로 주장하는 것이 아니라 상대가 받아들이기 쉽게 이야기한다. 서로 다른 지방 사람들이 사투리를 심하게 쓰면 알아먹지 못한다. 특히나 노선의 차이가 큰 진보 진영에서는 더더욱 그렇다. 이정미 위원장은 표준어를 쓸 줄 아는 사람이다. 그래서 차이를 넘어 부드럽게 소통하고 조정하는 능력이 있다.

박원석 ┃ 두 사람이 진보의합창 공동집행위원장으로 일을 진행하고 출범식도 치렀다. 나는 책임을 나누지 못해 미안한 마음이 컸는데, 어려운 상황에서도 끝까지 책임감 있게 잘 끌고 가서 신뢰가 생겼다. 진보의합창 출범식을 하는 날 사람이 얼마나 올까 걱정했는데, 국회 의원회관 대강당이 꽉 차고 넘쳤다. 두 사람의 능력을 확인할 수 있었다. 또 집회나 행사 사회라면 나도 누구 못지않게 많이 봤는데, 진보의합창 출범식 날 두 사람이 사회 보는 것을 보니 쫄지도 않고 아주 편안하게 잘 진행했다. 저들이 의기투합한다면 진보 정당이 잘되겠고, 저 두 사람도 더 큰 정치인이 되겠구나 생각했다.

이정미 ┃ 신언직은 자기 부정과 혁신적 사고를 과감히 할 줄 아는 사람이다. 보수성이 없다. 박원석은 시민운동을 한 사람답지 않게 진보 정치에 대한 확고한 원칙과 철학을 가졌다. 사실상 진보 진영 안에서 이런 장점을 가진 사람들이 많지 않다.

▌ 상대방이 무서운 사람이라고 느꼈을 때는?

박원석 | 좋은 사람들이다. 무서운 생각이 들 정도로 집요하거나 예측 불가능한 사람들은 아니다.

신언직 | 이번에 책을 내자고 할 때처럼 엄두도 안 나는 일을 태연스 럽게 하자고 할 때, 황당하기도 하고 겁나기도 했다.

이정미 | 책 내자고 제안하고 나서 제일 게을렀던 사람은 나였다. 책 을 준비하는 과정에서 열정적으로 일을 성사시켜 가는 모습이나 실력 을 보면서, 박원석이나 신언직 모두 무서운 실력의 소유자라는 생각이 들었다.

▌ 상대방에게, 큰 정치인이 되려면 이것만은 고쳐라 하는 게 있다면?

박원석 | 신언직은 경험도 많고 낙관적이며, 정치에 대한 소명과 권력

의지도 뚜렷하다. 더 큰 리더가 되기에 아쉬운 점이 있다면, 사람을 확 잡아끌어 곁에 두는 감성적 카리스마 같은 것이 더 있었으면 한다. 자기 사람도 좀 더 만들고, 좋은 의미의 측근도 만들려는 욕심을 냈으면 좋겠다. 이정미는 사람 마음을 잘 헤아리고, 배려심도 있어 사람을 상대하는 정치의 한 측면을 잘 갖추고 있다. 문제라면, 착해서인지 집단에 충실해서인지 자기 자신을 잘 드러내지 못한다. 큰 정치인이 되려면 욕심도 내고 자기를 더 보여야 하지 않을까 싶다.

이정미 ㅣ 신언직은 말을 조금만 줄이면 더 멋있겠다. 핵심만 말하는 훈련을 한다면 상대에게 깊은 인상을 남길 것 같다. 또 말을 줄이는 대신 다른 사람의 말을 더 많이 들어 주면 좋겠다. 박원석 처장은 다리 좀 안 떨었으면 좋겠다. 가볍게 보인다.(웃음)

신언직 ㅣ 정치를 할 때 리더는 그만의 캐릭터가 분명해야 한다. 아무리 좋은 캐릭터를 지녔다 해도 드러나지 않으면 대중적 리더가 되기 어렵다. 이정미를 비롯해 이정미와 같이 일해 온 분들을 보면 집단적 문화가 강하고 헌신적이다. 배울 점이 많다. 그런데 아쉽게도 그 속의 개인은 잘 드러나지 않는다. 그동안 많은 쟁점에 대해 무슨 정파나 의견 그룹의 입장은 들어 봤어도 그에 속한 개인의 입장을 공개적인 지면이나 인터뷰를 통해 확인하기는 어려웠다. 정파나 의견 그룹이 리더

를 대신할 수는 없다. 사람이 부각되어야 한다. 조직적으로 옹립하는 리더도 좋지만 대중적으로 리더를 키우는 과정, 아니 스스로 리더가 되려고 노력하는 공개적 과정이 더 큰 정치인을 만드는 일이라 생각한다. 박원석 처장은 젊고 활기차며 시민운동, 촛불 집회와 같이 색깔과 캐릭터가 분명하다. 좋은 리더의 가능성을 지녔다. 하지만 정치 영역에 오면 개인이 아니라 집단적인 힘을 가져야 큰 리더로 발전할 수 있다. 어떻게 제대로 된 시민 정치 블록을 형성할지, 기대하며 지켜보고 있다.

▌   함께 일하면서 제일 재미있었던 일은?

박원석 | 진보의합창이 한참 꼬이던 때 셋이서 정치바로아카데미 수업도 땡땡이치고 술을 마셨다. 원래는 나와 이정미가 인천에 진보의합창 설명회를 가기로 했는데, 사실 내키는 자리는 아니었다. 우리를 위해 마련된 자리가 아니라, 원래 있던 토론회에 눈치 보며 꼽사리를 껴서 설명해야 하는 자리였다. 내가 책임감 강한 이정미를 꼬드겼고, 신언직까지 불러내서 막걸리를 한참 마시고 각자의 전망에 대해 진지한 얘기도 나눴다. 그리고 의기투합해 마포에 있는 노래방에 가서 2차로 술을 마셨다. 그 노래방에는 재미있는 소품들이 많은데, 중절모와 '빤짝이' 의상을 입고 노래 부르며 한참을 재밌게 놀았다. 그날 신언직은

이정미가 택시에 두고 내린 가방을 들고 집에 갔다가 형수한테 "여자 생겼냐?"는 소리를 들었다고 한다. 여러 가지로 진보의합창이 힘든 고 비였는데 그날의 술자리가 유쾌했다. 서로에게 위로도 되고, 한층 가까워지는 계기이기도 했다.

이정미ㅣ   셋은 한마디로 '쿵짝'이 잘 맞는다. 진보의합창 이야기를 하 다가 막걸리 마시고, 정치바로아카데미 수업은 안 들어가고, 서로의 진로에 대해 진실한 이야기를 한 날. 나도 그날이 정말 좋았다.

진보 안의 진보를 말하다

> 사적인 이야기만 할 수는 없으니, 다시 돌아가 보자. 진보의합창을 하면서 위기 상황이 발생하기도 했을 텐데, 그때는 어땠는지?

박원석 | 　진보의합창을 제안하는 기자회견을 한 뒤, 민주노동당과 진보신당 내부 그리고 노동운동 진영 등 여러 곳에서 의혹의 눈초리와 견제를 받았다. 진보 통합의 주도권을 가져가고, 새로운 진보 통합 정당 주도 세력의 밑그림을 그리는 것 아니냐는 의구심이었다. 기존 정파의 경계를 넘어 통합파들과 정당 밖의 통합을 지지하는 세력이 모인 것은 맞지만 당권에 대한 욕심이나 목적이 있어서 모인 것은 아니었음에도 그런 의혹을 받았다. 제안 기자회견을 포함해 총 다섯 차례 진보 대통합과 새로운 진보 정치에 관한 선언을 했는데, 초기에 제일

큰 진통을 겪었던 것이 노동의 참여를 설득할 때였다. 노동운동 영역의 일부가 설득이 안 되면 진보교련(진보정치세력의연대를위한교수연구자모임)을 중심으로 한 지식인 그룹까지 설득이 안 되는 상황이었다. 핵심 쟁점의 하나가 특정 기존 정치인들을 배제해야 한다는 주장이었는데, 현실성 없는 이야기였다. 노동을 설득하기 위해서는 기존 정당 영역에 있는 사람보다 시민사회가 나서는 게 더 효과적이라고 해서 몇 차례 모임도 하고 따로 만나 설득도 했다. 민주노총 중앙집행위원회까지 거치면서 논란이 결국 사그라졌지만, 진보 진영 내에 켜켜이 쌓인 상호 불신, 변화를 주저하는 완고함을 보는 듯해 씁쓸했다.

이정미 | 진보의합창은 연합군이었다. 일을 시작할 때가 제일 어려웠다. 수많은 유명 인사들이 모였으니 누구에게 어떤 역할과 직함을 맡게 할 것인가를 정하는 게 제일 힘들었다.

> 정치인이 되면 국회에 들어갈 텐데, 우리 정치에서 자주 볼 수 있는 게 이른바 '국회 폭력' 문제다. 이에 대해 어떻게 생각하는지 듣고 싶다. 폭력은 무조건 반대한다? 그게 아니고 필요하다면 국회에서라도 힘을 사용할 필요가 있다?

박원석 | 한미 FTA 비준안 통과처럼 국민이 반대하는 정책을 물리력

으로 날치기 처리하는 것과 그 날치기를 막기 위해 몸으로 저지하는 것은 다르다. 그렇다 하더라도 국민의 눈높이에서 봐야 할 듯하다. 국민 다수는, 어찌됐든 국회에서 물리적으로 충돌하고 싸우는 것을 싫어한다. 언론에서 시시비비는 묻히고, 폭력 장면만 남는다. 대화와 합의를 위한 정치를 실현하기 위해 마지막까지 노력하는 것이 중요하다. 그래야만 불가피하게 물리적인 대치를 벌일 수밖에 없는 상황이 돼도 국민에게 이해를 구할 수 있다.

이정미 | 나는 평화주의자다. 사실, 예전에 노동조합을 만들 때도 나를 때리는 관리자들에게 욕 한마디 못했다. 어느 날 조합원들과 구사대가 뒤엉켜 싸울 때 여기저기 울분에 차서 욕들이 난무하는데, 나 혼자 "부장님, 과장님." 하고 꼬박꼬박 존칭 붙여 가면서 "이러지 마세요, 저러지 마세요." 하며 존댓말을 하고 있더라. 순간 머리가 확 깨서 그날 밤 이불 뒤집어쓰고 내내 온갖 욕을 연습했다. 실전에 써보지는 못했다. 뻔한 이야기이지만 누가 폭력을 원하겠는가. 계획된 폭력에는 반대한다. 해답은 우리 통합진보당이 합리적인 토론을 이끌어 갈 수 있는 국회 다수가 되는 길뿐이다.

신언직 | 나는 진보 진영이 폭력을 행사하는 것에 반대한다. 마찬가지로 공권력을 이용한 물리적 폭력이나 잘못된 법과 제도를 이용한 폭

력은 더더욱 반대한다. 그러나 사회정치적으로 힘의 균형이 이루어지지 않은 상황에서, 다수자가 소수를 억압하며 정의롭지 못한 일을 추진하려 들 때 이에 대한 대응은 불가피하다. 한미 FTA 날치기 통과에 맞서 김선동 의원이 국회에서 최루탄을 터트려 전 국민의 관심사가 되었다. 많은 논란을 일으켰고 찬반양론으로 갈렸다. 〈국회법〉 위반 시비와 함께 비판의 목소리가 많았지만, 반면에 한나라당이 다수자의 힘으로 날치기한 것을 못마땅해하는 민심을 대변했다는 여론도 적지 않았다. 다수의 제도화된 폭력이 불가피한 대응을 일으킨 것이다. 그리고 이런 일은 곳곳에서 벌어지고 있다. 추운 겨울에 공권력이 시위자에게 물대포를 쏘고, 용역이 노동자와 철거민 농성장에 난입해 폭력을 휘두르고 있다. 반작용의 폭력 여부만을 문제 삼아서는 안 된다. 반작용의 폭력 여부를 문제 삼으려면 그보다 먼저 작용의 정당성 여부를 따져야 한다. 그렇지 않을 경우 국회 폭력은 해결되지 않는다. 국회가 국민을 제대로 대변하는 좋은 정치만이 이 문제를 해결할 수 있다.

▋ 이제부터는 단순한 질문을 해보겠다. 가장 존경하는 진보 정치인은?

박원석 ┃ 존경스러운 삶을 살아온 분들이 많이 있다. 한 분을 꼽으라면 권영길 의원이다. 민주노총 위원장 시절부터 대인의 풍모가 있는 분이었지만, 진보의합창을 하면서 가까이 뵐 때도 후배들의 얘기를 귀

118

담아듣고 존중하면서도 필요할 때는 나서서 정리도 해주셨다. 특히 당신 스스로 민주노동당 분당의 원인이 됐다는 점을 사과하고, 통합된 진보 정당에서 어떤 지위도 맡지 않고 백의종군 하겠다고 선언했을 때 큰 감동을 받았다. 오래도록 진보 정치의 어른으로 남아 주셨으면 하는 바람이다.

이정미 | 진보 정치의 시작은 권영길이다. 그분이 아니었다면 그 이전의 수많은 진보 정치처럼 민주노동당도 역사 속에 명멸해 갔을 것이다. 이번 통합 정당을 만드는 과정에서 그분이 보인 행보에서도 깊은 인상을 받았다. 분당으로 인해 시작된 진보 대통합의 길에서 그분은 정치인으로서 정말 힘든 고백을 했다. 2007년 대선 출마에 대한 반성과 사과였다. 이게 웬만한 용기와 진실성 없이는 힘든 일이라는 것을 정치를 해본 사람들은 다 안다. 특히 권영길은 그렇게 반성하거나 사과하지 않아도 영예롭게 정계 은퇴를 할 수 있는 분이다. 그러나 진보 통합이 자신의 영예를 뒤로할 만큼 소중하다고 여기셨기에 사람들에게도 큰 울림을 주었다. 하지만 당 안에는, 그분과 민주노동당이 함께한 14년의 역사를 훼손하는 사람도 있었다. 정말 착잡했다.

신언직 | 누가 뭐래도 단병호 위원장이다. 지금도 만나고 있는데 삶이 일관되신다. 전노협 위원장부터 시작해 국회의원도 하셨는데 마지막

까지 후진 양성을 위해 노동자 교육기관을 만들어 운영하고 계신다. 노동자 출신으로 노동자들을 위해 헌신하는 모습을 보면 존경스럽다. 개인의 삶보다 타인을 우선하는 이타적인 삶. 절대 쉬운 게 아닌데 평생을 그렇게 사신다.

> 진보 정치인 말고 보수 정치인들 중에 괜찮다고 느끼는 사람이나 존경할 만하다고 생각되는 사람을 꼽으라면?

박원석 | 현재 정치인들 중에는 없다. 지금은 은퇴한 정계의 인물이지만, 남재희 전 노동부 장관의 유연함, 윤여준 전 환경부 장관의 전략, 김종인 전 의원의 비전과 식견 같은 것은 배워야 하지 않나 싶다. 그리고 이분들 모두 '진보를 어느 정도 이해하는 보수'라는 공통점도 있다. 진보에나 보수에나 그런 정치인이 많을 때 상생과 공존의 정치가 살아나지 않을까 싶다. 지금 보수 정치에는 너무 비합리적인 인물들이 많다.

이정미 | 2011년 초 정치바로아카데미를 수강했다. 그때 몇 분의 정치 특강을 듣게 되었는데, 김종인 전 청와대 경제수석과의 만남은 정말 신선하고 충격적이었다. 우리 사회에는 보수가 제대로 정립되지 못했다. 일본 식민의 시대를 지나, 미 군정기와 한국전쟁, 그리고 분단 등

의 역사를 봐도 도무지 합리적 보수의 철학이 정립될 틈이 없었다. 그런데 이분은 달랐다. 보수 정치의 철학이 느껴졌다. 특히 대한민국헌법에 대한 중요성을 강조한 대목은 많은 공부가 되었다.

▌ 나 말고 반드시 국회의원이 되었으면 하는 정치인 3명을 꼽으라면?

이정미 | 김종민 서울시당 위원장. 서울시당은 민주노동당에서 가장 복잡한 지역 조직이다. 온갖 정파의 대표 선수들이 다 몰려 있다. 김종민 위원장은 큰 갈등 없이 일을 조정해 내는 능력을 보여 줬다. 진보 대통합 과정에서도 진보신당이나 민주노총 간부들과도 모범적으로 협력을 이끌어 냈다. 집회나 당원 행사에서는 매우 유쾌하기까지 하다. 그리고 성실하고 똑똑하다. 큰 재목이 될 것이라고 믿는다.

신언직 | 공동대표 3인(심상정·유시민·이정희)이다. 이들의 당선은 전 당적인 승리의 견인차가 될 것이기 때문이다.

박원석 | 첫 번째는 심상정 통합진보당 대표다. 대한민국 진보 정치의 가장 가능성 있는 인물 중 하나 아닌가. 그런데 한 번 낙선은 괜찮지만, 두 번 낙선하면 속된 말로 '꽝' 날 수 있다. 꼭 돼야 하고, 됐으면 좋겠다. 노무현 전 대통령처럼 거듭 낙선하고도 그게 정치적 자산이 돼

더 큰 도약을 했던 경우가 있지만, 그건 특수한 경우이고 두 번 연속 지역구 선거에서 실패하면 누구라도 어려워진다. 두 번째는 이 책의 공동 저자인 신언직이다. 무엇보다 강남 지역구라는 점에 매력이 있다. 강남에서 진보 정당 출신의 국회의원이 나오면 일종의 선거 혁명 아닌가? 신언직이 그런 선거 혁명을 한번 이뤄 보면 좋을 듯하다. 그럼 이 책도 더 많이 팔려 나도 덕 좀 보지 않겠나.(웃음) 세 번째는, 신언직을 얘기했으니 이정미를 얘기 안 하면 큰일 나겠지.(웃음) '깔때기 근성이 저렇게 없어서 어떻게 정치를 할까.' 싶을 정도로 자기를 내세우는 데 익숙하지 않다. 너무 오래 정치를 운동으로 했던 듯하다. 언젠가 이정미가 노래방에서 "나도 세상에 나가고 싶어. 당당히 내 꿈들을 보여 줄 거야."라는 가사가 나오는 임재범의 〈비상〉을 부르는데, 그 심정이 절절하게 느껴졌다. 날아올라 당당히 꿈을 펼치길 바란다.

우리의 길, 나의 길

▌ 정치 활동의 최종 목표를 어디에 두고 있나? 솔직하게 말해 보자.

이정미 ┃ 50대 초반까지는 진보 진영의 유력한 대선 후보를 잘 돕는 일에 주력하고 싶다. 내 정치 활동의 최종 목표는 진보 정당의 안정적 집권이 가능해지고 정치 개혁이 이루어져 다당제 구조가 정착되면 '여성당'을 만들어 그 당수가 되는 것이다.

신언직 ┃ 노동이 아름다운 복지국가 대한민국을 위해 강남에서 변화를 일으키는 야권의 대표 주자가 되고자 한다. 2012년 총선과 대선에서 승리하면 참여를 통해 진보적 가치와 정책 실현을 위해 노력할 것이고, 그렇지 않으면 2014년 지방선거에서 강남 진보 구의원을 만드는 데 총력을 기울일 것이다.

　　▊　당신이 당 대표라면 가장 먼저 하고 싶은 일은?

박원석 ｜　당연히 실현 가능한 집권 전략을 짜는 일이다. 그것을 위한 1
단계 플랜으로, 지금부터 시작해 2012년 총선 그리고 대선 때까지 전
국을 돌며 각계각층을 대표하는 다양한 사람을 만나겠다. 대중 집회
같은 데 서는 것 말고, 지지자나 만나고 싶은 사람만 만나는 것 말고,
때로는 지지하지 않는 사람들까지 개인으로든 그룹으로든 만나서 청
문을 하는 것이다. 대한민국 정치가, 그리고 진보 정당이 무엇을 해결
해야 하고, 어떻게 달라져야 하는지, 국민의 삶에 필요한 것이 무엇인
지를 아주 구체적이면서도 폭넓게 묻고 들으며 소통하겠다. 진보 정치
는 듣는 것보다 말하는 것에 익숙하고, 객관적으로 진단하기보다 주관
적 의지를 내세우는 면이 있는데 그것만으로는 수권 정당이 되기 어
렵다. 그걸 먼저 바꿔 보고 싶다.

이정미 ｜　사회적 영향력을 가지고 있으며 진보적인 많은 분들이 진보
정당에 합류하지 않고 있다. 결국은 정치적 중립지대에 서거나, 꼭 참
여해야 한다면 그나마 문제 해결의 힘을 가진 보수 야당에 힘을 실어
왔다. 내가 당 대표라면 그분들을 모두 만날 것이다. 진보가 가진 매력

124

을 다 보여 주고 함께하자고 권하고 싶다.

신언직 ｜ 당의 목표를 분명히 하겠다. 통합진보당은 집권을 위한 정당
이라는 점을 분명히 해 전 당원이 한 방향으로 나아가도록 하겠다. 그
리고 실현을 위한 집권 전략을 마련하고 그림자 내각을 구성해 구체
적인 가능성을 보여 주겠다. 가장 먼저 하고 싶은 일이다.

　　진보 정당을 하면서 밥 굶지 않을 방도는 뭘까? 언제까지나 활동가
　　처럼 빈곤을 감수하고 일할 수는 없지 않은가?

박원석 ｜ 진보 정당의 권력 자원이 커지면 국고 지원도 늘고 당원도
늘어 재정적으로 개선되지 않겠나. 정당이 수익 사업을 하거나 장사를
할 수도 없는 거고, 당원도 앉아 있으면 그냥 늘어나는 게 아니다. 결
국 원내교섭단체를 확보하고 이를 기반으로 삼아 더 큰 권력 자원을
만드는 것이 답이다.

이정미 ｜ 2012년이 많은 것을 해결하는 통로가 될 것이다. 많은 의원
이 당선되어 원내교섭단체가 되면 재정이 풍부해질 것이고, 만약 원내
에 진출하지 못한 정치인이라 할지라도 예전 진보 정당과는 다른 실
력을 보여 줄 수 있다는 신뢰가 생길 것이므로 후원도 증가할 것이다.

신언직 ┃ 지금처럼 마냥 개인적으로 해결할 수는 없지만, 결국 당세가 커져서 생활할 수 있는 급여를 주는 것밖에는 방법이 없다. 그렇게 될 날을 위해, 힘들지만 최선을 다하자고 할 수밖에 없어서 솔직히 괴롭긴 하다.

〈나는 꼼수다〉에서, 진보 정치를 하는 사람들을 한국 정치의 '떨거지'라고 부른 적이 있다. 떨거지에서 탈출할 비책을 한 가지씩 이야기한다면?

박원석 ┃ 세대가 계급인 상황이 한동안 지속될 것이다. 그런 점에서 20~30대에 투자하는 것이 결정적으로 중요하다. 그들과 소통하고, 비전을 공유하면서 지지받는 정당이 돼야 한다. 이 세대에서 당원으로 가입도 하고 표도 나와야 당장 선거에서 효과를 볼 수 있고, 미래를 내다볼 수도 있다. 모든 정당이 2030세대를 얘기하지만, 콘텐츠나 진정성 면에서 진보 정당이 가장 잘 할 수 있다. 기존의 학생위원회·청년위원회 활동을 평가해 개선점을 찾고 전략을 재정비해, 경우에 따라서는 특별 기구를 만들거나 그런 일을 잘 할 수 있는 인재들을 영입할 필요도 있다. 당원만이 아니라 비당원들까지 포함해 알차고 짜임새 있는 대학생 정치아카데미나 청년정치캠프 같은 것을 기획해 정착시켜 보는 것도 방안일 것이다.

신언직 ┃ "우린 떨거지가 아니라 미래 권력이다."라고 말하고 싶지만 아직 힘이 없으니 그런 굴욕을 참을 수밖에는 없겠다. 비책이 뭐 있겠나. 열심히 해서 당세 늘리는 길밖에.

이정미 ┃ 2012년 총선을 거치며 의원단과 최고위원들 중심으로 당의 대중적 기반을 단단히 다져 간다면 누구도 우리를 떨거지라고 말하지 못할 것이다. 그러기 위해 지금 잘해야 한다고 굳게 맘먹고 일하고 있다.

> 현재 대한민국에서 바뀌어야 할 부분 세 가지가 있다면 무엇이고, 어떻게 바꿔야 할까?

박원석 ┃ 첫 번째 정치혁명이 필요하다. 보수 양당 체제 또는 보수·자유주의 사이의 정권 교체만 일어나는 체제에서는 서민들의 삶이 개선되기 어려우며, 정치 현실도 크게 달라지지 않을 것이다. 진보 정당이 원내교섭단체 수준의 권력을 만들고, 국회에서 확실한 캐스팅보트를 쥔다면, 정치가 많이 달라질 것이다. 아울러 소수파의 원내 진출을 보장하고, 국민의 표심이 선거 결과에 정확하게 반영될 수 있도록 정당명부 비례대표제를 획기적으로 확대하는 방향으로 선거제도를 바꿔야 한다.

두 번째는 재벌 체제 개혁과 대기업·중소기업의 상생을 통한 경제

민주화다. 총수 일가가 적은 지분으로 기업 전체를 지배하고, 경영권을 대물림하는 구조를 바꿔야 한다. 일정 규모 이상 계열사를 거느린 기업 집단의 지배 구조를 규제하는 '기업집단법'을 도입하는 문제를 포함해 재벌 개혁과 경제 민주화 플랜을 다시 짜야 한다. 〈공정거래법〉(〈독점 규제 및 공정거래에 관한 법률〉), 〈하도급법〉(〈하도급거래공정화에 관한 법률〉) 등을 민주화해 실질적인 대기업·중소기업 상생이 가능한 제도적인 환경을 만들고, 과거에 있었던 중소기업 적합 업종 같은 기준을 만들어야 한다. 대기업의 무분별한 사업 확장을 견제해 중소기업 경제, 서민 경제가 경쟁력을 갖고 살아날 수 있도록 해야 한다.

세 번째는 외교·통상 정책이다. 한미 동맹의 민주화와 한미 FTA 폐기, 이 두 가지를 전제로 미국의 그늘에 있고, 미국 일변도로 되어 있는 외교·통상 정책의 기본 틀을 다시 짜야 한다.

> 지금 당장 정부 예산 1백억 원을 배정할 수 있다면 배정하고 싶은 분야와 그 이유는?

이정미 │ 주택문제는 지금 한국 사회의 고질적인 문제 중 하나인데 그 중 20~30대와 일정한 소득을 증명하기 어려운 비정규직 여성의 경우는 주택 자금을 대출받기조차 매우 힘든 형편이다. 향후 주택정책은 가구당 인원수에 맞는 임대 정책이 전면 도입되는 등 획기적인 전환이 필요하지만, 동시에 결혼하지 않고 아이도 없는 여성은 사회적으로 비정상적인 취급을 당하며 주택 복지로부터 완전히 배제되어 있는 사회 현실도 개선하고 싶다. 즉 20~30대 여성을 위한 싱글 아파트를 일단 시범 아파트 형식으로 시작해 주택정책의 기준선을 만들어 보는 것이다. 특히 독신 여성에게 무엇보다 중요한 안전성과 쾌적한 환경 등을 최대한 고려해야 할 것이다.

박원석 | 돈을 쓸 수 있다면 복지 확충에 쓰고 싶은데 급여를 늘리거나 서비스를 확대하는 복지는, 몇 천억 원이면 몰라도 1백억 원 가지고는 솔직히 할 수 있는 일이 많지 않다. 복지에 쓰기에는 턱없이 부족한 돈이지만 다른 곳에는 유용할 수 있다. 시민운동을 하면서 보니 대한민국에 미국이나 중국, 일본 그리고 일부 나라를 빼면 다른 나라들에 대한 전문가가 참 없었다. 그렇다 보니 외교, 무역, 민간 교류 등 모든 면에서 역량이 뒤처지는 것은 당연하다. 1백억 원이 있다면 지역 전문가를 양성하는 데 쓰겠다. 북미나 유럽보다는 중동·남아시아·중앙아시아·아프리카·라틴아메리카처럼 그동안 크게 신경 쓰지 않았으나 외교와 교역에서 장차 중요해질 지역의 전문가를 키우는 데 투자하겠다. 현지 유학생을 지원할 수도 있고, 프로젝트를 지원할 수도 있고, 국책연구원의 그런 연구 분야를 키울 수도 있을 테니 방법은 다양할 것 같다.

일상 속의 우리

본인이 박진영이나 양현석 같은 연예 기획사 사장처럼, 만약 진보 운동의 기획자 입장에서 책임지고 키워 보고 싶은 후배들이 있나?

박원석 ┃ 당연히 있다. 이미 상당한 역할을 하고 있지만 안진걸을 비롯한 참여연대의 여러 후배들이 그렇다. 참여연대 말고도 사회적 기업 에듀머니 제윤경 대표, 권혜진 흥사단 교육운동본부 사무처장, 사단법인 성미산 마을의 문치웅 같은 후배들도 있다. 시민사회에서나 사회적 기업 영역은 물론 정치에 참여하더라도 역량을 발휘할 사람들이다. 기획자나 매니저가 돼서 사람을 발굴하고 책임지고 키워 보는 것도 쏠쏠한 재미가 있을 듯하다.

이정미 | 나는 당에 들어온 20~30대 후배들이 실무자로 당에 헌신하는 삶만 살기를 바라지 않는다. 스스로의 정치적 인생에 대해 계획을 세우고, 그것을 향해 지금의 시간을 사용하길 바란다.

신언직 | 더 덧붙일 것도 없다. 김희서다.

▌ 즐겨 보는 텔레비전 프로나 즐겨 듣는 라디오 프로는?

박원석 | 집에 텔레비전이 없다. 15년 전 결혼할 때 혼수로 장만했던 텔레비전을 계속 썼는데 작년 여름 무렵 브라운관에 비가 내리기 시작하더니 어느 날 안 나오더라. 그 뒤로 새로 장만하지 않았다. 〈나는 가수다〉를 비롯해 요즘 유행하는 예능 프로그램들을 못 봐서 그런 얘기가 화제로 나오면 끼어들지 못하는 경우가 많다. 하지만 아직은 크게 불편함을 못 느낀다. 텔레비전 프로그램 중에는 〈태조 왕건〉 같은 대하드라마나 〈차마고도〉 같은 문명 다큐멘터리를 좋아한다. 라디오는 〈손석희의 시선집중〉을 간간히 듣고 또 여러 차례 출연하기도 했다. 손석희 교수의 군더더기 없고, 까칠하지만 균형 잡힌 진행을 좋아한다.

이정미 | 제일 좋아하는 프로는 〈TV 동물농장〉이다. 일요일 아침마다 이 프로그램을 본다. 인간이 너무 무섭다는 생각이 들기도 한다. 그리

고 드라마도 좋아한다. '하이킥' 시리즈 열혈 시청자다. 시리즈마다 독특한 연결 구조가 나오는데 공통점을 찾아보면 매우 재밌다. 1편은 1층과 2층 방을 연결하는 구조, 2편은 아들 방에 들어갈 때 벽을 뚫어놓고 들락날락하는 구조, 3편은 옆집 간의 지하 터널이다. 사람과 사람의 소통이 비정상적인 구조를 통해야만 가능하다는 것을 보여 주는 것 같기도 하다. 또 김영현 작가가 쓴 작품은 다 좋아한다. 〈대장금〉, 〈선덕여왕〉, 〈뿌리 깊은 나무〉 등은 정치 하는 사람이 꼭 봐야 할 드라마다.

신언직 | 자연을 주제로 하는 다큐 프로그램을 즐겨 본다. 생명이 살아 숨 쉬는 것이 너무나 아름답고 생태주의의 가치를 다시 일깨워 준다. 그리고 라디오는 운전할 때 주로 듣는데, 손석희·김미화 씨의 시사 프로그램과 93.1Mhz에서 나오는 클래식 음악 방송이다. 시사 프로는 진보가 주류 담론을 이끌어 갈 수 있는 힘을 확인할 수 있어 듣게 되고, 음악 방송은 오랜 습관이 되어 듣게 된다.

자신을 연예인에 비유한다면 어떤 캐릭터와 비슷하다고 생각하나? 그 이유는?

박원석 | 우리나라 연예인들로는 잘 모르겠고 제임스 딘이나 리버 피닉스처럼 시대를 초월한 청춘과 반항의 아이콘이 내게 어울린다고, 지

금도 늘 주관적으로는 그렇게 생각한다. 하지만 현실은 로빈 윌리엄스나 대니 드비토 같은 캐릭터로 가고 있는 게 아닌가 싶다. 소통의 시대이니, 우상처럼 여겨지는 인물 유형보다는 경계심을 유발하지 않고 친근감을 주는 인물이 좋겠지.

이정미 ┃ 고현정. 야유가 쏟아지겠지만. 드라마 〈모래시계〉에서 고현정이 연기한 혜린 역이 나랑 닮았다는 소리를 많이 들었다. 인간 고현정도 좋다. 술 좋아하고, 사람 좋아하고, 거침없고, 자유분방하고, 프로 의식도 있고.

신언직 ┃ 음. 잘 모르겠다. 잘못 말했다가는 공연히 야유만 들을 것 같은데.(웃음)

▓ 내 인생 최고의 책, 영화, 그리고 음악은?

박원석 ┃ 인생에 지대한 영향을 미친 책은 『전태일 평전』. 20년이 훨씬 넘었는데도 그 책을 읽고 먹먹했던 느낌과 기억이 생생하다. 영화는 〈그랑블루〉. 바다는 좋아하지만 수영을 못하는데, 옛날 대한극장 대형 스크린으로 영화를 보는 내내 숨이 막히는 듯했다. 영화 속에 그려진 끝없는 도전 정신이 좋다. 음악은 김광석의 노래를 좋아한다. 김광석의 노래에서 느끼는 정서는 '젊음' 그리고 '그리움'이다. 그중 제일 좋아하는 노래는 〈너무 아픈 사랑은 사랑이 아니었음을〉인데, 듣기는 좋지만 어려운 노래라 잘 부르지는 못한다.

이정미 ｜ 　음악은 나한테 소망이다. 초등학교 4학년 때 바이올린을 정말 배우고 싶었다. 학교에서 공짜로 가르쳐 주었는데 강습료는 없었지만 바이올린을 사야 했다. 막걸릿집 단칸방에 가족 5명이 살 때인데 내가 바이올린을 사달라고 한 것이다. 뭔가를 갖고 싶어 하거나 자기 주장을 말하는 아이가 아니었는데 3일 동안 울고불고 조르니까 결국 엄마가 바이올린을 사주셨다. 세상을 다 가진 것 같았다. 그런데 서너 달 배우고 나니까 현악 반에서 가르칠 수 있는 수준을 넘어섰다. 선생님이 개인 레슨을 받으라고 권하셨다. 엄마에게 이 이야기를 했다가 엄청나게 맞았다. 당시 바이올린 강습료는 피아노의 서너 배가 넘었다. 울며불며 매달려 봤지만 엄마가 바이올린까지 부숴 버린다고 해서 꿈을 접었다. 그 바이올린을 고등학교 졸업할 때까지 소중하게 가지고 있었다. 지난 서울시장 선거 때 노회찬 후보가 모든 국민이 악기 하나씩 다룰 수 있는 나라를 만들자고 하는 말이 나는 너무너무 좋았다. 노회찬 후보가 첼로를 연주한다는 것도 부럽고. 잘 다루는 악기는 없지만 듣는 귀는 나쁘지 않다. 임재범의 〈비상〉을 좋아하고, 김동률은 좋은 목소리를 가졌고, 김광석은 못 잊겠고, 노래마을이 부른 〈곽재구 시인의 시를 노래로 만든) 〈희망을 위하여〉도 좋다.

신언직 ┃ 최고의 영화는 〈빌리 엘리어트〉. 영국 탄광촌을 배경으로 발레를 좋아하는 아이의 이야기인데, 사회와 이웃, 가족의 아픔과 사랑을 느낄 수 있었다. 주인공이 무대로 달려 나오며 높이 도약하는 마지막 장면에선 "아!" 하고 나도 모르게 탄성이 나왔다. 그리고 그 모습을 지켜보는 주인공의 아버지와 형의 표정을 정말 잊을 수가 없다. 최고의 책을 꼽으라면 『중국의 붉은 별』이다. 에드가 스노우(Edgar Snow)가 중국 혁명 당시 홍군과 함께 대장정에 참여해 쓴 책인데, 세상을 바꾸기 위해 '일군의 무리'가 어떻게 고난을 헤쳐 나가는지를 보여 주는 대장정을 너무나 서사적으로 잘 그려서, 여러 번 읽었다. 음악은 다 좋아하는데, 하나 꼽으라면 조용필의 〈킬리만자로의 표범〉. 외로움, 그러면서도 어떤 담대함 같은 게 느껴지는 곡이다.

┃ 어렸을 때 꿈은?

박원석 ┃ 대개 어떤 직업을 꿈으로 얘기하는데, 그렇게 보면 공무원이고 그중에도 외교관이었다. 나라를 대표해 나라와 나라 사이의 일을 한다는 것이 뭔가 스케일이 크고 멋있다는 생각을 했다. 막연한 동경이었기 때문에 그 꿈을 이루고자 노력하며 살지는 않았지만, 생각하기에 따라서는 남은 인생에서 실현 불가능한 꿈도 아닐 것이다.

이정미 ∣ 선생님이 되고 싶었다. 누군가를 가르친다는 게 참 의미 있고 보람되는 일이겠구나 싶었다. 그런데 요즘 내가 제일 잘하는 일이 교육이다. 내 강의를 사람들이 좋아한다. 나도 좋다. 꿈을 반쯤은 이룬 것 같다.

내가 상상하는 나의 노후는?

신언직 ∣ 지금 40대 후반의 다른 동년배들이 꿈꾸는 그런 삶을 살고 싶다. 약간의 경제적 여건이 허락된다면 아내와 서울 근교에 있는 텃밭 딸린 집에서 일주일에 이틀은 텃밭에서 먹거리를 키우고, 이틀은 자원봉사하고, 이틀은 좋아하는 낚시도 하고, 산에도 가고, 마지막 하루는 집에서 늘어지게 쉬는 그런 삶을 살고 싶다.

박원석 ∣ 적게 소유하면서도 품위 있는 노후를 살고 싶다. 일주일에 최소 한두 번 이상은 자원 활동을 하는데, 시민 단체도 좋고 정당일 수도 있겠지. 젊은 사람들의 모습에서 내 젊은 날을 돌아볼 수도 있고, 또 해줄 얘기도 많지 않겠나. 몇 달에 한 번쯤은 젊은이들과 어울려 유쾌하게 취해 보기도 할 것이다. 내가 젊은 시절을 보낸 참여연대에 가

서 자원 활동을 한다면 금상첨화일 것 같다. 일주일에 한 번 이상은 손자 손녀를 보러 다닐 것이다. 그러면서 분가해 사는 아들도 보고. 부모님께서 내 아들을 끔찍이도 큰 사랑으로 키우셨는데, 부모님 얼굴에 퍼지던 큰 즐거움을 나도 느껴 보고 싶다. 동네 도서관에 가서 새로 나온 책들을 빌려 읽고, 건강관리는 가까운 산에 다니면서 하고, 1년에 한 번은 고즈넉한 사찰이 있는 곳에 가서 혼자 절을 하고 명상을 할 것이다. 젊은 날의 친구들, 동지들과 정기적인 친목 모임을 갖고, 1년에 한 번쯤은 국내든 해외든 부부 동반 여행을 갈 것이다. 틈나는 대로 태어난 후 기억이 시작되는 곳부터 인생을 빠짐없이 기록할 것이다. 생의 마지막 순간에 이르기 전에 가족과 친구들, 나를 아는 모든 사람들에게 잔잔하면서도 마음에 남을 유언장을 준비할 것이다. 얘기 해놓고 보니 멋있네.(웃음)

이정미ㅣ 나이가 들면 후배 정치인들을 후원하고 양성하는 일을 하고 싶다. 그런 일을 하다가 어떤 시점에서 내가 '꼰대'가 되어 간다는 느낌이 딱 드는 순간, 다 정리할 거다. 물 좋고 산 좋은 곳에 쉼터 같은 곳을 만들어 고달픈 인생들이 편히 와서 쉬어 갈 수 있게 해주고 싶다. 옆에 있는 것만으로도, 바라보는 것만으로도 힘이 되는 사람이 되고 싶다.

■ 아침에 일어나서 가장 먼저 하는 일과, 잠들기 직전에 하는 일은?

박원석 ┃ 현관문 밖에 배달돼 있는 조간신문을 집어 와 우선 헤드라인과 눈에 띄는 주요 기사를 죽 본다. 바쁜 시간이니 한 번 훑어보고 나중에 지하철이나 버스 타고 나서 꼼꼼히 본다. 신문 가지러 나갈 때 반드시 옷을 입고 나가야 한다는 점에 주의해야 한다. 속옷 바람으로 나갔다가 앞집에서 나온 사람과 마주쳐 본 경험이 있는 사람들은 무슨 말인지 알 거다. 잠들기 직전에는 전화기에 저장된, 다음 날 일정과 할 일을 확인하고 시계 알람을 맞춘다. 워낙 늦게 자는 게 습관이 되어 잠자리에 드는 시각이 보통 새벽 2시경이다. 좀 바꿔야겠다는 생각도 한다.

이정미 ┃ 아침에 일어나면 페이스북을 열어 본다. 밤새 잠도 못 자고 트위터 같은 매체에 심정을 토로해 놓은 고달픈 인생들을 둘러보고, 정보검색도 한다. 잠들기 직전에는 음악을 들으면서 책을 읽는다. 그러다 잠에 빠져든다.

신언직 ┃ 대개의 경우 아침 6시에 일어나는데 가장 먼저 어머니에게 인사드린다. 그러고는 문밖의 신문을 가져와 화장실에 가서 일을 보면서 읽는다. 다음에는 아이들을 깨우는데 이게 매일 전쟁이다. 아이들 엄마가 늦게 자는 습관이 있어 아이들도 늦게 자서 그런지 아침에 잘 일어나지를 않는다. 큰놈은 몇 차례 깨우면 일어나는데 둘째는 엄청 짜증을 낸다. 나중에는 서로 신경질을 내고 집을 나서는 딸아이 뒤로 현관문이 '쾅' 하고 닫히기 일쑤다.

> 이 책 『진보의 합창』이 나오면, 가장 먼저 선물하고 싶은 사람과 그 이유는?

신언직 ┃ 우리 두 아이에게 가장 먼저 보여 주고 싶다. 그동안 대화를 많이 하면서 서로 잘 알고 있지만 아빠의 구체적인 활동에 대해서는 자세히 얘기하지 않았기 때문에 모르는 부분이 많을 것이다. 이제는 아이들이 컸고 아빠가 하는 일을 충분히 이해할 나이가 되었기 때문에 더 많은 것을 공유하고 싶다.

박원석 ┃ 부모님이다. 아들의 일에 관심도 많으시지만 걱정도 많다. 마음 같아선 일일이 다 말씀드리고 싶지만, 바빠서 그럴 수 없었다. 아들이 무엇을 하고 살았고 무엇을 하고 싶은지를 조금이나마 책으로 보여드릴 수 있는 기회가 될 것 같다.

이정미 ┃ 진보의합창 상황실장 최철원에게 첫 번째 책을 건넬 것이다. 사실 우리 셋이 책을 내면 좋겠다는 아이디어를 내게 준 사람이다. 촉박한 일정 때문에 과연 해낼 수 있겠느냐는 걱정도 많았다. 좀처럼 다정한 말을 하지 않는 냉정한 후배이지만, 나에 대한 애정과 기대가 얼마나 깊은지 알고 있다. 아닌 척해도 다 알 수 있다.

▮ 마지막으로 같은 길을 가고 있는 후배들에게 하고 싶은 말은?

박원석 │ 참여연대 후배들이 많이 마음에 걸린다. 올 한 해 후배들과 그다지 소통하지도 못하고 밖으로 많이 나돌아 미안한 마음이 크다. 또 그로 인해 불만도 불안감도 있었을 텐데 묵묵히 책임을 다해 준 것에 더없이 고맙다. 새로운 길을 가면서 후배들과 공유하고 설명하는 데에 많이 부족했다. 그러나 과거에도, 지금도, 그리고 앞으로도 한길에 서있다는 마음에는 변함이 없고, 그런 신뢰의 바탕 위에서 관계가 지속되리라 믿는다. 참여연대에서 한 시대를 보낸 것에 무한한 자부심을 갖는다. 후배들이 쌓아 가는 하루하루가 또한 그럴 것이다. 모두 건승하길.

이정미 │ 나는 정치를 의무감만 가지고 시작했다. 정치의 세계는 그런 자세로 살아남을 수 없다는 것을 배웠다. 정치를 하려면 자신의 정치적 진로에 대한 중장기적인 그림을 그려야 한다. 우리는 무조건 총선부터 나와서 떨어지고 또 떨어지고 낙선만 반복했다. 그래서인지 정치인으로서는 젊은 나이인데도 조로한 느낌이 든다. 후배들은 적어도 10년 이후를 내다보고, 열정적이지만 치밀한 인생 계획을 세워 가기를 바란다.

신언직 |　돌아보면 내가 후배였을 때 선배들에게 불만이 많았다. 왜 잘 못하나 하고 말이다. 그래서 생각했다. 나는 꼭 후배들이 따라오며 길을 넓힐 수 있도록, 먼저 길을 내는 일을 하겠다고 말이다. 일단 내가 길을 내는 데 성공하는 것으로, 또 그 결과를 통해 후배들에게 말하겠다. 우리는 정말 좌절하지 않고 성공해야 할 막중한 책임이 있다. 잘해 보자. 힘내자!

> 역시 신언직답다. 세 사람이 함께 정치를 바꿔 줬으면 좋겠다. 단단히 맘먹고 일내 봐라. 오늘 이야기 잘 들었다. 우리 내면이 밝아진 느낌이다. 마지막으로 같이 파이팅하고, 이젠 각자의 이야기를 좀 들어보고 싶다.

신언식·이정미·박원석 |　좋다. 우리의 삶과 정치를 위하여! 파이팅!

변화의 시작

사람은 살면서 몇 번이나 변하는 것일까? 변하긴 변하는 것일까? 어린 시절의 나를 떠올리면 지금과는 정말 다르다. 하지만, 곰곰이 생각해 보면 지금 성격의 바탕은 어릴 때 형성된 것 같기도 하다.

나는 딸 둘, 아들 하나가 있는 집의 둘째 딸로 태어났다. 첫째 딸에 이어, 둘째도 딸이 태어나자 친가에서는 아무도 찾아오지 않았다. 그렇지 않아도, 부잣집 아들로 대학까지 나온 아버지가 중학교밖에 다니지 않았던 엄마와 결혼한 걸 탐탁지 않게 여기던 터였다.

나는 젖을 떼자마자 외할머니 손에 맡겨졌다. 외갓집은 10명이 넘는 이모·삼촌들이 한집에서 살았는데, 나를 그 많은 식구들 속에서 키우기 곤란하다고 생각한 외할머니가 동인천의 한 나이트클럽에 딸린

방 한 칸을 얻어서는 나만 따로 데리고 나와서 살았다. 내가 태어난 지 3년 후에 남동생이 태어났고, 나는 줄곧 외할머니와 함께 살다가 초등학교에 들어갈 때가 되어서야 비로소 집에 가게 되었다. 순종적이고, 사람들 이야기를 많이 들어 주고, 다른 사람의 기분을 먼저 살피고, 내 주장을 당당히 펴기 어려워하는 성격을 갖게 된 데는 이런 성장 환경이 영향을 미친 것 같다.

부산에 있던 우리 집으로 돌아온 뒤에도 처음부터 가족에게 친밀감을 느꼈던 것은 아니다. 한집에서 자란 언니와 남동생은 서로 친한데, 나는 그렇지 못하고 겉돌았다. 게다가 내가 집에 내려간 이후 아버지는 여러 번 사업을 하다 실패하셨고, 1년에도 몇 번씩 이사를 다녀야 하는 등 생활 형편도 나빠졌다.

나는 학교생활에도 잘 적응하지 못했는데, 출석을 불러도 대답을 잘 못했고, 초등학교 4학년 때까지는 학업 부진아로 취급당했다. 학교 가기가 너무 싫어서 학교 정문까지 갔다가, 몰래 나와서 종일 동네를 돌아다니다가 수업 마치는 시간에 집으로 들어가기를 반복하기도 했다. 어느 날 내 공책 한 권 가득 "죽고 싶다."는 말이 쓰인 걸 본 엄마가 그때부터 나를 달리 대하기 시작했다. 작은 일에도 내게 "잘했다."라며 칭찬을 하셨다. 그때 엄마의 칭찬이 없었다면 그 상황을 극복하기 힘들었을 것이다.

그럼에도 오랫동안 나는 콤플렉스 덩어리였다. 어린 시절 나는 꿈이 없었다. 커서 되고 싶은 것도, 하고 싶은 것도 없었다. 그냥 '잘 살면' 된다는 생각뿐이었고, 사람들에게 인정받으려면 공부를 열심히 해야 한다는 생각 정도였다.

고등학생 시절까지도 내성적인 성격은 그대로였다. 중·고등학생 시절 친한 친구가 둘 있었는데, 모두 외모도 예쁘고 집안도 좋고 공부도 잘했다. 나는 늘 불행한 사람이라고 생각했기에 더욱 그 친구들처럼 되고 싶었다.

그래서 대학 입학시험인 학력고사가 끝나자마자 무엇에 홀린 사람처럼 놀기 시작했다. 1984년도에 대학에 입학했을 무렵, 나는 인생에 대한 깊은 고민도 없었고, 그저 대학 생활을 즐기고 싶어 하는 청춘이었다. 다른 신입생들이 아직 청소년 티를 벗어나지 못했을 때 나는 화장도 하고 꾸미고 다녀서 학교 안에서 주목을 받았다. 그때는 몰랐지만, 인생에 다시없을 '날라리' 시기였다. 쫓아다니는 남학생도 있어서, 처음으로 '내가 예쁜가?' 하는 생각도 들었다.

달콤한 시간은 짧았다. 당시는 1980년 광주민중항쟁 직후의 공포기가 지나 유화 국면이 시작되던 때였다. 총학생회가 부활하면서 학내 집회도 이루어졌는데, 유화 국면이었다지만 여전히 집회가 시작되면 전경들은 학교 안으로 최루탄을 쏘며 진압해 들어왔다.

우연히 4·19 기념 집회에 참가했는데, 눈물이 쏟아졌다. 아무런 이유도 없었다. 최루탄 때문도 아니었다. 그냥 엉엉 눈물이 나왔다. 그때 나는 공개된 장소에서 여성이 담배 피우는 것을 처음 봤다. 집회가 끝난 후 운동장 한가운데 앉아 한 여자 선배가 담배를 피우는데 그게 그렇게 멋있어 보였다. 그래서 다음 날부터 그 선배가 누군지 찾았다. 나는 몰랐지만, 학교 안에 나에 대한 소문도 났다고 했다. "웬 날라리처럼 보이는 신입생이 집회에서 펑펑 울더라."는 것이었다.

얼마 지나지 않아 내가 찾던 여자 선배가 나를 찾아왔다. 차 한 잔을 마시자고 하여 눅눅한 곰팡내 나는 지하 다방으로 갔는데, 자리에 앉자마자 내게 물었다.

"너, 전태일 아니?"

"아니오. 모르는데요."

선배는 내게 전태일에 대해 말해 주었다. 세상이 뒤집어지는 기분이었다. 그동안 내가 '돼지 같은 삶'을 살았다는 생각이 들었다. 선배는 나더러 같이 공부해 보자 했고, 나는 조금도 망설이지 않고 그렇게 하겠다고 대답했다. 나의 인생은 그렇게 변하게 된다.

운동권이 되다

그 무렵 내 인생에 엄청난 영향을 미칠 사람을 만났다. 정말 우연히,

고등학교 시절 친구를 따라 서울대와 이화여대 동문 모임에 갔었다. 그런 자리가 대체로 그렇듯이 재미가 없어 지루해하고 있었는데, 서울대 학생 하나가 리영희 선생님의 『우상과 이성』을 들고 있는 것이 보였다. 나는 그 책의 한 부분인 "베트남 전쟁사"의 복사본을 가지고 있었다. 서로 어찌나 반가웠던지 한참 동안 둘만의 대화를 나눴다. 그 친구가 "내가 진짜 멋있는 선배 소개해 줄게."라며 나를 인천으로 데리고 갔다.

그렇게 강희철 선배를 만났다. 비오는 제물포역에서 만난 선배는 내게 반갑게 인사를 건넸다. 내게 이것저것 물어보던 선배는 다정했다. 그리고 그다음 주에 농촌 봉사 활동을 함께 가자고 제안했다. 그때 무슨 말을 주고받았는지는 자세히 기억나지 않지만, 단 한 시간의 대화로 그에게 반했던 것만은 분명하다. 나는 그의 제안을 바로 받아들였다. '세상을 저렇게 사는 사람도 있구나. 저렇게 훌륭한 사람도 있구나.' 하는 생각이 떠나지 않았다.

그때부터 강희철 선배가 2003년 돌아가실 때까지 거의 20여 년의 세월을 함께 일했다. 인천민주청년회 때부터 민주주의민족통일전국연합(이하 전국연합) 시절까지 내 인생의 절반 이상을 그와 함께했다.

한 달에 20일 이상 출장을 다니며 전국 각지의 사람을 만나던 강희철 선배가 전국연합 중앙집행위원회 회의 도중 뇌출혈로 쓰러졌다. 그리고 마흔두 살, 지금의 나보다 더 젊은 나이에 갑자기 세상을 떠났다.

모든 일이 갑자기 일어났다. 내가 모든 것을 믿고 의지하고, 의논하던 선배가 이제는 세상에 없었다. 그가 떠난 자리에는 그와 함께하던 일들만 남았다.

어쨌든 선배를 처음 만났던 때로 돌아가면, 바로 일주일 뒤 농활 가는 날 나는 치렁치렁 길었던 머리카락을 짧게 자르고, 귀걸이도 빼고 완전히 달라진 모습으로 나타났는데, 그런 나를 보고 모두들 깜짝 놀랐다. 당시 나는 학교에서 '운동권 날라리'로 소문이 나 있었다. 대학 1학년생답지 않게 화장도 하고 귀걸이도 하고 멋을 낸 소문이 자자했다. 그런데 이상하게도 '기왕에 농활을 가는 것이니 열심히 일하자.' 싶었고, 그러려면 긴 머리도, 액세서리도 거추장스러울 것이라는 생각이 들었다. 뭔지 정확히 알 수는 없었지만, 삶의 방식이 달라져야 한다는 결심의 작은 표현이었다.

나는 학생운동에 완전히 빠져들었다. 그해 여름이 지나지 않아 나는 가투(거리 집회) 도중 잡혔고, 처음으로 경찰서 유치장에서 구류 5일을 살게 되었다. 1986년 인천에서 이른바 5·3 사태라 불렸던 대규모 시위가 일어났는데, 당시 운동 세력은 직선제 개헌을 주장하는 신한민주당에 대해 비판적인 입장을 취하면서도 헌법 개정의 방향을 둘러싸고 백가쟁명을 벌였다. 나는 대통령 간선제에 대해 문제를 제기하며 헌법 개정을 요구하는 집회에 참여했다가 경찰에 연행됐던 것이다.

성격상 내가 이런 일을 할 아이라고 생각하지 않았던 엄마는 깜짝 놀라, 내게 학교에 계속 다닐 것인지, 운동을 할 것인지 둘 중에 하나를 선택하라고 했다. 이미 마음을 굳힌 나는 운동을 그만둘 수 없다고 했다. 엄마는 정말 2학기 등록금을 주지 않았고, 나는 휴학계를 냈다. 다음 해 봄, 복학해야 하는데 엄마는 여전히 학생운동을 허락하지 않았다. 나 역시 학교를 계속 다닐 의미를 찾지 못했다. 학교보다 더 큰 세상을 만나고 있었기에 학교를 그만둔다고 해도 아쉬움이 없었다.

학교를 그만두고, 인천 가톨릭 대학생회 활동을 시작했다. 서울의 명동성당과 같이 인천의 답동성당은 인천 지역 민주화 운동의 근거지이자 상징처럼 되어 있었다. 그곳에서 매달 청년 강좌 등을 통해 수많은 민주 인사들을 초청해 강의를 듣고, 모임을 갖고, 집회를 개최했다. 학교와 거리에서 집회가 보장되지 못했기 때문에 종교단체는 민주화 운동 세력에게 든든한 기둥이 되었다. 인천에서 서울로 통학을 하는 대학생들을 가톨릭 대학생회로 모아 냈다. 우리는 인천에 대공장들이 밀집해 있다는 점에 주목했고, 대학생들과 노동자들의 연대를 강화하는 데 힘썼다.

유인물 몇 장을 뿌리고 구호 몇 번을 외치고 나면 바로 경찰의 체포를 피해 도망가기 바빴지만, 부평공단이나 주안공단 등에서 노동자들의 출근 시간에 맞춰 시위를 벌이고 노동자들과 만나는 일을 계속했다.

가톨릭 대학생회 회장이었던 강희철 선배가 1985년 겨울, 군대에 끌려가기 직전 내게 말했다. "정미야, 너는 최초의 여성 가투 주동자가 돼라. 군대 문제 해결하려고 하는 남성들의 가투 주동에서 벗어나서 최초의 여성 주동자가 되어 감옥에 가고, 나오면 노동 현장으로 가라."

그 당시 나는 술만 마시면 울었다. 억눌렸던 어린 시절, 20년에 대한 한이 얼마나 켜켜이 쌓였던지 술만 먹으면 그렇게 눈물이 났다. 학생운동을 하고, 엉엉 울어도 다 받아 주는 좋은 사람들을 만나면서 나는 조금씩 치유되고 있었다. 그 마지막에 희철 선배의 말이 있었다. "정미야, 이제 그만 울어라. 앞으로는 절대 울지 마라."면서 최초의 여성 가투 주동자가 되라는 제안을 한 것이다.

당시까지만 해도 민주화 운동의 중심에는 여성이 없었다. 열심히 활동하던 여성들도 결혼하면 주로 남편의 민주화 운동을 뒷받침하기 위해 생계를 책임지는 경우가 많았다. 강 선배는 내게 그렇게 안일하게 생각하지 말고, 주체적으로 살아야 한다고 강조했다. 이제 막 자본주의 경제학을 공부하고 이 모순된 사회에서 어떻게 하면 양심적으로 살아갈 수 있을까 정도를 고민하기 시작한 내게 감옥을 가고 공장을 가라니. 지금 생각하면 그런 요구를 한 선배도, 그 말을 따르겠다고 결심한 나도 겁이 없었다.

나는 그때부터 그 이야기를 철칙처럼 내 마음에 새겼다. 이 사회를 바꾸기 위해서는 노동자들의 힘을 믿고, 노동 현장에서 스스로를 단련하고, 정치적 방향을 제시하는 정치 활동가가 되어야 한다는 것이 내 인생관이 되었다. 억눌린 내 삶에서 벗어나 세상을 향해 나아가라는,

그날 그의 말이 지금의 나를 있게 했다.

강희철 선배는 강제징집을 당했고, 나는 그때부터 선배의 빈자리를 채우며 조직과 사람들을 챙겼다.

발로 뛰는 끈

87년 노동자 대투쟁이 있었던 다음 해 나는 노동자가 되었다. 인천 주안 6공단에 위치한 영원통신이라는 곳이었는데, 3백여 명의 여성 노동자들이 컴퓨터 부품을 생산하는 공장이었다.

그리고 1년 후 나는 첫 직장에서 노동조합을 결성했다. 1989년은, 노동조합을 결성하기에 좋은 해는 결코 아니었다. 전국 방방곡곡을 뒤흔들었던 87년 노동자 대투쟁으로 한창 노동조합이 결성되던 전성기가 지나면서, 사회를 뜨겁게 달궜던 승리의 기운이 서서히 사라지고 있었다.

특히 이 해에는 파업 중이던 노동조합원이 한낮에 식칼에 찔려 중상을 입는 '현대중공업 식칼 테러' 사건이 발생했는데, 현장에 있던 경찰과 전투경찰들이 별다른 제재를 하지 않았음은 물론, 이에 상경해 현대 본사 앞에서 항의하던 조합원들마저 전원 연행하는 등 상상을 초월하는 탄압이 자행되었다.

우리 회사 역시 노동조합을 순순히 인정할 리 만무했다. 노동조합을 어찌나 탄압했는지, 국회 조사까지 이루어졌다. 국회 조사는 반가웠으나 사고는 다른 곳에서 발생했다. 우리 노동조합에 대한 국회 조사 담당자가 '서경원 의원'이었는데, 조사 직후 그가 1988년 방북했다는 사실이 드러나면서 구속된 것이다.

방북을 빌미로 노태우 정부는 신공안 정국을 조성했고, 여파는 우리 노동조합까지 밀려왔다. 노동조합 활동은 어디나 '꽃길'이 아니지만, 우리 또한 결성 시작부터 탄압에 시달렸다. 회사는 노동조합과 협상은커녕 노조를 지키려는 조합원들을 모두 공장 밖으로 내쫓았다.

매일 아침 출근을 막는 구사대와 몸싸움을 하는 것으로 하루를 시작했다. 말이 몸싸움이지 건장한 남성들과 맞붙는 것은 결국 일방적으로 두들겨 맞는 것으로 끝났다. 구사대. 지금은 '용역 경비'라고 불리는 이들은 회사 편에서 거침없이 폭력을 행사했다. 무슨 수를 써서라도 노동조합을 파괴하려는 사측과 정부는 한통속이었다.

경찰은 구사대의 폭력을 수수방관했다. 노조 결성의 주범이자 위장 취업자임이 드러난 나는 언제나 집중 공격의 대상이 되었다. 1시간여의 격렬한 몸싸움, 지독한 구타, 병원 이송. 두들겨 맞고 실려 가고, 또 두들겨 맞고 실려 가는 수십 일의 폭력은 몸에 후유증을 남겼다. 난 그후로 1년 동안 생리조차 하지 못했다. 내 몸은, 내 강한 의지를 감당할 만큼 강하지 못했나 보다.

당시에는 노동조합이 처한 상황이 워낙 어렵고, 폭력에 일상적으로 노출되었던 터라 종교인들이 곁에 있었다. 천주교 신부님들은 노동사목을 통해 여러모로 노동조합을 지원했다.

우리 회사의 사장은 흔하디흔한 종교도 없는 사람이었는지, 조합원들에게 모임 장소를 제공하고 지원해 주었던 가톨릭 노동사목까지 쳐들어왔고 이를 제지하던 신부님께 폭력을 행사했다. 이 문제로 천주교 신도들이 회사 앞에서 시위를 벌이기도 했다. 그 결과 사회적 문제로 확산될 기미가 보이자 회사는 타협하지 않을 수 없었으며 마침내 협상이 시작되었다.

노동조합의 인정, 최초의 임금 교섭 등이 진행되었다. 회사는 나와 또 한 명의 해고자에 대한 복직 요청만은 들어줄 수 없다고 했다. 그리고 이 교섭 결과에 대해 찬반을 묻는 조합원 총회가 소집되었다. 마침내 조합원 총회가 열리던 날, 조합원들은 구사대와 마찰 없이 회사 안으로 들어갈 수 있었다. 공장 안에 들어갈 수 없는 것은 해고 통보를 받은 나와 동료 한 명뿐이었다.

공장 바깥에서 초조하게 기다리던 내게 총회 결과보다 먼저 물벼락이 안겨졌다. 관리자들은 소방 호스를 끌어다가 정면으로 쏘았다. 강한 수압을 이기지 못해 길바닥에 나뒹굴었다. 괴로워하는 나를 보고 관리자들은 낄낄거렸고, 경찰들은 보고도 못 본 척 외면했다.

육체적 고통보다 인간의 존엄이 땅바닥에 내팽개쳐졌다는 굴욕감을 참을 수가 없었다. 고작, 법으로 정해진 노동3권을 지키라는 것뿐인데, 우리가 요구한 것은 단지 법을 지키라는 것인데 내가 왜 이런 취급을 받아야 하나. 우리는 인간도 아닌가. 인간임을 보여 주기 위한 마지막 선택은, 인간이 지닌 가장 소중한 것을 내놓는 게 아닐까라는 극단적인 생각이 머리를 떠나지 않았다. 온몸이 덜덜 떨렸다.

물론 그 후 노동조합은 지켜졌고, 나는 다시 그 공장으로 돌아갈 수 없었다. 그리고 지금 이렇게 살아 있다. 그 시절 그 상황, 그 고통스러운 순간에 내몰렸던 사람이 어찌 나 하나뿐이랴.

1990년부터는 인천민주청년회에서 일했다. 1987년 이후, 상당히 많은 청년 단체가 생겼다. 대부분의 청년 단체는 감옥에 갔다가 출소한 학생운동 출신들을 중심으로 설립되었다.

그때 우리는 '학생운동 중심의 청년 조직은 오래가지 못한다. 인천이라는 지역적 특성을 기반으로 노동에 뿌리내리자.'는 생각을 가지고 있었다. 그래서 인천민주청년회는 '일하는노동청년반'을 만들었다. 초기에는 우리 역시 학생운동 출신들이었기 때문에, 유일하게 노동조합을 결성해 본 경험을 가지고 있던 내가 대외 활동을 전담해야 했다.

노동자 밀집 지역이었던 인천의 노동운동단체협의회는 전국적으로도 유명했는데, 그야말로 모든 정파의 기라성 같은 활동가들이 모여 있었다. 그들 눈에 이십대 초반의 나는 어린 '꼬마'에 불과했다. 노동운동 선배들은 "너희는 청년 운동이나 열심히 하지그래. 노동운동에는 사람 많다."라며 노골적으로 무시했다.

얼마나 어려운 자리였던지 지금도 그 회의 일시를 잊지 않고 있다. 매주 화요일 아침 10시. 나는 마음을 더 굳게 먹었다. '우리가 진짜 노동운동이 뭔지를 보여 주겠어.'

10명으로 시작했던 인천민주청년회 산하 모임인 '일하는노동청년반'이, 이후 1백여 명의 노동자를 모아 노동 강좌를 하기에 이르렀다. 이때 정말 사람들을 열심히 만났다.

(신문이나 시사 주간지, 월간지에서 기사를 뽑아서 재편집한) "시사 초점"이라는 이름의 유인물을 들고 일주일에 한 번씩 꼬박꼬박 현장을 방문했다. 나중에는 우리가 직접 쓴 원고도 넣어 "현장에서 현장으로"라는 제명으로 만들었다.

1년 동안 쉬지 않았다. 말을 들어 주든 안 들어 주든 무조건 유인물을 들고 찾아갔다. 사람들이 처음에는 이상한 단체라고 생각하다가 나중에는 우리의 정성에 감복했다. 내 인간적 관계는 대부분 그때 형성된 것이다. 이를 기반으로 '인천민주노동청년회', 그다음 '통일을여는민주노동자회'를 만들고, 본격적으로 노동운동을 했다.

1994~95년 한국노동운동단체협의회(한노협)에서 조직국장으로 일했는데, 1995년 한노협이 갈등 상황에 놓이게 되자 '더는 해답 없는 논쟁으로 소진하기 싫다.'는 생각이 들었다.

통일 운동 세력들 사이에 분열이 일어나고 있었다. 1988년 통일 운동이 본격화되고 나서, 1990년이 되면 남과 북, 해외의 민간단체들이 조국통일범민족연합(범민련)을 결성해 매년 범민족대회라는 8·15 행사를 개최해 왔는데, 범민족대회는 정부의 극심한 탄압을 받았다. 이 과정에서 3자 연대의 방식이 아닌 새로운 통일 운동을 주창하면서 민족회의라는 새로운 통일 운동 조직이 만들어지고, 노동자 통일 운동을 이끌어 가던 많은 정치단체들에서도 논쟁이 시작되었다. 지루한 논쟁이 지속되면서 한노협도 심각한 혼란에 휩싸였다.

나는 모두 정리하고 전북 지역으로 내려갔다. 그리고 민주노총 전북본부 노동상담소 소장으로 2년 동안 일했다. 지금은 이혼했지만, 전 남편을 그때 그곳에서 만났다.

1998년 여름, 전국연합이 사라질 위기에 처했고, 나는 다시 서울로 올라왔다. 전국연합은 운동의 방향과 노선에 대한 이견으로 2년이 넘도록 양측이 갈등하고 있었다. 노동자·농민을 중심으로 자주와 통일의 방향을 향해 나아가고자 했던 전국연합의 기존 노선을 부정하는 흐름이 형성된 것이다.

전국연합을 이끌었던 지도부들과 다수 간부들이 정치권과 시민사회단체로 대거 이동했다. 지금 민주당의 개혁 그룹을 이끌고 있는 많은 분들 중에 전국연합 출신의 간부들이 꽤 있다. 심지어 그 당시 전국연합을 떠난 간부들 중에는 뉴라이트 핵심 인사로 참여하는 사람도 있다.

떠난 사람들은 우리 사회가 변했으니 운동의 내용과 방식도 변해야 한다고 주장했지만, 여전히 한국 사회는 분단되어 있고, 노동자·민중의 삶은 개선되지 않았다. 전국연합을 재건하기 위해 각 지역과 현장에서 사람들이 속속 모였다.

나는 전국연합 조직국장을 맡아 일주일에 5일은 지방 출장을 다녔다. 자주·민주·통일이라는 과제로 결집해야 한다는 데 동의하는 사람들을 찾아 전국을 돌아다녔다. 전국연합 재건 소식을 듣고 제주도에서 농민운동을 한다는 사람이 사무실로 연락해 왔다. 나는 곧장 비행기를 타고 제주도로 날아가서 전국연합의 제주 조직을 만들자고 제안했다. 그리고 농민 단체와 노동 부문에서 일하는 활동가들을 소개받았다. 그당시 인터넷 포털사이트가 막 확산되는 시기였는데 제주도에는 이메일을 쓰는 사람이 없었다. 내게 처음 연락했던 그분을 제주시에 있는 한 피시방으로 데리고 갔다. 포털사이트에 회원 가입을 시키고 내가 그 사람의 아이디를 만들어 주었다. '첫사람'이다.

수많은 출장길에 강희철 선배와 동행했는데, 그는 일정이 바빠서 사람만 만나고 곧장 상경했고, 나는 남아 그들과 좀 더 시간을 보냈다. 술 마시고, 일 얘기만 하는 것은 뭔가 부족했다. 지역에서 만난 사람들과 물 좋고 산 좋은 곳을 찾아다녔다. 경치 좋은 곳을 함께 가면 추억이 쌓이고, 관계도 돈독해졌다.

당시만 해도 낭만이 살아 있었다. 전국의 절이란 절은 다 다녀 본 것 같다. 그런 즐거움이 없었으면 전국 출장은 고난의 길이었을 것이다. 사람을 만나 부대끼는 일이 어디 쉬운 일이던가.

내 별명은 '발로 뛰는 끈'이 되었다. "발로 뛰어다니면서 다 연결해 주는 사람"이라며 선배가 지어 준 것이다. 내 인생에 가장 빛나던 시절이었고, 가장 자랑스러운 시기다.

책임감으로 살다

전국연합에서 활동하던 중 이옥순 선배를 만났다. 이옥순 선배는 원풍모방 노동자 출신으로 2001년 폐암으로 돌아가시기까지 서울노동운동연합 부의장, 여성노동자교육선교원 총무, 통일을여는여성모임 '금강초롱' 회장 등 여성 노동자들을 위해 열심히 활동하셨던 분이다.

이옥순 선배는 돌아가시기 직전 전국연합 대외협력위원장을 하며 여성들을 만나고, 조직하고 싶어 했다. 과거에 열심히 활동했지만 결혼하면서 사회생활이 단절되어 버린 여성들이 다시 활동하도록 만드는 일이 선배가 세상에서 마지막으로 하고 싶어 했던 일이다.

옥순 선배를 만나기 전까지 나는 여성운동에 대해 생각해 본 적이

거의 없었다. '왜 꼭 여성운동을 해야 해? 내가 잘하면 되지.'라고 생각
했기 때문에 여성운동에 대한 제안 자체가 불편했다. 내가 할 일이라
는 생각이 들지 않았다. 그런 내게 한 선배가 말했다.

"정미야, 너는 그렇게 살 수 있겠지. 하지만 다른 일반적인 여성들은
그렇지 않아. 전체 여성들의 삶을 생각하지 않는 너는, 이기적인 애다."

상당히 충격을 받았다. 며칠을 고민한 끝에 결단을 내렸다. 여성들
의 삶의 현실에 뛰어들어 보고 싶었다. 이옥순 선배는 전국 각지의 여
성들이 모여 새로운 조직을 출범시키는 감동적 장면을 보지 못하고
돌아가셨다. 그 조직은 '반미여성회'다.

나는 2000년 준비기부터 2002년까지 2년 동안 반미여성회에서 일
했다. 대부분의 여성들이 그렇듯이, 젊은 시절 사회를 변화시키고자
혈기왕성하게 활동했던 여성들은 결혼하고 아이를 낳으면서 하나둘
씩 벽에 부딪힌다. 갓난아이를 놀이방에 맡길 만하면 둘째 아이가 생
기고, 가사와 육아에 매어 시간이 흐르다 보면 사회생활에 대해 자신
감을 잃고, 가정이라는 감옥에 갇히게 된다.

나는 이런 여성들을 만나러 전국을 돌아다녔다. "우리도 할 수 있
다. 자포자기 하지 말자. 그것을 이겨내고 함께하는 언니들이 있다."
그렇게 한 사람 두 사람을 모아 지역마다 모임을 결성하고, 함께 여성
주의 세미나도 하고, 집회도 다녔다. 우리는 함께하면서 스스로 얼마
나 귀한 존재인지 다시금 자각하기 시작했다.

서울 모임이 결성된 후 첫 번째 수련회를 잊을 수가 없다. 결혼하고 아이 셋을 낳아 키우면서 7년 만에 처음으로 온전한 자기만의 시간을 갖게 되었다는 윤혜경이 다른 언니들의 손을 잡고 펑펑 울었다. 그가 지금은 '전국지역아동센터교사협의회' 회장이 되었다. 그렇게 그녀들은 육아의 문제를 공동으로 책임지며 서로를 격려하면서, 이제 각 지역에서 훌륭한 여성 리더들로 성장하고 있다. 내 휴대전화 번호 뒷자리 '0428'은 반미여성회 출범 일이다.

또 한 번 인생의 변환점이 있었는데, 2003년 6월이었다. 어느 날 민주노동당이라며 전화가 왔다. 최규엽 선배였다. 민주노동당이 당규에서 정한 여성 할당 30퍼센트를 채우지 못해 애를 먹고 있다며 나더러 당직을 맡아 달라는 것이었다. 위원장 인준은 중앙위원회에서 해야 하는데 중앙위 회의가 불과 3일밖에 남지 않았을 때였다.

여러 가지 따지고 말고 할 것도 없었다. 나는 민주노동당이 여성 할당을 만들어 놓고 지키지 않았다는 사실이 너무 황당했다. 여성 할당을 지키기 위해서라면 일을 맡아야겠다는 생각이 들었다.

여성 할당은 권력에 접근하는 데 소외되어 온 여성들의 정치적 진출을 제도로 강제하는 것이다. 즉 '성 평등'이라는 진보를 이루기 위해 '결과의 평등'이라는 강력한 규제를 마련한 것이다. 그런데 민주노동당 안에서조차 이 문제를 현실화하는 것이 얼마나 어려운지를 종종 느끼게 된다.

당 활동 경력이 없던 사람을 갑자기 결정했던지라 중앙위에서 인준할 때, 사회를 보던 권영길 대표가 나를 소개하는 차례에서 내 이름조차 제대로 떠올리지 못하셨던 기억이 난다.

내가 맡았던 일은 '소파(SOFA) 개정과 한반도 평화 실현 운동본부'의 본부장이었다. 2002년 11월 효순·미선 두 여고생이 미군의 장갑차에 깔려 죽는 사건이 발생했다. 한낮에 길을 가던 여고생 둘이 죽었는데 가해자를 처벌하지 못했다. 현행범이 아닌 경우 한국 경찰의 구속 수사를 제약하고 있는 불평등한 한미행정협정(이하 소파) 때문이었다. 분노한 국민들이 촛불을 들고 일어났다. 민주노동당은 불평등한 한미 관계를 개선하고 미군 범죄를 근절하기 위해 소파 개정이 시급하다고 판단했다. 당시에는 의원 하나 없는 소수 정당이었으므로 나는 매일 차가운 거리로 나가 시민들을 만나고 서명을 받으며 이 협정의 부당성을 알리는 일에 매달렸다.

2003년 3월, 미국과 영국 연합군이 대량 살상 무기 제조(WMD)를 이유로 이라크를 공격했다. 한국 정부는 이라크 파병을 결정했고, 국내외의 반전 분위기 속에 파병 반대 여론이 높았으나 국회는 결국 건설 공병 지원단, 의료 지원단 파병안을 통과시켰다. 그러나 이라크의 치안 부재 등으로 전후 처리에 어려움을 겪고 있던 미국은 2003년 9월 우리나라에 다시 전투병 파견을 요청했으며, 추가 파병에 대한 논란 속에 2004년 2월 이라크 파병안이 국회를 통과했다. 그러나 파병 확정

발표 직후 결국 이라크에서 근무하던 한국인 김선일 씨가 파병 철회를 요구하는 무장 단체에 의해 살해되는 사건이 벌어졌다.

노무현 정부에 대해 여러 가지 평가가 있을 수 있다. 그러나 나는 자국민의 안전과 생명 보호를 일차적인 임무로 삼아야 하는 대통령이 우리에게 아무런 이득도 없는 무리한 파병을 결정했다는 점은 납득할 수가 없다.

민주노동당은 즉각 '이라크 파병 반대 운동본부'를 구성했으며, 나는 운동본부장을 맡았다. 나는 운동본부를 특정 정파 사람들로만 구성하고 싶지 않았다. 전통적으로 자주 통일 영역은 자주파 진영만 한다는 틀을 깨고 싶었다. 그래서 당의 모든 집행 체계를 활용해 평등파 진영까지 포함해 폭넓게 꾸렸다.

우리는 호흡이 상당히 잘 맞았다. 다들 성의 있게 열성적으로 일했다. 2004년 여름 폭염 속에서 우리는 20일이 훨씬 넘는 단식을 하면서도 기운을 잃지 않았다. 농성장에 직접 찾아와 단식에 동참하는 사람들도 많았지만, 더 많은 시민들의 참여를 끌어내기 위해 우리는 인터넷에 하루 단식 동조자를 모으는, 당시로는 꽤나 참신한 발상으로 일을 진행하기도 했다. 나는 이 사업을 통해 정파적 대립 구도는 언제든 마음만 먹으면 깰 수 있다는 것을 배웠다. 문제는 이끌어 가는 지도력이 아닐까.

민주노동당에서 활동했던 일 중에 기억에 남는 또 하나는 2005년,

정당 역사상 처음이었던 '남북 정당 교류' 사업이다. 일본의 이른바 '다케시마의 날' 조례 제정을 계기로 군국주의가 부활될 움직임이 가시화되고 동아시아 패권을 둘러싼 미일 동맹 체제가 강화되는 가운데, 한반도 평화를 수호하기 위해 남북 간의 공동 대응을 모색했던 것이다.

당시 열린우리당이나 한나라당 역시 일본의 군국주의적 움직임에 대해 초당적으로 대응하거나 남북이 공동으로 대응할 필요가 있다고 주장했으나, 실천에 옮긴 정당은 민주노동당밖에 없었다. 분단 이후 처음으로 남북의 정당이 정치 성명을 공동 채택하고 발표했던 것이다. 이 결과를 두고 한 언론사에서는 "원내 진출은 꼴찌로 했지만 정당 교류는 일등으로 진행했다."라고 평가했다.

이를 계기로 지난 4년 동안 통일부의 승인을 받지 못했던 남북 간 정당 교류를 본격 추진했다. 조선사회민주당은 북의 집권 정당은 아니지만 당 대표인 김영대가, 남측 민간단체와의 교류·협력 사업을 총괄하고 있는 북의 민족화해협력범국민협의회(민화협) 의장을 겸임하고 있다는 점에서 정당 교류의 파트너로 충분히 의의가 있다고 판단했다.

그러나 북측과 실무 협의를 진행하기란 쉽지 않았다. 여러 차례의 실무 협의를 총괄 책임지고 있던 나는 교류가 성사되기까지 매일 애가 탔다. 민간단체 교류와 달리, 정당은 일정한 교류 성과를 국민들에게 내놓아야 하는데 서로의 정치적 지형은 물론 문화나 접근 방식도 몹시 달랐다. 나는 2000년부터 남북 교류 사업을 경험해 왔지만, 정치의 영역에서 대북 관계를 진행하는 방식은 많이 달라야 한다는 것을 이때 배웠다.

결국 2005년 8월 당 대표단과 평양을 방문해 분단 이후 최초의 남북 정당 간 교류를 성사시켰다. 이를 계기로 양 정당은 대일 문제와 한반도 평화를 위한 공식 공동성명을 꾸준히 발표하면서, 이후 경색된 남북 관계의 물꼬를 트기 위한 다양한 교류와 접촉을 이어가고 있다.

어느 날 갑자기 불러 당직을 맡으라 했던 당은, 내게 또 한 번 '책임'을 지웠다. 2004년도 총선 후보 등록 시기였다. 민주노동당은 여성과 남성이 번갈아 비례대표 순위를 정하는데 일반 명부(남성, 여성)는 후보자가 9명인데 여성 명부는 후보자가 6명밖에 없었다. 여성 할당이 부족해 일반 명부 출마자를 포기시켜야 하는 상황이었다.

또 내게 연락이 왔다. 상임집행위원회 구성원들이 비례대표 후보로 출마해 줬으면 좋겠다는 것이었다. 당시 민주노동당 비례대표 당선권은 2~3위 정도로 예상했기에 그 이하 순번은 '국회의원 당선'과 무관했다. 나는 그때 후보로 나설 생각이 전혀 없었지만, 여성 할당 때문에 나가고 싶은 다른 후보자들을 못 나가게 주저앉힌다는 것 또한 납득할 수 없었다. 결국 이런 상황에서 당의 간부가 요구를 거절해서는 안 된다고 생각했다.

일단 후보 등록을 하자 싶어서 등록했더니 우리 진영이 발칵 뒤집혔다. 말하자면, 자주민주통일(자민통) 진영의 후보가 당선권 순위가 될 수 있도록 합의했는데 내가 그 합의를 깼다는 것이다. 얼마나 욕을 먹었는지 모른다. 내 진심이 왜곡되고, 사람들이 이 상황을 이해하지 못하는 것이 너무 속이 터져 하루를 꼬박 울었다. 그러고는 생각해 냈다.

"꼴등으로 당선시켜 주십시오."

총선에서는 보통 당 대표가 비례대표 후순위를 받고, 여기까지 꼭 당선시켜 달라고 선거운동을 하는데, 우리 권영길 민주노동당 대표는 창원에서 지역구로 당선될 것이니 나는 그를 대신해서 이 역할을 하겠다면서 선거운동을 했다. 진심으로 비례대표 가장 후순위를 달라고 호소했다. 민주노동당은 다른 정당들과 달리 모든 공직 후보는 당원 직선에 의해 선출하게 되어 있었다. 상당수의 당원에게 영향력을 가지고 있던 내가 출마하게 된다면 당선권을 합의했던 후보의 표가 분산될 수밖에 없을 것이고, 그 때문에 내가 출마한 것 자체가 합의를 깰 수 있다는 우려와 문제 제기가 있었던 것이다.

그러나 민주노동당은 비례대표 국회의원 선출에 여성 후보를 반드시 50퍼센트 할당하게 되어 있다. 따라서 일반 명부의 후보가 아무리 많아도 여성 후보가 전체 후보의 50퍼센트에 미치지 못하면 그 이후의 일반 명부 후보는 출마하지 못한다. 이 양자 사이에서 합의를 지키면서도 당의 요구를 받아들일 수 있는 묘안은 이것뿐이었다.

그리고 정말 꼴등이 되었다. 목표는 이루었지만 마치 비례대표 선거에 들러리 선 것 같은 그 심정이 별로 유쾌하지는 못했다. 그런데 참신기하고 감사한 것은 내게 표를 주지 말라고 했음에도 9백 명이 넘는 당원이 나를 선택했다는 것이다. 또한 당시에는 텔레비전 토론 등에 노회찬·심상정 후보가 단골로 출연했으며, 다른 사람들은 공중파가 아닌 토론회조차 참가할 일이 없었는데, 그때 내게도 텔레비전 토론에 나갈 기회가 생겼다. 그래서 갑자기 준비했는데도 야무지게 잘했다고 좋은 평가를 받았다.

나는 사실 당내 활동이 일천한 정치 신인이었는데 비례 후보 때 당 안에 많이 알려졌다. 그리고 그때 중요한 깨달음을 얻었다. 그동안 나는 내게 '의무'로 부여되는 일을 했다. 사람들이 내가 해야 할 일이라고 하면 그냥 했다. 이제 내가 스스로 내 운명을 개척할 시기가 온 것이다. 정치적 각성이었다.

정치, 정치인의 길

공교롭게도 나의 시련은 여기서부터 시작되었다. 2004년은 강희철 선배가 세상을 떠난 다음 해였다. 그의 빈자리를 메워야 했지만 나는 당 활동에 전념하겠다고 나섰다. 최초의 원내 진보 정당에서 1기 최고위원으로 활동하게 되었는데, 심적 부담이 매우 컸다. 진보 정당이 집권

해야만 우리가 꿈꿔 왔던 새로운 사회를 만들 수 있다고 생각했는데, 정당 활동의 자산도 경험도 없는 나는 당 안에서 실력을 갖추어야 했기 때문이다.

당시 최고위원들은 각기 부문별로 과제위원회의 책임을 하나씩 맡았는데, 나는 이전에 해왔던 일의 연장에서 자주평화통일위원장으로 일했다. 남북 간 정당 교류를 포함해 〈국가보안법〉 폐지와 이라크 파병 반대 등 굵직한 사업을 책임졌다. 그리고 우리나라 정당으로서는 최초로 성소수자의 권리를 대변하는 정책과 부서가 만들어졌다. 당시 민주노동당 안에서조차 성소수자에 대해 잘못된 인식이 많았다. 심지어 최고위원 선거 과정에서 성소수자들에 대한 폄하·혐오 발언을 한 후보들도 있었다. 여기동 위원장(민주노동당 초대 성소수자위원장)은 꾸준히 사람들을 설득했다. 성소수자위원회를 왜 설치해야 하는지 납득하지 못했던 많은 사람들이 그의 설득을 통해 바뀌었다. 최고위원 가운데 성소수자위원회를 담당할 사람을 정하는 자리에서 선뜻 나서는 사람이 없었는데, 내가 그 일을 맡겠다고 자임했다.

지금도 아쉬운 것은 이때 당에서 진행한 대부분의 사업이 시민사회 영역의 사업들과 차별성을 갖기 어려웠다는 점이다. 게다가 당시 최고위원과 의원들 간의 협력이 잘 이루어지지 않았다. 당직·공직 겸직 금지와 같은 제도가 이 둘을 갈라놓았고, 최고위원들은 당내 정치에, 의원들은 각자 의정 활동에서 성과를 내기에 급급했다.

최고위원 임기 2년 동안은 굉장히 힘들었다. 그때까지도 정당을 사회운동과 다르지 않게 생각했기 때문이다. 나 자신이 정치가라는 사실을 자각하지 못했다.

당내 문제에도 불구하고 당시 1기 최고위원의 위상은 지금까지를 통틀어 가장 높았다. 그럼에도 나는 당내 갈등을 조율하고 조정하는 일에 지나치게 많은 에너지를 소모했다. 당의 최고위원에 걸맞은 정치적 진로를 개척하거나 만드는 일은 꿈도 꾸지 못했다. 당 내부적으로는 잘했다는 평가를 들었지만, 정치인으로 더 크게 성장할 계기를 놓친 것이 못내 아쉽다. 가르쳐 주는 사람도 없었지만, 나 또한 정치적이지 못했던 탓이다.

2005년 말 울산 북구 재·보궐선거 패배로 최고위원 사퇴론이 불거졌다. 2004년 원내 진출 이후 20퍼센트 가까이 육박했던 당 지지율이 2005년 들어 서서히 하락하기 시작해 한 자릿수까지 떨어졌다. 울산 북구는 민주노동당이 반드시 수성해야 할 지역이었기에 패배의 충격이 매우 컸다. 이를 둘러싸고 치열한 평가와 논쟁이 제기되었다. 1기 최고위원들에 대한 불만도 터져 나왔다.

자민통 진영의 최고위원들이 민생 문제, 예컨대 국민들에게 지지받았던 무상교육과 무상 의료 같은 정책 과제에 관심을 갖기보다는 〈국가보안법〉 폐지와 (당시 열린우리당이 주장한) 4대 개혁 과제에 끌려다니면서 독자적 정책에 집중하지 못했다는 것이었다.

나는 당의 독자적 정책 과제에 집중하지 못했다는 점에 대해서는 인정했으나, 열린우리당과 각을 세우고 차별성을 내세워야 우리 지지율이 올라간다는 식의 주장에는 동의하지 않았다.

그러나 당 대표가 선거 패배에 대한 책임을 지겠다고 사퇴를 선언한 마당에 집단지도체제의 한 축인 최고위원들의 동반 사퇴는 불가피했다. 반대 의견도 만만치 않았지만 어쩔 도리가 없었다.

당의 지지가 회복되지 않고 2006년 지방선거가 예상했던 만큼의 성과를 내지 못하자 당은 점차 초조해졌다. 당내 정파 갈등도 격화되었다. 결국 2007년 겨울 권영길·심상정·노회찬 세 사람의 대통령 후보 경선 과정, 대선 패배, 이를 둘러싼 평가, '일심회' 사건에 대한 처리, 심상정 비대위 혁신안의 부결 등을 거치면서 2004년 민주노동당의 영광은 당내 갈등으로 그 빛을 잃어 가고 있었다.

2008년, 민주노동당 분열이라는 엄동설한이 지나고 찾아온 봄에는, 겨울보다 더 혹독한 아픔이 기다리고 있었다. 나는 당시 분열된 민주노동당을 살려야 한다는 일념 하나로 그해 4월 치러진 총선에 출마했다.

아무 연고도 없는 영등포에 둥지를 튼 것이 그때다. 영등포는 서울에서 민주노동당 후보도, 진보신당 후보도 없는 단 두 지역 중 하나였다. 다른 한 곳은 동작구였는데, 그때 동작구가 아니라 영등포를 선택한 것이 두고두고 잘한 일이었다 싶다. 그때 동작구를 갔더라면 현재 진보신당 부대표를 하고 있는 김종철과 악연을 맺을 뻔했기 때문이다.

이것 말고도 영등포를 선택한 것이 잘했다 싶을 때가 종종 있었는데 그중 하나는 이곳이 한나라당 전여옥 의원의 지역구라는 것이다. '아까운 현역 의원'이라는 생각을 전혀 하지 않고 선거에 매진할 수 있기 때문이다.

또 한 가지 이유는 영등포 중앙시장을 끼고 있어서다. 숨어 있는 맛집도 많고, 싸고 싱싱한 청과물이 들고 나는 광경은 바라만 봐도 신이 난다. 시장 상인들의 생동력은 늘 삶의 의욕을 되살린다.

시장 이야기를 하니, 지금은 재개발되어 사라진 신길동 신풍시장에서 만난 할머니 한 분이 떠오른다. 신풍시장은 매우 영세한 가게들이 오랫동안 자리를 지키고 있던 재래시장이다.

당을 살리겠다고 총선에 갑자기 뛰어든 나는, 어떤 시련도 감수하겠다고 마음먹고 있었다. 그래서 선거가 시작될 때 두 가지를 굳게 다짐했다. 절대 울지 않겠다. 그리고 절대 주변 사람들에게 화내지 않겠다. 그런데 신풍시장에서 수건 몇 장을 놓고 팔던 조그마한 가게, 하루에 손님 한 명이 드나들까 말까 한 그 가게에서 나는 눈물을 참기 위해 이를 악물어야 했다.

가게에 앉아 있던 할머니에게 민주노동당이 쓰인 명함을 건네자 할머니는 "우리 집에 찾아오지 마라."며 손사래를 치셨다. 그러고는 이렇게 말씀하시는 것이었다. "우리 아들딸들한테 그 빨갱이 정당을 왜 밀어주느냐는 소리를 들으면서도 나는 이제껏 민주노동당을 지지했어. 그런데 고작 국회의원 10명 되고서는 너희들끼리 밥그릇 싸움질하다가 갈라선 거여? 나는 이제 너희를 못 믿겠다. 다시는 우리 집에 찾아오지 말고 가그라."

한나라당 지지자를 만난 것보다 더 서러웠다. 가게 문을 나서면서 나는 "선거가 끝나면 꼭 다시 찾아오겠습니다."라고 약속했다. 그리고 선거 결과 나는 전여옥 의원에게 참패했다.

선거가 끝난 다음 날, 다시 찾아가겠다는 약속을 지킬 생각으로 할머니를 찾아갔다. 예의 그 작은 가게 문을 열고 인사하려는데, 나는 또 한 번 당황했다. 할머니는 내 얼굴을 보자마자 정말 기다렸다는 듯 버선발로 뛰어나와 내 손을 꼭 잡으며 말씀하셨다.

"정말 고생 많았지? 내가 어쩌겠냐. 미운 놈이라도 너희를 찍을 수밖에. 다음엔 더 잘될 것이다."

한마디도 못하고 서서 눈물만 쏟았다. 그 눈물 끝에 비로소 나는 알았다. 이렇게 아픈 이유는 당이 작아서도, 힘이 없어서도 아니며 진보 정치의 분열로 '소중한 것'을 놓쳤기 때문이라는 것을. 우리는 그때, 진보 정당이 잘 성장하길 바라며, 사랑으로 지켜보고 함께하려고 하는 이 평범한 사람들의 마음을 짓밟았던 것이다. 우리는 대체 무슨 짓을 한 것일까.

이제 진보 정당은 서로 색깔이 다른 이들이 지은 '통합진보당'이라

172

는 집에 모였다. 누군가는 이야기한다. 유시민 대표는 언젠가 또 자신을 위해 당을 깰 수 있는 사람 아니냐. 또 누군가는 이야기한다. 당을 두 번이나 뛰쳐나온 사람들이 세 번은 못하겠냐고.

그럴지도 모른다. 누군들 무엇을 확신할 수 있을까. 시민운동가 박원순이 서울시장이 될 줄 난 5년 전에는 몰랐다. 지금 내가 확신할 수 있는 것은 우리는 '아픈 기억'을 공유하고 있으며, 그 때문에 '평범한 사람들의 마음'을 다시는 실망시키지 않으리라는 점이다.

단련된 실력

총선은 '아버지'에 대한 내 마음도 치유해 줬다. 아버지는 부산 사람, 엄마는 마산 사람이다. 부모님은 정치 하는 사람들은 다 원수라고 하면서도, 선거 때가 되면 결국 박정희·전두환·노태우로 이어진 보수정당을 찍었다.

그런 엄마가, 1988년 무렵 국회 청문회를 보면서 이제껏 내 말이라고는 털끝만큼도 안 믿고 빨갱이한테 세뇌당했다고 생각하시던 분이, 내 말도 맞는 점이 있다는 것을 알게 되었다.

1992년 대선 때, 엄마는 아버지를 제외한 가족들을 모아 놓고 긴급

가족회의를 했다. "정미가 앞으로 감옥 갈 일 없으려면 이번에 김대중이 되어야 한다. 모두 김대중 찍어라."라고 하셨다. 진심으로 감사했다.

살가움이란 전혀 없는, 무뚝뚝한 아버지도 엄마가 돌아가시고 나니 조금씩 바뀐다. 꼴뚜기 젓갈 담가 두었다고 가져가라고 하질 않나, 함께 사는 며느리에 대해 구시렁구시렁 이르지를 않나. 내가 민주노동당 최고위원이 되고 나서, 그래도 차 한 대는 있어야 하지 않겠느냐며 중고차도 사주셨다.

2008년 총선 선거운동본부 발대식에 아버지를 초대했다. 오시는 김에 한 말씀 해달라고 하니 선뜻 또 그러겠다고 한다. 선본 발대식 당일, 멋지게 차려입고 오신 아버지. 난 아직도 그 모습을 잊지 못한다. 아마 영원히 기억하게 될 것 같다.

부들부들 떨며, 식장에 모인 분들에게 딸내미 지지해 주셔서 감사하다는 짧은 인사를 끝내고 아버지는 나한테 하트 표시를 날리며 큰소리로 말씀하셨다.

"사랑한다, 이정미!"

아버지한테 사랑한다는 말을 처음 들어 본 날이다. 그리고 집으로 돌아가면서 하얀 봉투를 내 손에 쥐어 주셨다. 꽤 많은 현금이 들어 있었는데, 봉투 안에는 작은 쪽지가 함께 들어 있었다.

"정미야 고생이 많지. 아버지로서 네게 힘이 되어 주지 못해 미안하다. 얼마 되지 않는 돈을 전한다. 사랑한다. 정미, 화이팅!"

2008년 총선 결과는 초라하기 그지없었다. 5퍼센트의 지지율도 얻지 못했다. 그런데 오랫동안 열심히 지역 사업을 했던 후보와, 그렇지 못한 나 같은 후보의 성적표가 비슷했다. 서울은 정당의 힘에 따라 선거 결과가 좌지우지되는 곳임을 새삼 느꼈다. 이는 내가 이 지역에서 뭘 해서 돌파하기 어렵겠다는 좌절감으로 이어졌다. 서울과 수도권의 경우 정치 구도가 중요하다는 사실은 선거 이전에 이미 알고 있었지만 막상 겪어 보니 더 처절했다.

처음부터 다시 일궈야 하는데 지역사회에 좋은 '민주노동당 위원장'으로 살 수는 있지만 주민 속으로 파고들기는 어렵겠다는 생각이 점점 커졌다. 뭘 해보고 싶다는 에너지가 안 생겼다. 총선 후 겨울이 오기까지 정말로 일을 안 했다. 바닥까지 에너지를 소진하고 나니까, 서서히 정신이 들었다. 이런 식으로 살면 평생 쌓아 온 소중한 것들을 모두 잃겠구나 싶어서 겁도 났다. 이제 후배들까지 나를 꼴 보기 싫어하겠구나 생각하니 아찔했다.

다시 활동을 시작했다. 거의 1년 만이다. 영등포의 당원들을 모아 매달 한 번씩 지역 주민을 만났다. 분회도 재편해 모임을 추슬렀으며, 지역의 시민 단체들과 연대 활동도 했다. 그 과정에서 영등포산업선교회 총무이자, 영등포생활협동공동체협의회를 이끌고 있는 손원정 목사님을 만나, 영등포 지역의 진보 정당들과 시민사회단체들이 한자리에 모여 매달 밥상을 함께하고 지역 현안을 토론하며 해결해 가는 공동체 모임을 만들기로 했다. 그것이 영등포 목요밥상 모임으로, 벌써 1년 반 동안 꾸준히 진행되었다. 롯데마트 앞 어린이 교통안전 대책 관련 사업이나, 영등포 친환경 무상 급식 조례 제정을 위한 활동, 교육 희망네트워크 사업 등 지역 사업도 조금씩 활기를 찾아갔다.

이 시기 공부도 많이 했다. 이때 막스 베버(Max Weber)의 책 『소명으로서의 정치』를 처음 접했다. 정치가가 가져야 할 윤리에 대해 전혀 새로운 개념을 만난 것이다. "신념 윤리가 갖는, 결과에 대한 무책임"이라는 말은, 이제까지 내가 해온 당 활동에 고스란히 적용될 수 있었다.

그러나 이 책을 곱씹어 읽을수록 좋은 정치가가 되기 위한 길은 그리 단순하지 않다는 것을 깨닫게 되었다. 실상 결과에 대한 책임성을 강조하면서 현실 정치에서 벌어지는 부적절한 타협을 정당화하는 논리도 많이 봐왔다. 신념 윤리와 책임 윤리는 서로 다른 대립적 원칙이지만 이 둘 사이를 잇는 것이야말로 좋은 정치가가 해야 할 역할이다. 이 두 윤리가 결합될 때에야 비로소 '정치에 대한 소명'을 가진 참다운 인간존재가 만들어진다고 하니, 좋은 정치가가 되기 위한 길은 얼마나 멀고도 험할 것인가.

"중요한 것은 삶의 현실을 있는 그대로 들여다볼 수 있는 단련된 실력, 그런 삶의 현실을 견뎌 낼 수 있는 단련된 실력, 그것을 내적으로 감당해 낼 수 있는 단련된 실력이다."

무겁지만 명확한 베버의 가르침으로, 오늘도 나를 담금질한다.

노동에 기초한 진보 정치의 길

내게 정치에 대한 결심을 다지게 한 중요한 사건이 있었다. 작년 가을, 경북 구미시 휴대전화 부품 제조업체 케이이시(KEC) 노동조합 지부장이 분신을 기도했다. 케이이시는 노사 간 교섭이 결렬되어 노동조합이 전면파업에 들어가자 사측이 경비 업체를 동원해 노조원을 끌어낸 뒤 직장 폐쇄를 단행했다. 그러고는 노조 간부를 해고하거나 직위해제하고, 대체 인력과 신규 인력을 채용해 공장을 가동했으며 노조의 교섭 요구를 철저히 외면하는 등 전형적인 노동조합 탄압의 경로를 걸었던 회사였다.

위원장은 우리 집에서 길 하나만 건너면 있는 한강성심병원에서 치료를 받았는데, 그 앞에서는 연일 노동자들이 모여 촛불을 밝히고 사측과 정부를 규탄했다. 나는 그때 마음이 흔들리고 있었다. 진보 정치도 더 유연하고 세련되게 달라져야 한다는 생각이 강해지고 있었다. 하지만 한강성심병원 앞에서 나는 절망했다. 진보도 앞으로 나아가고 싶은데, 진보 정치도 유연하고 세련되고 싶은데, 세상은 내가 처음 노동운동을 하던 20년 전이나 지금이나 변함이 없었기 때문이다.

21세기가 시작되고도 10년이 흘렀는데 아직도 고작 노동조합의 교섭권 하나를 지키려고 사람이 목숨을 걸어야 한다. 소방 호스로 물을 맞아 나뒹굴던 해고 노동자 이정미가, 오늘 한강성심병원 앞에 앉아 있었다. 그때 그 모습 그대로. 너무 슬펐다.

진보 정치를 걱정하는 많은 사람들이 내게 말했다.

"진보 정당도 이제 사회적 약자들의 억울한 일을 보며 같이 울어 주는 데 그칠 것이 아니라 해결할 힘을 가져야 하지 않겠어?"

'힘'을 갖는다는 것은 정치를 하는 모든 이들의 지향인 만큼 떨치기 힘든 강력한 유혹이다. 이들은 '힘'을 갖는 방도를 이렇게 제시한다.

"민주당도 충분히 진보·개혁의 길로 나아갈 수 있다. 서러운 사람들의 문제를 해결할 힘을 함께 만들어 가자."

맞다. 정치는 좋은 정책과 제도를 만드는 것이다. 그런데 정말 중요한 것은, 이 사회의 모든 정책과 제도에는 그 바탕에 저마다의 가치와 철학이 담겨 있다는 점이다. 그리고 모든 정당에는 자신의 색깔을 결정하는 바탕이 있다.

민주노동당이 창당되기 전에는 노동자, 농민, 영세 자영업자 등은 정당정치에서 '시혜의 대상'이었다. 이들은 우리 사회의 최대 다수지만 제대로 시민권을 인정받지 못했다. 이들을 대변하는 정당, 민주노동당을 우리가 갖게 된 것도 불과 10여 년 전인 2000년이다.

더 많은 노동자가 더 다양한 방식으로, 노동의 권리로부터 철저히 배제되고 있는 시대. 누구나 복지국가를 외치지만, 노동하는 사람들의 기본적 권리마저 묵살되는 이 시대를 헤쳐 나갈 방법은 무엇일까. 시혜의 대상으로서가 아니라, 노동자를 비롯해 일하는 사람들 대다수가 스스로 정치의 중심이 될 수 있도록 힘을 키워야 한다. 그 힘은 정당 간 이합집산이 아니라 노동조합 조직률을 높임으로써 얻어질 것이다. 그리고 노동3권에 대한 제약도 풀어야 한다.

미국의 민주당은 판단하기 모호하고 해결하기 힘든 상황에 접할 때 해답의 기준으로, "우리는 민주당이니까."라고 말한다. 우리에게도 그런 철학이 확고한 정당이 필요하다.

'노동에 기초한 진보'라는 확고한 기준을 갖는 정당, 1백 년 전 수많은 선진 자본주의국가들이 가져 온 경험. "우리는 진보 정당이니까."라고 당당히 말할 수 있는 진보 정치의 길, 나는 그 길을 가려고 한다.

사랑하다, 꿈꾸다

먼저 반성부터 하나 하자. 오래전 나는 강연에서, 사람과 마음을 공감할 수 있는 것은 사람밖에 없다고 했다. 하지만 틀렸다.

재작년, 한 선배의 추모식을 끝내고 혼자 조용히 집으로 왔다. 4월이었다. 집 베란다에서 조용히 지는 석양을 바라보며 깊은 상념에 빠져 있었다. 그때 내가 키우던 고양이 '나비'가 창가에 앉아 턱을 괸 채 조용히 나를 바라보고 있었다. 나를 쳐다보는 그 눈이 얼마나 큰 위로

가 되었는지, 나는 지금도 그 눈빛을 잊지 못한다. 내 외로움을 달래
주던 나비……. 나는 지금도 내 겨울옷에 묻어 있는 그 녀석의 털 한
자락에도 가슴이 뭉클하다.

분당되던 해, 나는 너무 외롭고 추웠다. 길을 지나는데 한 꽃가게에
서 고양이를 분양한다는 메모를 보고 덜컥 갓 3개월이 지난 그 녀석을
업어 왔다. 태어난 뒤 꽃집 주변에서 살고 있던 녀석을 꽃가게 주인이
분양한 것이다. 나는 그 녀석이 너무 반가웠지만 함께 살 준비가 전혀
되어 있지 않았다.

잘 자라던 나비가 갑자기 아프기 시작했다. 동물 병원에서는 만성
신부전 판정을 내렸다. 수혈이 필요하다는데, 동물 병원에는 고양이
혈액이 없어 죽을 수도 있다는 것이다. 나는 유명 포털 사이트 두 곳에
최대 가입자를 보유하고 있다는 '고양이를 키우는 사람들의 카페'에
가입하고 도움을 요청했다. 하루 이틀 사이가 고비였는데 결국은 그
꽃가게를 다시 찾아가 어미 고양이를 찾아 수혈을 해서 나비를 살렸
다. 고양이를 키우는 데 내가 얼마나 무지했던가를 알게 되었다. 고양
이는 개와 달리 집 안에서 키운 지 오래되지 않아 야성이 살아 있다.
마른 사료 중심의 먹이도 문제였다. 또 길 고양이는 면역력이 약해 초
기에 예방접종이 필요했는데 그것도 소홀히 했다.

꼬박 1년을 집과 병원을 오가며 돈도 많이 까먹었다. 누구는 그랬
다. 사람도 제대로 치료받지 못하는 세상에 고양이한테 그런 정성을

들이느냐고. 실상 나도 그것 때문에, 병든 나비의 고통을 공유하기가 참 힘들었다. 병원비를 마련하기 위해 아르바이트도 했다. 지방선거 중에 나비는 손쓸 수 없을 정도로 증세가 악화되었고, 마지막으로 산소 박스에 들어가 치료를 받았다.

지방선거를 일주일 남겨 둔 어느 날, 고통스러워하는 나비를 더는 지켜볼 수 없어, 나는 의사 선생님께 안락사를 부탁했다. 집으로 돌아와 방에 나비를 뉘었다. 둘이 나란히 누워, 숨이 꺼져 가는 나비와 눈으로 대화했다. 미안하다는 말밖에 나오지 않았다. 그때 나는 고양이도 눈물을 흘린다는 것을 처음 알았다. 나비와 함께 울었다. 죽어 간 나비를 함께 슬퍼해 준 후배와 강화도에 가서 그 아이를 묻었다. 지금도, 가끔 그 녀석이 묻힌 곳을 찾는다.

〈TV 동물농장〉에서 나는 동물을 학대하는 수많은 사람들을 본다. 사람들에 의해 투기견으로 키워진 개가 이빨이 다 떨어져 나간 채 자기와 같은 종인 동네 개들을 살육하는 일, 아파트에서 시끄럽다고 수십 층 옥상에서 고양이를 던져 죽이는 일, 자기 삶의 울분을 죄 없는 동물에게 분풀이하며 몽둥이질을 해 죽이는 일, 건강할 때는 애지중지 장난감처럼 키우다가 조금 아프다고 길에 내다 버려 유기견으로 만드는 일, 그런데도 한번 정을 준 그 개와 고양이들은 자신을 버린 주인을 끝없이 기다리며 그 품을 다시 찾기를 바란다는 사실.

동물도 감정이 있고 고통을 느낀다. 그것이 중요하다. 심적이든 육체적이든 고통을 느낄 줄 안다는 것 말이다. 인간이 모든 고통에 무감하고 살아 있는 생명을 대상으로만 생각한다면, 인간사회 역시 마찬가지다. 타인의 고통에 무감한 사회. 모든 생명은 고통을 느낀다. 이것이 가장 일차적인 기준이다. 이것에 무감해지면 그 재앙은 인간에게도 다가온다. 인종주의가 그렇다.

이제 반려 동물은 인간사회에 깊숙이 들어와 있다. 동물에게도 보호받을 권리가 있다. 인간의 편리를 위해, 인간의 욕망과 욕구를 위해 목숨을 유지하는 것이 아니라, 그 자체 생명의 귀중함을 알아야 한다. 내게 나비는 깊은 인간관계만큼 너무나 많은 것을 주었다.

그리고 내가 진짜로 좋아하는 일이 있다. 좋은 사람들을 모아 맛있는 음식 해먹이고 같이 놀러 다니는 거다. 수많은 절집들을 다녀 보았는데 그중에 경북 영주 부석사가 제일 좋았다.

친구들끼리 여행을 갔는데 늦게 도착해 석양이 질 무렵에야 산에 올랐다. 부석사에 다다랐을 때 부석사의 격자 창살 무늬 사이로 불빛이 새어나왔다. 얼마나 아름답던지 한달음에 뛰어가서 배흘림기둥을 안았다. 불빛이 포근하고, 든든한 오빠 같은 느낌이었다. 그리고 뒤를 돌아봤는데 소백산맥이 끝없이 펼쳐져 있었다. 이 세상에서 본 풍경 중에 가장 아름다웠다. 정치도, 낭만적으로 할 수 있을까?

2008년 민주노동당 대변인 시절의 모습.

못다 정리한 대화들

▌ 지금까지 책임감으로 살았잖아. 너무 무겁지 않았어?

천근만근이지 뭐. 박원석이 날 처음 봤을 때 내 얼굴에 '나 책임감 강해.'라고 써있었단 말에 정말 빵 터졌어. 그런데 난 내 마음을 잘 표현하는 편이라서 날 이해해 주는 사람도 많아. 그게 항상 힘이 되었고. 정치를 하려면 가까운 사람에게도 자기 속내를 잘 드러내면 안된다고 하던데, 나는 그런 스타일이 아니야. 내 삶에 대해 자부심도 많으니 후회도 없어. 잘 살아왔다고 생각해.

• 이 절은 박선민의 질문에 내가 대답한 대화의 내용을 바탕으로 재구성했다. 선민에게, 고맙고 또 고맙다.

▐ 운동을 그만두고 싶었을 때도 있었지?

안 그러면 거짓말이지. 그런데 중요한 건 운동을 시작한 이래 운동을 그만두겠다고 사람들을 속 썩인 적이 한 번도 없다는 거야. 단 한 번도.

내 인생에 제일 큰 위기는 1987년 겨울이었어. 당시에 6월 항쟁과 노동자 대투쟁을 겪고 큰 논쟁이 한 번 있었어. "서클을 해산하고 거대한 대중의 바다에서 새로 태어나야 한다."는 이른바 '산개론'에 대한 논쟁이었는데, 내가 몸담고 있던 서클에서도 난리가 난 거야. "우리도 해산하고 대중운동 속에서 다시 만나자." "안 된다. 정치조직은 여전히 필요하다." 나를 사이에 두고 선후배들 사이에 격한 논쟁이 벌어졌고, 나는 이제 이 논쟁을 책임질 수 없다고 판단했어. 그때 얼마나 시달렸는지 단기 기억 상실증에 걸리기도 했어. 그 몇 달의 과정이 고스란히 기억에서 지워진 거야. 서클을 도망치듯 나왔어. 하지만 그때 내가 선택한 것은 운동 포기가 아니라 노동 현장이었지.

▐ 대학을 중퇴했는데 후회하지 않아?

학교를 졸업할 수 있기는 했어. 1991년에 제적된 대학에서 복학 기회를 줬거든. 그런데 그때 나는 노동운동을 하고 있었고, 굳이 학교를 졸업해야 할 의미를 찾지 못했어. 학교를 중퇴한 것에 대해 후회하지는 않지만 체계적으로 꾸준히 공부할 수 있는 여건을 만드는 것은 매우 중요하다고 생각해.

2005년 말 최고위원을 사퇴하고 제일 먼저 한 일이 한국방송통신대학교 입학이었어. 4년 동안 출석 수업은 한 번도 빠지지 않고 나갔지. 같은 과에서 동문수학했던 이들 대부분이 나보다 나이가 많고, 경제활동으로 바쁘게 살아가는 분들이었는데, 매번 시험마다 과락이 나와서 8년째 학교를 다니는 예순 넘은 분도 계셨어. 배움의 열정은 누구보다 높으셨지. 이분들의 삶의 태도에서 교과과정 못지않은 것들을 많이 배웠지. 방통대는 입학하기는 쉬워도 졸업하기는 어려운 학교인데 나는 4년 하고도 한 학기를 더 다니고 당당히 졸업했어. 우리나라도 평생교육 체계가 잘 만들어졌으면 좋겠어.

▌ 나이 든다는 느낌 때문에 괴롭지는 않아?

나는 가끔 나이를 잊어 먹고 살아. 그러다가 깜짝깜짝 놀라. 어느새 내가 벌써 이 나이가 되었나. '10년 만 더 젊었으면.' 하고 생각할 때도 있어. 뭐, 평균수명이 길어졌으니까 30대다 생각하고 살려고. 어지간한 30대보다 마음은 더 젊으니까. 철없다고 하려나?

▌ 인생이 지금 어디쯤 와있는 것 같아?

40대를 하루에 비유하자면 점심을 먹고 차 한 잔 마실 나이라고 하더라고. 인생 중반의 여유로움을 비유한 것 같아. 생물학적 나이는 그렇고, 정치인 이정미는 아직 점심때가 지나지 않았지. 지금 나는 어떤 도전도 두려워하지 않는 청년기를 지나고 있어.

젊은 사람들에게 인기가 많아. 비결이 뭐라고 생각해? 후배들은 어떤 존재야?

나는 변화에 민감한 사람이야. 유행에 뒤처지는 것을 못 견뎌. 젊은 후배들이 나를 좋아하는 이유가 여기에 있지. 감성적으로도 많이 통한다고 여겨 주는 것 같아. 운동을 포기하고 싶었을 때 나를 지탱할 수 있게 한 힘이 뭐였느냐고 묻는다면, 이제까지 내가 만나 왔고 이 길로 함께 가자고 손잡고 이끌어 온 후배들에 대한 책임감이었다고 말할 수 있어. 내 삶의 이념과 가치는 추상적이지만, 이들의 존재는 내게 아주 구체적인 책임으로 다가와.

그런데 나이가 들수록 가까이 있는 후배들이 조금씩 두려운 존재로 변하네.(웃음) 후배들로부터 사랑과 존중을 받아온 세월만큼, 후배들이 내게 기대하는 것도 점점 커지기 때문이지. 그 기대 때문에 항상 더 긴장하며 살게 되긴 하지만.

젊은 세대와 만나면 무슨 이야기를 해?

5년 전이던가. 대학 강연이 있었어. 대학은 한창 축제 중이었는데 캠퍼스를 오르는 동안 불이 환히 켜진 도서관에, 수많은 학생이

빽빽이 들어차 공부하고 있는 걸 봤어. 그날 나는 강연에 온 학생들에게 이렇게 말했어.

"지금 당장 이곳을 떠나 도서관으로 가라고 할 수도 있다. 그러나 그것은 당신들 인생에 별로 도움이 안 될 것 같다. 이제 한국 사회는 세 손가락 안에 드는 '스카이대', 그 대학을 다니는 학생들 중에서도 해외 유학을 책임질 수 있는 강남 출신 부모, 그리고 졸업 후 대기업에 취업할 수 있는 인맥과 배경이 없이는 아무리 도서관에서 밤을 새우고, 온갖 스펙을 쌓아도 기회가 없다. 그 1퍼센트 안에 드는가? 그런데 중요한 것은 10년 후의 한국 사회다. 그때 당신들에게는 가정과 아이가 생기고, 평생 다니고 싶은 일터가 생길 것이다. 지금의 비정상적인 경쟁 구조 속에 살아남을 수 있는 사람들은 여기 단 한 명도 없다. 그렇다면 길은 무엇인가. 사회를 바꿔라. 당신들이 주도할 새로운 사회를 스스로 개척하라."

나는 사실 이 이야기를 하기가 너무 힘들었어. 이렇게 말할 수밖에 없는, 선배랍시고 그들 앞에 서있는 내가 너무 부끄러웠어. 하지만 솔직해야 했지. 현실을 같이 인식하고 연대할 수 있는 용기가 더 중요했기 때문에.

아, 그때 모진 현실을 직시하려 들던 당당한 그 눈빛들을 잊을 수가 없어. 나는 젊은 세대와 미래를 위해 함께 연대하는, 언제나 젊은 정치인이 되고 싶어.

■ 싫어하는 사람, 좋아하는 사람 타입은?

맞는 말을 정답으로만 말하는 사람은 싫어. 매력 없어. 맞는 말도 곱씹어서 생각하게 하고 공감하게 하는 사람이 좋아.

■ 불꽃처럼 연애해 보고 싶은 상대가 있다면?

나는 지적이고 해맑은 사람이 좋아. 연애를 할 때 주로 내가 관계를 많이 주도하는 편이라 착하고 나한테 '올인'하는 사람이면 더 좋겠고. 나쁜 남자 스타일 딱 싫어. 현실이 그렇지 않다는 것을 너무 잘 알면서도 내 마음은 항상 소녀야. 낭만적이고 동화 같은 사랑을 꿈꾸지. 드라마 〈선덕여왕〉에서 비담 역으로 나왔던 김남길이 너무 멋있어. 그래서 연애가 잘 안되나 봐. 가끔 불꽃은 피우는데 오래가지 못한다고나 할까? 낭만과 동화가 현실로 내려오는 순간, 그때부터 문제가 생겨. 결혼 같은 건 두 번 다시 하지 않겠다고 생각했는데, 요즘은 친구같이 늘 옆에서 날 지지해 주는 사람이 나타나면 결혼해도 좋지 않을까 하는 생각이 들어. 능력이 많으면 더 좋겠고.(웃음)

■ 동안이라는 말 많이 듣잖아. 외모 중에 마음에 안 드는 부분은?

12살 아래 띠동갑들이 내 팬클럽을 만들었는데, 그 팬클럽 이름이 '절대동안'이야. 예전에는 내가 얼굴이 너무 동그란 게 불만이었어. 그런데 동안의 비결이 이 동글동글한 얼굴 때문인 것 같아. 예쁜 얼굴은 아니지만 나름 만족해. 딱 한 군데. 이가 정말 못생겼어. 이를 드러내고 웃으면 안 예쁜 것 같아.

　　▮　자신의 패션 감각에 대해 어떻게 생각해?

　　서울시장 보궐선거 때 새벽같이 투표 참관인 하러 가야 하는데 늦잠 자는 바람에 모자 눌러쓰고 대충 걸쳐 입고 나가서 창피했던 일을 페이스북에 썼더니만 한 후배가 "진보 진영의 패셔니스타가 왜 그러셨냐."라고 댓글을 달았더라고. 아주 근사한 멋쟁이는 아니지만 나쁜 편도 아닌 것 같아. 일단 사람이 길다 보니 차려입으면 괜찮아 보여. 실은 우리 엄마가 상당히 멋쟁이셨는데 그 감각을 배운 것 같아. 일단 촌스러운 건 싫어. 아무리 바빠도 뭔가 스타일이 엇박자가 나면 집 밖을 나가기가 싫더라고. 하지만 비싼 옷은 안 사.

　　▮　강의도 많이 하고, 사회도 많이 보는데 마이크 잡으면 어떤 기분이야?

　　사람들이 나를 많이 기억하는 건 당 대회나 중앙위원회 때 내가 발언하는 모습이더라고. 일단 말을 하면 사람들을 집중시키는 건 자신 있어. 거리 연설회 같은 때도 사람들이 내가 마이크를 잡으면 열심히 들어 줘. 총선 땐 10대 소녀들이 내 연설을 듣고 사인해 달라고 한 경험도 있어. 가만히 생각해 보면 그것도 처음의 노력이 중요했던 것 같아.

내 첫 강의 경험은 20대 중반에,『다시 쓰는 한국현대사』를 쓴 박세길 선배와 인천에서 '노동자 역사 학교'를 했을 때야. 그때 처음으로 1시간짜리 강의를 맡았어. 너무 떨려서 리허설 하다가 쓰러지기까지 했어. 그때 강의 전 분량을 노트에 토씨 하나 안 빠트리고 다 써봤어. 그리고 달달 외웠지. 당일이 되어 연단에 딱 섰는데, 진짜 마이크를 잡은 손이 부들부들 떨리는 거야. 그런데 한 10분 지나니까 얼마나 연습을 했던지 머릿속에서 생각하는 것보다 말이 먼저 나가더라고. 첫 무대였는데 전체 교사들 중에 내가 제일 잘했다고 칭찬받았어. 그러고 나서 자신감이 생겼어. 정답은 하나야. 부단한 노력.

그리고 솔직히 나는 무대 체질인가 봐.(웃음)

외향적인 성격은 아니잖아. 남들 앞에 나서서 주도해야 할 때 힘들지 않아?

어릴 땐 무척 내성적이어서 말수도 별로 없고, 자기주장도 거의 못하고 살았어. 그런데 지금 와서 생각해 보면 그 과정에서 내게 특별한 능력이 발달되었다고 생각해. 사람들의 이야기를 진심으로 경청할 줄 아는 것. 지금은 아니야. 사람들과 함께 있으면 유쾌하고 즐거워. 사람들도 나를 그렇게 여기는 것 같아. 나는 답답한 상황이 싫어. 그래서 많이 나서게 되지. 일복이 터지는 것도 다 그런 성격 때문이 아닐까?

▌ 일하다 보면 스트레스 많이 받잖아, 어떻게 풀어?

스트레스가 마구 쌓이면 작정을 하고 술을 마셔. 집에 내가 좋아하는 사람들을 불러서 맛있는 음식을 마련하고 와인 파티를 해. 우아하게 즐기는 거지. 그러고 나면 스트레스가 풀려. 무슨 이야기 주제를 놓고 토론하는 것도 아니지만 좋은 사람들과 술 마시며 수다를 떨다 보면 예상치 못했던 해답도 많이 찾게 되지. 주량은 센 편인데 독한 술은 잘 못 마셔.

▌ 사랑하는 이들을 많이 떠나보냈잖아. 죽음을 어떻게 이해해?

인간에게 죽음이 있기 때문에 삶이 의미 있는 거잖아. 안 죽는다고 생각해 봐. 인간에게 성찰이라는 것은 없었을 거야. 그렇긴 한데 내게는 너무 슬픈 죽음이 많았어. 이 책을 쓰는 중에도 내가 정말 사랑하는 또 한 분의 선배가 돌아가셨어. 내 옆에 없는 그의 빈자리가 너무나 크게 느껴져. 하지만 슬픈 만큼, 그분들의 죽음은 내게 삶의 이유가 되고 있어. 그 빈자리들을 메우며 내가 성장하고 있다는 생각이 들어.

그분들이 일찍 돌아가신 것이 딱 그만큼의 인생을 살 운명 때문이었을까? 아니야. 나는 이정미이지만 강희철이기도 하고, 이옥순이기도 하고, 이춘자이기도 하고, 또 수많은 분들의 삶을 함께 살고 있다고 생각해.

▩ 다른 얘기 하자. 여행 많이 다녔는데 가장 좋았던 여행은 언제야?

1992년 주안 6공단에 홍창물산이라는 회사가 있었어. 주로 구미 금호공고 출신의 남성 노동자들이 다니던 회사였는데, 거기에서 노동조합을 결성하려는 흐름이 있었지. 당시 인천민주노동청년회에서 활동 중이었던 나는 그 회사의 노조 결성을 지원했어. 가좌동의 낡은 연립 아파트에서, 우리는 거의 합숙하다시피 하며 노동조합 결성을 준비했어. 결과는 좋지 않았지. 위원장·부위원장·사무국장까지 모두 구속됐거든. 핵심 간부들이 구속된 상황에서 노조는 와해되었고. 생사고락을 같이한 동생들을 모두 감옥에 보내고 나니 밤잠을 이룰 수 없었어. 매일같이 다섯 명에게 편지를 써서 보냈어. 그때의 소중한 인연을 지금까지 이어가고 있는데, 20대 초·중반이던 그들이 이제는 아이 엄마, 아버지가 다 되었지.

〈민주화 보상법〉(〈민주화운동관련자 명예회복 및 보상 등에 관한 법률〉)에 의해, 그 당시 구속되었던 노동자들에게도 보상금이 지급되었어. 그들 중 나와 아주 친했던 최선미·신선아도 보상을 받았어. 이 친구들이 보상금을 받고는 함께 여행을 가자고 제안했어. 노동운동 하며 고생만 해온 우리도 '공주 같은' 여행을 선물 받을 권리가 있다고 생각했어. 서산에 갓 생긴 수목원이 목적지였는데 사실 목적지가 중요한 여행이 아니었지. 공주방 같은 펜션에서 공주가 먹을 것 같은 와인과 안주를 즐겼지. 점심도 꽃비빔밥을 먹었어. 시종일관 즐겼어. 우리 자신을 가장

귀하게 대접하면서, 지난날의 처절하고 아팠던 기억을 아름답고 소중한 추억으로 다시 만들 수 있었어.

■ 좋아하는 연예인이나 운동선수, 소설가는?

나 닮은 연예인이라고 했던 고현정. 연기도 좋아하지만, 예전에 〈무릎팍 도사〉에 출연했을 때 보고 정말 내면이 강한 사람이란 인상을 받았어. 삶의 곡절을 이기는 방법을 아는 사람이었어.

스포츠는 하는 것도 보는 것도 그다지 즐기지 않는데, 얼마 전 김성근 감독에 대해 알게 되었어. 어느 영역에서든 삶의 지조와 자존심이 강한 사람은 멋져 보여.

그리고 분당 이후 정말 어려웠을 때 김훈의 『칼의 노래』를 읽었는데, 민주노동당이 지나온 과정을 평가하는 데 좋은 지침이 되었어. 공지영·신경숙 같은 여성 작가들의 책도 즐겨 읽지.

■ 영화 많이 보지? 영화 이야기 좀 해봐.

내 감수성은 대부분 영화를 통해 키워졌어. 장르 가리지 않고 엄청 봐. 최근에 가장 좋았던 영화는 〈여배우들〉이야. 위로를 많이 받았어. 남성 관객들은 이 영화를 보고 눈물 흘리는 여성을 잘 이해하지 못한다던데. 이와 비슷한 경우가 〈가족의 탄생〉이야.

좀 의외라고 생각할지는 모르지만, 사실 내가 좋아하는 장르는 호러·스릴러 쪽이야. 〈쏘우〉 시리즈는 거의 다 봤어. 한국 영화 중에서는 장윤현 감독의 〈텔 미 썸딩〉이 개봉되었을 때, 드디어 한국에서 이런 영화가 만들어지는구나 하며 기뻤지. 그 영화는 세 번 봤어. 김지운 감독의 〈장화, 홍련〉도 멋졌어.

〈일 포스티노〉, 〈스틸 라이프〉, 〈시네마 천국〉 같은 감동적인 영화도 무척 좋아해. 좋은 영화는 내 생활의 낙이지.

▎ 진보라는 게 뭘까?

모든 인간의 자유와 평등을 실현하는 것이지. 그것은 모든 인간이 그것을 누릴 권리가 있는 귀한 존재라는 믿음과 확신이 있을 때 가능해. 진보 정치가 이 사회를 개혁하려는 것도 궁극적으로는 인간이 마땅히 가지고 누려야 할 권리를 제약하는 것들을 바꾸고 없애고자 하는 거야. 상대방, 혹은 사회적 약자들에 대한 기본적인 예의가 없는 사람들이 보편적 인류애를 운운하는 것은 거짓말이야. 또한 궁극적으로 자기 자신을 소중히 여기고 존중하지 못하는 사람은 모든 관계에 진심을 다할 수 없어.

▎ 살면서 가장 중요하게 생각하는 가치는 뭐야?

모든 사람은 관계를 맺고 살아가. 일차적 관계로서 가족이 있을 테고, 직장, 사회, 국가, 더 나아가 인류 전체와 어떤 방식으로든 관계를 형성하지. 그리고 모든 관계 안에는 이해가 얽혀 있어. 나는 개별 인간의 이해관계가 확장될수록 더 의미 있는 삶을 살 수 있다고 생각해. 나는 지금까지 그렇게 살아왔어.

운동가로서의 삶

1985년 '광주 학살 책임자 처벌'을 촉구하는 시위를 주도하다 1년 동안 감옥살이를 했다. 1986년에 출감했다. 그 뒤 구로공단에 '위장 취업'해 노동운동을 시작했다. 학생운동을 마치면 노동 현장으로 투신하는 게 그 시대의 자연스러운 흐름이었다.

전두환 정권 치하여서 현장 분위기는 살벌했다. 1987년에는 6월 항쟁이 터지면서 더 이상 현장 활동을 하지 못하는 일이 벌어졌다. 어느 날 대규모 시위에 참여했는데 구로공단 오거리에서 잡혔고, '주동자'로 분류돼 불구속 기소됐다.

그러나 신원을 확인하는 과정에서 위장 취업 사실이 드러나는 바람에 재판에 응하지 못하고 '도발이' 치는 수밖에 없었다. 그 뒤 1년 넘게 수배 생활을 했고, 그러면서 인천 지역의 노동자 교육 사업을 위해 '노동자대학'을 만드는 일을 했다. 이 때문에 1989년 〈국가보안법〉상 '이적 단체 구성'에 해당한다며 다시 구속됐고 2년 동안 징역을 살았다.

소속해 있던 조직은 약칭 '사노맹'으로 잘 알려진 '남한사회주의노동자동맹'이다. 박노해와 백태웅이 주도했는데 지금도 이른바 '사회주의 커밍아웃'이라는 게 기억에 남는다. 재판 과정에서 "피고인은 사회주의자인가?" 하는 심문에 "그렇소! 나는 사회주의자요."라고 답했다. 이 한마디 때문에 형량이 1년 더 늘어났다고 하면 지금 사람들은 아마 농담이라며 믿지 않을 것이다. 하지만 정말 그런 시대였다.

2년 동안 옥고를 치르고 1992년에 출감했다. 그해 대선이 있었고 '백기완 후보 선거대책본부'에서 활동을 재개했다. 갔더니만 이미 노회찬 전 의원이 주도적으로 활동하고 있었다. 노회찬 전 의원과는 출소 전 청주교도소에서 6개월을 함께 보냈는데 나오자마자 또 만나게 된 것이다. 선거 결과는 좋지 않았다. 하지만 주눅 들거나 좌절하지 않았다. 시간이 흐르다 보면 언젠가는 반드시 진보 정치가 시민권을 얻는 날이 올 것이라 믿었기 때문이다.

대선이 끝난 뒤 전국노동조합협의회(이하 전노협)에 들어가 대중적 노동운동에 발을 들여놓았다. 길게 호흡하면서 노동자 대중운동을 성장시켜야 새로운 변화가 이루어지리라고 생각한 것이다. 그때부터 전노협, 민주노총을 거치며 줄곧 12년을 일했다. 그 과정에서 단병호 위원장, 심상정 전 의원, 권영길 의원 등을 만났다.

전노협부터 민주노총 중반까지는 조직 사업을 맡았다. 민주노총 창립과 파업과 집회 등 각종 투쟁을 기획·조직하고 이끄는 게 주요 임무였다. 그러다가 민주노총 후반부에 들어서는 정치위원회에서 노동자 정치 세력화와 민주노동당 창당, 선거 기획과 지원 활동을 했다.

가장 기억나는 일은 뭐니 뭐니 해도 1996~97년 노동법 개정 총파업이다. 김영삼 정부의 신자유주의, 정리 해고제 도입을 막기 위해 1년여에 걸쳐 투쟁을 준비했다. 막상 국회에서 정리 해고 법안이 날치기 통과되던 날, 파업 돌입 지침을 내렸는데 정말로 총파업이 성사될지를 놓고 명동성당에서 당시 권영길 위원장과 노심초사했던 기억이 아직도 생생하다. 모두의 예상을 깨고 두 달 동안이나 전국적 총파업을 힘차게 벌이면서 스스로 감격했었다.

연인원 2백만 명이 넘는 파업 투쟁이 벌어졌지만 국회는 파업을 잠재우기에만 급급했다. 노동자를 대변하는 진보 정당 국회의원 한 명 없는 국회는 보수 양당의 무풍지대였다. 현장에서는 "한 명의 노동자 국회의원이라도 있었으면……." 하는 절실함과 자각이 번지기 시작했다. 그런 바람이 모여 그해 말 대선에서 권영길 위원장을 대선 후보로 밀어 올렸다. 노동운동의 연장선에서 노동자 정치 세력화를 위한 시도가 현실 정치에서 본격화된 것이다. 그리고 이런 흐름은 단절되지 않고 2000년 민주노동당 창당으로 이어졌다.

2004년 총선에서 민주노동당이 10명의 국회의원을 배출했다. 민주노총 활동 후반부에 정치와 관련된 사업을 했던 나 역시 자연스럽게 단병호 국회의원의 보좌관으로 국회에 들어가게 되었다. 이것이 10년 넘게 노동운동을 해온 내가 정치 활동에 뛰어든 계기였다.

사실 노동운동이든, 정치 운동이든, 시민운동이든 사회를 개혁하고 진보적으로 변화시키고자 한다는 점에서는 같다고 본다. 차이라면 방법과 전략이다. 1987년 6월 항쟁 즈음에는 거리에서의 대중투쟁이 중심이고, 그 뒤에는 노동자 대중운동이, 2000년 이후에는 풀뿌리 시민운동과 선거를 통한 제도 권력 장악이 중요하다고 생각했다. 이때까지만 해도 개인적 동기보다는 전체 사회 흐름 속에서 자신의 진로를 결정해 갔다.

정치를 만나다

국회에서의 나날은 새로움의 연속이었다. 비정규법과 한미 FTA를 둘러싼 치열한 공방이 계속되었다. 거리에서의 시위와 현장에서의 파업의 방식이 아닌, 정책 대안을 만드는 일이 중요했다. 다수에 맞서 소수가 어떻게 대응해야 하는지를 고민하지 않을 수 없었다.

개인적으로는 한국의 정치가 어떻게 돌아가는지 배우는 소중한 학습의 장이었다. 진보가 보수에게 지는 이유도 알게 되었다. 당시 심상정·노회찬 같은 아무리 뛰어난 국회의원이 있다 한들 수가 적으니 이길 수가 없고, 당이 약하니 어찌 미래를 도모할 수 있겠는가 하는 평범한 해답도 얻었다.

국회에서 활동한 지 3년째 되던 2007년, 보좌관직을 그만두고 15년 동안 살아온 서울 강남에서 출마를 결심했다. 결심하기까지 어려운 문제들이 있었다. 먼저 단병호 국회의원이 포항에서 총선 출마를 준비하는 상황에서 수석 보좌관인 내가 나의 정치를 위해 빠진다는 것이 영 도리가 아니라는 생각이 들었다. 적지 않은 시간을 끙끙 앓다가 단 의원께 개별 면담을 요청했다.

"위원장님 저 보좌관 그만두겠습니다." "왜?" "지역에 가서 출마하려고요." "어디?" "강남이요." "왜 하필이면 강남이냐?" "제가 15년 동안 살았고 강남이야말로 진보가 통할 거라 믿으니까요." 단 의원이 말씀하셨다. "네가 다른 곳도 아니고 강남에서 출마한다는데 더 말리지 않겠다. 어려운 결심을 했는데 최선을 다해라. 내가 아는 신언직은 정치 잘할 거라 생각한다."

단병호 의원, 아니 단병호 위원장은 그런 분이다. 자신을 우선하기보다는 늘 대의와 원칙에 충실하고, 아무리 어려워도 주위 사람을 배려하는 이타적인 측면이 강한 분이다. 전노협 시절부터 오랜 기간 가까이 모시고 지금도 만나고 있지만 그 일관된 모습은 변함이 없다. 고통 받는 노동자의 표상으로 한 시대 노동운동을 이끌어 왔고, 지금도 노동운동의 발전을 위해 후진 양성에 진력하고 계시는 단병호 위원장. 사회 변화의 일선에 서서 물러나지 않고 살겠다는 나의 존경스러운 롤 모델이기도 하다.

지역에서 정치를 시작하게 되면 한 번 출마하고 말 것이 아니기 때문에, 아마도 적지 않은 기간 고정적인 수입 없이 살아야 하는 어려움이 닥칠 것이 뻔했다. 선거 출마와 활동은 합법적인 선거 후원회를 통해 해결해 나간다고 하지만 집안 경제는 어떻게 할 것인가. 아내에게 미안한 마음부터 들었다.

1993년 결혼한 이후 아내는 줄곧 경제활동을 해왔다. 나 역시 민주노총과 보좌관 생활을 할 때는 고정적인 수입이 있어 함께 집안 경제를 꾸려 왔는데 이제부터는 전적으로 아내의 몫이 된다고 생각하니 뭐라 할 말이 없었다.

아내는 미술을 전공해 1980년대 걸개그림 운동에 참여했고 『노동해방문학』의 디자인을 맡았다. 1990년대와 2000년대 집회·시위·파업 현장에 가장 많이 유포됐던 '머리띠 질끈 동여매고 주먹을 불끈 쥔 노동자'의 모습을 판화 형식으로 만든 팀의 일원이었다. 그러니 아내라고 왜 자기 뜻을 펼치고 싶은 마음이 없겠는가.

그간 아내는 북 디자인도 하고 동화책 일러스트도 하고 아이들 미술을 가르치는 일도 해왔다. 하지만 여전히 자신의 생각과 감성을 담아 작품 활동을 하고 싶어 하는 내 아내는 말년에 자기 이름의 작은 동화책을 내는 게 꿈이라고 했다. 그런데 또 다시 나만을 위해 이기적인 길을 가는 것이 아닌가 생각하니, 너무나 미안했다.

"왜 하필 강남이냐?" 내가 강남에서 출마한다고 선언한 이후 지금까지 가장 많이 듣는 얘기다. 그도 그럴 것이 보수의 아성으로 한나라당이 공천만 하면 당선되는 지역이고 제1 야당인 민주당조차 기피하는 지역인데, 진보 정당 소속으로 출마한다고 하니 다들 할 말이 없었을 것이다.

강남에서 출마하게 된 이유는 사실 간단하다. 강남 개포동에 터를 잡은 집안 누님들과, 나의 절대적인 후원자이신 어머님, 그리고 우리 가족은 개포동 주공아파트에서 15년 넘게 살았다. 우리 가족의 희로애락이 담긴 생활 터전인 나의 동네에서 출마해야 한다고 생각했다. 비켜 가고 싶지는 않았다. 다들 기피하니 누군가는 승부를 걸어야 하지 않나 하는 오기도 있었다. 허장성세 같아 밖으로 말하지는 않았지만 '강남을 바꾸면 대한민국이 바뀐다.'는 소명 의식도 있었다.

분당의 상처, 그리고 나는 왜 정치를 하는가

2008년 총선에 앞서 2007년 말 대선이 다가왔다. 국회 일을 그만두고 지역 총선 출마를 결심한 직후 민주노동당 당내 대선 후보 경선이 있었다. 권영길·노회찬·심상정 세 사람이 나섰는데 누가 봐도 심상정 후보가 가장 열세였다. 당내 여론조사에서도 30퍼센트대 후반의 양강 구도 속에서 심상정 후보는 6퍼센트대로 출발했다.

어느 날 심상정과 손낙구, 오건호 그리고 신언직 등 여럿이 모였다. 그런데 이 자리에서 우리는 요즘 말로 '쫄기는'커녕 뭔가 새로운 변화를 도모해 보자는 결의를 높이 세웠다. '민주노총당, 친북당, 정파 싸움당, 대안 부재당'의 이미지로는 당의 미래가 어두울 수밖에 없다고 판단했다. 심상정·노회찬으로 상징되는 새로운 변화의 바람을 불러일으키고자 했다.

사실 권영길 의원과는 개인적으로 민주노총 시절부터 오랫동안 함께해 왔고, 한동네에 살면서 많은 시간을 보냈을 만큼 잘 아는 사이다. 1997년 대선에서 권영길 위원장을 대선 후보로 나서게 하는 데 앞장서기도 했다. 2000년 권영길 대표가 민주노동당을 만들 때도 민주노총 정치위원회에서 일하면서 혼신의 힘을 다해 도왔다. 그래서 말을 꺼내기가 힘들었지만 어렵게 불출마를 권유하기도 했다. 그러나 권 의원께서는 끝내 출마를 선택했다. 내가 존경했던 권영길 의원이 하루아침에 멀어진 느낌이 들었다.

결국 2007년 선거에서 국민은 권영길 카드를 철저히 외면했다. 그 후 민주노동당이 분당되면서 권영길 의원과는 긴 침묵이 이어졌다. 나는 개포동에 살고 권 의원은 일원동에 살았다. 그전에는 밖에서 일을 마치고 동네에 돌아오면 같은 동네에 사시는 천영세 의원까지 불러내 개포동 5단지나 일원동 먹자골목 단골집에서 "한 병만 더 하지." 하며 늦도록 얘기를 나누기도 했던 사이로, 권영길 의원은 공적 관계를 넘어 인간적으로 존경했던 분이었다.

그러다 보니 권영길 의원에 대한 상처가 컸다. 아니 상실감이 컸다. 1995년 민주노총 창립부터 1996~97년 총파업, 2000년 민주노동당 창당, 2004년 국회 원내 진출에 이르기까지 그 숱한 어려움을 헤쳐 나오면서 통합적 리더십의 상징으로 우뚝 섰던 권영길 의원이, 결국 이렇게 한쪽 정파의 대표자로 전락하는 것인가 하는 생각이 들자, 나 자신 속에서 뭔가 소중한 것이 빠져나가는 것 같았다. 마음도 아프고 공허해지는 것 같았다.

그 이후 권영길 의원이 몇 차례 연락해 오셨지만 난 대답하지 않았다. 분당 이후에는 내내 그런 관계였는데 그 뒤 3년이 지나 진보 통합의 국면이 도래했고, 특히 권 의원이 눈물을 흘리며 통합을 호소하고 기자회견을 하는 장면을 보면서 나도 모르게 눈물이 흘렀다. 지나간 얘기를 하지 않아도 그날 그렇게 모든 게 회복되었다.

아무튼 다시 2007년 대선 패배 이후 상황으로 돌아가 보자. 대의원 대회장에 들어서는데 맨 앞줄에서 누군가 울고 있었다. 이 책의 공동 저자인 이정미였다. 난 그 순간 오늘 대의원대회에서 심상정 비대위가 제안한 혁신안이 부결될 것임을 직감적으로 알았다. 누구보다도 혁신 비대위와 대화를 많이 했고 다수파의 입장에서 다수파 내부를 설득하기도 했던 이정미의 눈물은 다수파가 혁신 비대위안에 동의하지 않는다는 안타까운 사실을 알리는 신호였기 때문이다.

2007년 말 대선 패배에 따른 책임을 지고 지도부가 총사퇴했다. 당연히 비대위를 꾸리고 다시 지도부를 선출해 2008년 총선에 대비하는 게 통상의 과정인데, 당시 상황은 그렇지 못했다. 당내 경선이 정파 경선으로 흘러 날이 서있는데다가 권영길 후보가 통합력을 상실했기 때문이다. 따라서 대선의 패배는 곧 정파 책임론과 함께 격렬한 혁신의 과정을 예고했다.

혁신 비대위원장으로 심상정 의원이 선출됐고 나도 비대위원장 비서실장으로 참여했다. 혁신 비대위는 출발부터 샌드위치 상황에 직면했다. 조승수 의원을 필두로 한쪽에서는 선도 탈당을 시작하면서 내부 혁신안을 거부하고 분당을 촉구했다. 대선 패배에 대해 주도적인 책임을 져야 하는 다수파 역시 혁신안을 거부하면서 비대위를 압박했다. 여기에다 이른바 '종북 논쟁'까지 불거져 나와 상황을 더 어렵게 했다.

혁신의 과제는 낡은 진보의 극복이었다. 정규직을 넘어 어떻게 하면 비정규직의 지지를 받을 것인가. 『조선일보』가 덧칠해 놓은 친북 이미지가 아니라 어떻게 하면 평화 정당으로 국민적 지지를 얻을 것인가. '정파 싸움당, 대안 부재당'이 아니라 어떻게 하면 먹고사는 문제를 해결하는 능력 있는 좋은 정당으로 발전해 갈 것인가. 이런 문제들이 핵심인데 자꾸만 논쟁은 '종북', '일심회' 건으로 빠져들었다.

결론적으로 혁신 비대위가 역부족이었다. 통합력을 발휘하기가 어려운 상황이라면 이 모든 문제를 좀 더 대중적인 방식으로 풀었어야 했는데 그러지 못했다. 정파 간의 첨예한 대결장인 대의원대회장에 혁신안을 그대로 가져감으로써 실패했다. 민주주의를 더 깊이 고민했어야 했다. 여론의 관심이 집중된 상황이었는데, 정작 당의 주인인 당원이 빠졌던 것이다.

누구보다 가장 큰 관심과 애정을 갖고 지켜보고 있었던 당원에게 여론조사 방식이든 총투표든 물어봤어야 했다. 그래서 정파들도 한발씩 비껴갈 수 있는 명분과 조건을 만들어 모두가 합의할 수 있는 공통분모를 찾았어야 했다. 그러지 못한 것이 지금도 아쉬움으로 남는다.

비대위의 혁신안은 부결되고 당에서 함께했던 평등파는 줄줄이 탈당해 신당 창당을 준비했다. 어떤 정치적 선택을 해야 할지를 고민하지 않을 수 없었다. 도망갈 곳이 없었다. 심상정 혁신 비대위가 그대로 있으면 평등파의 신당 창당은 어려움에 직면해 적지 않은 진보 정치 역량이 유실될 것이고, 집단적으로 당을 나가면 민주노동당의 분당으로 인한 혼란과 진보 정당 간 치열한 경쟁이 벌어질 상황이었다. 결국 진보신당 창당을 선택했다. 당시에는 진보의 혁신과 재구성을, 새로운 정당을 통해 하는 것이 전체 진보 정치가 발전하는 데 도움이 된다고 판단했다.

"진보신당 강남(을) 국회의원 후보 신언직입니다." "진보신당이 뭐예요? 누가 하는 당이에요?" 후보인 신언직을 알리는 것은 차치하고 진보신당이 뭔지 설명하기가 바쁘니 처음부터 진땀을 흘려야 했다. 분당하면서 강남의 사무실과 모든 집기, 그리고 총선 출마 준비 기금까지 깨끗하게 다 내주고 나왔다. 그리고 총선에 맞춰 진보신당을 급조하다시피 창당하고 나오는 바람에 누구 말대로 맨땅에 헤딩하는 심정이었다.

다만 한 가지 '강남에서 진보 정당으로 출마하겠다.' '강남에서 진보 정치를 뿌리내리겠다.'는 나 자신과의 약속, 그리고 그런 나를 지지해 준 분들과의 약속이 있었다. 난 그 약속만은 반드시 지켜야 했다. 안 그러면 쓰러질 것 같았다.

그러나 후보 등록 마감 직전에 민주노동당 김재현 씨가 후보로 등록하면서 상황을 더 어렵게 했다. 민주노동당에서 여성 후보를 대거 등록하는 과정에서 강남에도 등록을 했는데 강남(을)이었다. "강남(갑)도 있는데 하필이면……." 옆에 있던 선거 사무장이 말끝을 흐렸다. 말하지 않아도 무슨 얘기를 하려고 하는지 나는 알았다. 쓴웃음이 나왔다. 분당에 따른 '조직의 쓴맛'을 본 것이다.

아팠다. 그러나 내색하지 않고 선거를 치렀다. 이것이 날선 복수(複數) 진보 정당 체제의 현실이고 이런 상황을 만드는 데 나 자신도 일조했으니 피할 수 없었다. 책임이 있으니 감수하는 수밖에. 예상했던 대로 선거 결과는 좋지 않았다. 진보신당 후보인 나는 5.2퍼센트, 민주노동당 후보는 4.9퍼센트로 저조했다. 그나마 위안할 만한 것은 진보 정당 후보 득표율이 합해서 10퍼센트를 넘었다는 사실이었다.

선거는 끝났고 진보신당의 깃발 아래 새롭게 출발했지만 모든 게 어려웠다. 선거에서 진보신당은 기대했던 결과를 얻지 못했다. 간판인 노회찬·심상정도 떨어지고 당 지지율도 3퍼센트를 넘기지 못했다. 당원은 얼마 되지 않았고, 노동조합 등 진보 정당의 지지 세력 또한 당이 둘로 갈라섬에 따라 진보 정치에 대한 관심 자체가 줄어들었다.

그러나 정말로 힘들었던 것은, 이런 외적 상황이 아니라 내 안에서 진보 정치에 대한 열정과 에너지가 식어 간다는 데 있었다. 진보 정치에 대해 누구보다도 강한 신념을 갖고 있다고 자부해 왔는데 왜 이런 일이 벌어지는지 나 자신도 당혹스럽지 않을 수 없었다. 그리고 그 이유가 무엇인지 몰라 더 답답했다.

"나는 왜 정치를 하는가." 이에 대한 답을 찾지 않고서는 한 발짝도 전진할 수 없는 상황에 직면했다. 낚시를 다녔다. 충북 신앙지로, 여주 삼합지로, 서산 봉림지로 혼자 차를 몰고 가 조용히 밤낚시를 하면서 나는 지금 어디에 서있는지, 어디로 가려고 하는지 질문하고 답하기를 수없이 반복했다. 그러면서 두 번째 징역을 살던 1989년 순천교도소에서 '나는 왜 운동을 하는가?'라는 질문으로 불면의 밤을 지새웠던 기억이 떠올랐다.

나의 삶, 나의 실존적 고민들

1989년 노동자대학 사건이 〈국가보안법〉상 이적 단체로 몰려 순천교도소에서 두 번째로 징역을 살 때 동유럽 사회주의가 붕괴됐다. 그리고 문익환 목사의 방북에 이어 대대적인 공안 탄압이 벌어지면서 내가 속한 사노맹도 반국가단체로 몰려 박노해 씨를 비롯해 많은 동지들이 대거 구속되었다. 박노해 씨는 무기징역을 구형받았고, 뒤에 구속되었던 백태웅 씨는 사형을 구형받기도 했다.

감옥에 있었지만 당시 나는 사노맹 중앙집행위원이었기 때문에 그 사실이 밝혀지면 언제든지 불려 가 조사를 받을 수 있었다. 그렇게 되면 구속된 동료 중앙집위행원들이 모두 5년 실형을 살았기 때문에 나 또한 5년을 추가로 살아야 하는 상황이었다. 세월이 지나 국회에서 보좌관으로 일할 때 사노맹 수사일지를 보게 되었는데, 정말로 동지들에게 감사했다. 수없이 내 가명이 거론되었음에도 동지들이 지켜 준 것이다. 그래서 사노맹 중앙위원, 중앙집행위원 중에 유일하게 신원이 드러나지 않는 기록을 갖게 되었다.

1989년 당시 모두가 운동은 끝났다고 했다. 현실 사회주의가 무너지자, 내가 신뢰했던 적지 않은 운동권 리더들이 "세상이 변했다."며 보수정당에 참여했다. 현실 사회주의는 평등의 가치가 구현되는 사람 중심의 사회가 아니라 정반대의 모습으로 더러운 속살을 드러내며, 우리 모두의 이념의 좌표를 흔들어 놓았다. 그리고 모든 것을 걸고 함께했던 조직이 탄압을 받으며 무너지는 것을 보면서 나 자신도 함께 무너져 내렸다.

정말 운동은 끝난 것인가. 내가 지향했던 평등의 가치가 실현되는 사람 중심의 사회는 불가능한 것인가. 이 어려운 조건에서 운동의 새로운 진전은 가능한 것인가. 수없이 많은 질문을 던졌다. 그러면서 아주 평범하지만 누구도 부정할 수 없는 진리를 다시 확인했다. 세상이 아무리 변했다 해도 내가 사는 자본주의가 바뀌지 않는 이상 불평등과 차별을 해소하고 더욱더 인간적인 삶을 살고자 하는 인간들의 꿈과 희망까지 바뀌지는 않는다는 것을 말이다. 그리고 당시 그 엄혹한 탄압 속에서도 터져 나오는 노동자들의 투쟁을 보면서 새로운 가능성과 희망을 보게 되었다.

그런데 '왜 내가 해야 하는가?'라는 질문에 대한 답이 충분히 서지 않았다. 그것이 정의롭고 올바른 일이라는 것은 알지만 나는 가난한 집안에서 성장한 것도 아니고, 노동자 출신도 아니며, 운동권의 유능한 리더도, 더욱이 사상적으로 투철한 이론가도 아닌데, 과연 정의롭고 올바른 삶이라는 것만 갖고 언제까지 운동을 지속할 수 있을까. 여러 번 솔직하게 자문해 보았으나 달리 답을 얻지 못했다. 운동을 지속할 내적인 힘이 부족함을 발견했다.

내 어린 시절을 되돌아보면, 평범하게 성장했으나 내적으로 해소되지 못한 무엇인가가 있었다. 지금은 세종시가 되어 모든 게 변해 버렸지만 1960년대 초 충남 연기군에서 태어나 전형적인 농촌에서 자랐다. 일찍 아버님이 돌아가셔서 어머님이 6남매를 키우느라 고생을 많이 하셨다. 그렇지만 중농 이상의 농사를 지었기 때문에 경제적으로는 크게 어렵지 않았다. 초등학교와 중학교를 마치면 형제들은 대전에 가서 고등학교를 다녔고 이후에는 상경했다. 나는 중학교 때 서울로 바로 전학했다. 형제들이 대전에서 서울로 올라왔기 때문이다. 선린중학교로 전학하고 경복고등학교에 다니면서 평범하게 성장했다.

그러나 점차 내가 어떤 삶을 살아야 하는지 깊이 고민하면 할수록 학교라는 울타리가 답답했고 울타리 너머의 세상이 궁금했다. 고등학교 1학년 가을, 정확히 말하면 10월 26일, 내가 다니던 경복고 앞에 있는 궁정동에서 총성이 울리면서 세상은 하루아침에 내게 다가왔다. 다음 날 모든 신문이 박정희 대통령의 유고를 알리고 방송에서 장엄한 클래식 음악이 나오기 시작할 때 우리는 누군가 죽었다는 것을 알았다. 그리고 그다음 날부터 완전 무장한 공수특전단이 세검정을 넘어와 청와대와 광화문 중앙청에 도열하고 우리 학교 근처까지 배치되는 것을 보면서 뭔가 세상이 잘못 돌아가고 있음을 직감했다. 이듬해 5월 경주로 수학여행을 갔는데 라디오에서 놀라운 소식을 듣게 되었다. 광주에서 좌익 불순분자들이 사주해 시민 전체가 폭도가 되어 계엄군이 투입되었다는 것이다. 이해할 수 없는 일이 계속되었다.

얼마 전 고등학교 3학년 반모임 자리에 담임선생님을 모셨다. 함께 모인 동창들과 이런저런 얘기를 하다가 나에 대한 얘기가 나왔는데 "그때 왜 삭발하고 다녔어?"라고 물어 머뭇거렸더니 "반항한 거지, 뭐." 라고 누가 말했다. "글쎄 오래전 일이라 기억이 정확하지 않지만, 내 속에서 분출하는 무엇인가가 막혀서 그랬던 것 같아."라고 대답했다.

당시 세상이 뭔가 격렬히 돌아가고 있었는데 나로서는 도저히 알 수가 없어 그것을 알기 위해 최대한 빨리 고등학교를 탈출하고 싶어 했던 것 같다. 1982년 경희대학교 전자공학과에 들어갔는데 학과 공부는 뒷전이었고, 이른바 운동권에 입문해 내가 알고 싶은 세상에 대해 공부했다. 그리고 전두환 군사정권이 광주에서 저지른 일을 알게 되고는 그 충격으로 한동안 어찌할 바를 몰랐다.

그때부터 내적으로 억눌려 있는 것이 무엇인지 알게 되었고, 어떻게 살아야 할지도 분명해지기 시작했다. 당시 내가 결정한 삶의 지향점은 사회를 변화시켜 나가는 '운동적 삶'이었다. 1984년 자율화 조치에 맞춰 총학생회를 결성하고 '삼민투'를 만들어 민주화 운동에 적극적으로 뛰어들었다. 광주 학살 책임자 처벌을 촉구하는 시위를 주도하다 감옥 생활을 시작했고, 그 뒤에도 계기 때마다 잡혀 들어가게 되었다.

그러나 현실 사회주의의 붕괴를 기점으로 모두가 "운동은 끝났고 세상이 변했다."고 말하는 상황에서 정의감만으로 운동적 삶을 밀고 나가기에는 한계가 있었다. 여전히 그런 삶을 살고 싶었지만 머지않아 들고 뛰던 바통을 내려놓을 것 같은 불안감이 엄습했다. 책을 구해 읽어 보았다. 그러나 그 속에서 답을 찾을 수는 없었다.

그때부터 다시 '나는 왜 운동을 하는가?'라는 화두를 부여잡고 순천 교도소 0.75평 방안에서 끙끙 앓기 시작했다. 아무리 고민해 봐도 시원한 답이 얻어지지 않아 불면의 밤이 지속됐다. 그러던 어느 날 아주 소박한 해답을 얻었다. '그래, 그렇게 치열하게 고민하는 삶의 태도가 있는데 앞으로 무엇을 못 하겠어. 그런 진정한 마음으로 하면 돼.'라는 내면의 소리를 듣게 되었다.

나의 20대는 학생운동, 수배, 3년간의 구속으로 마감되었다. 그 뒤 이제부터는 분출하는 노동자들 속에서 30대를 시작하겠다고 마음먹었다. 구속 경력이 많아 현장 활동은 어려울 것 같고 전노협에 들어가야겠다고 생각했다. 가서 밑바닥부터 새롭게 해야겠다고 다짐했다. 30대, 10년의 인생 전망이 섰다. 그리고 이런 결심을 잊지 않기 위해 청주교도소에서 출소하기 전에 마지막으로 내게 편지를 써서 보냈다.

이 편지가 이곳에서 쓰는 마지막 편지다. 이곳에서 얻은 깨달음과 향후 무엇을 할 것인가 하는 근원적인 물음을 담은 편지로, 내 삶의 지표가 될 것이다. 앞으로 살아가는 데 중대한 고비를 맞이하면 한 번씩 펼쳐 볼 참이다.

오늘은 1992년 3월 18일 수요일이다. 22일이 출소 일이니 이 편지가 도착할 때면 나도 닫힌 문을 나서 일선에 복귀한다. 오늘은 비가 오고 감기 기운이 조금 있다. 비가 와 아침 구보는 생략됐고, 오전엔 학습, 오후엔 운동, 저녁엔 이렇게 편지와 독서를 한다. 건조하기 이를 데 없는 하루 생활이고 지난 2년 간의 생활이 이랬다. 조금의 편차는 있었지만 정신 활동을 빼면 육체적인 활동은 다람쥐 쳇바퀴 돌듯 단조로운 생활의 연속이었다. 변한 것이 있다면 나이를 두 살 더 먹었다는 것뿐. 그러나 정신생활이 결합된 전체적인 나의 삶은 그렇게 단조로운 것이 아니었다. 세상은 나를 그냥 두지 않았고 나 또한 그냥 넘기기엔 너무 젊고 팔팔했다.

지금도 생각이 나는데 순천에서 보냈던 작년 8월은 너무나 더웠고 너무나 뜨거웠다. 마치 발가벗겨져 사막 위에 내던져졌다고나 할까. 어쨌든 인천 생활로부터 이곳 청주 생활에 이르기까지 지난 2년을 되돌아보면 꽤나 고민하고 아파했던, 그래서 나름의 정진도 가져왔던 그런 기간이 아니었나 생각한다. 단조로움과 치열한 내적 고민이 맞물려 흘러간 2년, 이제 그 막을 내린다. 이 편지를 쓰는 지금 나의 심정은 진실만을 추구하고자 하는 삶의 의지로 가득 차 있다. 따라서 여기에 쓰는 다음의 말들은 거짓이 없으리라.

1. 어떻게 살아야 하는가. '사람다운 사람'으로 살아야 한다.

2. 틀에 얽매이지 않고 자신의 머리로 사고하고 자신의 몸으로 세계를 여는 사람

3. 노동 대중 속에 뿌리를 두고 실천하는 사람

4. 생활 속에 규율이 있고 재정과 실무에 능력 있는 사람

5. 매일 공부하는 사람

6. 건강을 소중히 생각하는 사람

위의 여섯 가지는 2년이라는 시간의 무게를 담고 있는 말들이다. 회의와 번민, 실망과 고뇌, 그리고 자신에 대한 반성의 채찍과 몸부림이 응어리진 내게는 너무나 소중한 깨달음이기에 이렇게 적는다. 한 구절 한 구절 땀의 무게, 애씀의 무게를 기억하라.

1992년 3월 18일 수요일
청주교도소에서 신언직

그 뒤 내게 새로운 에너지를 준 것은 촛불 시위였다. 분당과 총선 출마 이후 진보 정치에 대한 내적 에너지가 고갈되고 있음을 느낄 때 촛불 시위가 벌어졌다. 하루는 중학교 3학년인 아들이 이렇게 말했다. "아빠, 촛불 집회 안 가? 우리는 반 친구들과 가는데." 한 대 얻어맞은 느낌이었다.

지난 시기 크고 작은 집회를 주도하며 무대 위에서 마이크를 잡고 지휘했었는데, 이제 촛불 집회 왜 안 가느냐고 아들에게 얘기를 듣는 처지가 된 것이다. 그러면서 나 자신이 현실에서 벗어나 관념적으로 고민하고 있는 것은 아닌가 하는 부끄러운 생각이 들었다. 무조건 나갔다. 거의 하루도 빠짐없이 나갔다. 당원들과 나가기도 했고 가까운 지인과 나가기도 했고, 없으면 혼자 나가 촛불을 들었다.

내게 정치는 처음에는 '백기완 독자 후보론'처럼 노선 내지 이념적인 것이었다. 다음으로 정치는 '노동자 정치 세력화'와 같이 운동의 연장이었다. 그런데 국회에 와서 보좌관으로 정치를 시작하고 그 후 총선에 출마하고 당 활동을 하면서 운동과 정치는 다른 것임을 알게 되었다. 사회 변화라는 큰 목적은 같지만, '운동'은 '혁명'이 아닌 이상 권력에 압력을 행사하는 것, 그 이상을 넘어서지 못한다는 것을 촛불을 통해 뼈저리게 절감했다.

매일 시청광장에 나가 기존 운동권이 아닌 일반 시민들의 거대한 자발적 참여를 보면서 감격하고 그 역동성과 에너지에 열광했지만, 권력이라는 직접적인 수단을 갖지 않는 이상, 한계가 무엇인지는 결과가 말해 주었다.

비로소 진보 정치도 "권력을 잡아야 한다."는 구호가 현실로 다가왔다. 진보의 '독자성'을 알릴 '한 사람의 국회의원이라도 있었으면……' 하는 이전의 소극적인 진보 정치만으로 더는 나아갈 수 없다는 것을 깨달았다. "권력을 잡아야 한다." 제도권에서 정치를 하는 사람이면 처음부터 아는 것을, 이념형 운동권 출신인 나는 진보 정치를 말한 지 20년이 되어서야 알았다.

부끄러웠다. 그동안 진보 정치를 한다면서 "나는 진보 정치 운동을 하는 거지, 출마해서 배지 달려고 하는 게 아니야!"라고 자랑스럽게 떠들었다. 이것이 얼마나 '진보'라는 가치를 앞세워 우월 의식에 빠져 있는 일인지, 또 정치를 한다는 사람이 정치를 제대로 알지도 못하고 하는 소리였는지를 알았다.

나는 여전히 진보가 보수보다 좋은 가치라고 생각한다. 그러나 현실에서 권력이라는 힘을 갖지 못하는 진보는 일상을 살아가는 보통 사람들이 처한 삶의 문제를 해결해 주지 못한다. 지금의 진보 정치가 그런 것이 아닌가. 그리고 운동과 정치는 사회 변화의 양쪽 수레바퀴라고 그렇게 말했으면서 현실 정치를 폄하했던 나 자신에 대해 반성하지 않을 수 없었다. 그리고 알았다. 분당과 총선 이후에 왜 내 안의 열정과 에너지가 식어 가고 있었는지를. 그것은 바로 몸은 현실 정치를 하는데 머리는 여전히 운동에서 벗어나지 못하고 있었기 때문이다. 존재와 의식이 따로 놀고 있었던 것이다.

그런 생각에서 서울시당 위원장 출마를 결심했다. 2010년 지방선거에서 역할을 해보고 싶었다. 특히 노회찬 대표가 서울시장 후보로 출마하는 상황에서 출마하는 데 의의를 두는 진보 정치가 아니라 권력에 참여하는 진보 정치를 해보고 싶었다. 당시 나의 선거 전략은, 진보 정치가 단독으로 권력을 획득하기에는 힘이 부족하므로 야권 연대를 해도 야권 단일 후보가 이길 수 없는 지역에서는 진보의 독자성을 유지하고, 반MB 야권 연대를 통해 승리할 수 있는 지역에서는 적극적으로 연대를 하는 것이 좋겠다는 입장이었다.

민주노동당은 전면적인 반MB 야권 연대를 추진했다. 그러나 진보신당은 사실상 반MB 야권 연대를 거부하고 독자 완주를 고집하면서 큰 어려움을 겪었다. 지금 생각해도 심상정의 사퇴와 노회찬의 독자 완주는 뼈아픈 대목이다. 막판에 심상정 후보가 사퇴 의사를 밝혔고, 투표 이틀 전 날 서울시장 후보인 노회찬 대표가 선대본부장인 나를 불렀다.

국회 본관 1층 진보신당 의정지원단 회의실에서 마주했다. 노 대표는 심상정 후보와 만나 나눈 얘기를 전해 주면서 "어떻게 하는 게 좋겠는가?"를 물었다. 즉답을 하기 어려웠다. 잠시 생각할 시간을 달라고 했다. 그리고 일요일이라 조용한 국회 1층 넓은 사각형 복도를 천천히 걸으며 생각했다. 심상정 후보의 사퇴 결심을 되돌릴 수 없는 상황에서 노회찬 서울시장 후보는 그리고 진보신당은 어떻게 하는 것이 최선인가.

당시는 심상정 후보 사퇴 기자회견이 전해지면서 당 안팎의 여론이 극명하게 갈리기 시작했던 때였다. 야권 연대를 지지하는 일반 시민들은 심상정 후보 사퇴를 지지하는 쪽으로 흘렀고, 당 게시판은 심상정 후보 사퇴를 규탄하는 글들로 도배되기 시작했다. 일부 흥분한 당원들은 중앙 선대위 회의가 열리는 국회로 몰려오고 있었다. 진퇴양난이었다.

당이 심상정 후보 사퇴가 잘못되었다고 하면 야권 연대를 요구하는 다수 여론에 등을 지게 되고, 야권 연대를 위해 노회찬 후보까지 동반 사퇴를 하면 도저히 당이 감당이 안 될 것 같았다. 1층 로비를 서른 바퀴쯤 돈 다음에야 다시 노회찬 대표를 만났다. 그리고 어렵게 입을 열었다.

노 대표님, 심 후보가 사퇴하기로 한 이상 그것이 옳고 그른지는 선거 후에 평가하기로 하고 심 후보의 사퇴를 당적으로 수렴해 진보신당이 국민들의 반MB 요구를 받아들여 심상정 후보, 인천의 김상하 후보까지 야권 연대를 위해 사퇴하겠다 하고, 나는 당 대표로서 진보의 독자성과 당을 책임지기 위해 독자 완주를 하겠다는 내용으로 당 차원의 공동 기자회견을 하는 것이 어떻겠습니까?

선거 결과는 반MB 야권 연대를 추진한 야당이 압승했고 민주노동당도 약진했다. 그러나 진보신당은 패배와 함께 극심한 혼란에 빠져들었다. 그리고 심상정·노회찬이라는 진보 정치의 소중한 자산이 망가졌다. 심상정은 반MB 연대를 위해 막판에 후보를 사퇴해 당내에서 죽었고, 노회찬은 독자 완주를 해 밖에서 죽었다.

서울시당 위원장 불출마 선언을 하고 지역인 강남으로 복귀했다.

그리고 두 가지 일을 했다. 먼저 진보 대통합을 위해 뛰었다. 당내에서 노회찬·심상정·조승수 전·현직 대표와 함께 '통합파'의 일원이 되어 '집권을 꿈꾸는 진보 정당'을 만들자고 호소했다. 그리고 노동, 농민, 시민사회, 진보 양당 주요 인사가 참여하는 진보의합창 공동집행위원 장을 맡아 다양한 세력의 힘을 모아 나갔다.

내가 진보 대통합에 앞장섰던 이유이자 키워드는 '노동'과 '권력'이 다. 분당 이후 나타난 가장 큰 문제점은 노동자들이 새롭게 진보 정당 의 문을 두드리지 않는다는 것이다. 민주노총은 분당의 상처로 인해 진보 정당에 대한 지지와 참여가 현저히 낮아졌다. 하나의 노동조합 안에 민주노동당을 지지하는 노동자와 진보신당을 지지하는 노동자 가 함께 있다 보니 이견이 발생하거나, "언제까지고 돈 대주고 몸 대줄 수만은 없다."고 비판하면서 통합을 강력히 요구하기도 했다.

민주노총 조합원과 절대 다수의 비정규 노동자들이 문을 두드리지 않는 진보 정당에는 미래가 없다고 판단했다. 이제는 '집권을 꿈꾸는 진보 정당'이 되어야 한다고 생각했다. 2004년 국민들은 "진보 정치를 해보라."고 지지해 주었다. 민주노동당 10명의 국회의원이 원내 진출 을 하면서 시민권을 획득했다. 그러나 다른 한편으로 진보 정당도 이 제는 대중의 심판 대상이 되었다.

"진보 정당이 힘도 없는데 둘로 쪼개져서 제대로 하겠냐", "정책은 좋지만 해결할 힘이 없다", "지지해 주고 싶어도 표가 나뉘면 한나라당이 되기 때문에 민주당을 찍는다" 등등, 선거 때가 되면 수없이 듣는 소리다. 진보가 현실 정치에서 권력이라는 수단을 획득하고자 한다면, 이런 대중의 목소리에 귀 기울여 더욱 힘 있고 능력 있는 정당으로 거듭나지 않으면 안 된다. 나는 통합된 진보 정당이 그 새로운 출발이라고 보았다.

내가 가고 싶은 정치가의 길

지역 정치는 뭐니 뭐니 해도 부지런히 뛰어야 한다. 강남 지역에 돌아와 처음 시작한 일이 강남·서초 교육혁신연대 운영위원으로 참여해 4학년 무상 급식 운동을 벌이는 일이었다. 2010년 지방선거와 교육감 선거는 '무상 급식' 선거라고 해도 과언이 아니어서 야권이 승리한 이후 서울에서는 교육감이 초등학교 1~3학년 무상 급식을, 구청장들이 4학년 무상 급식을 바로 추진했다. 그러나 5~6학년 무상 급식은 오세훈 서울 시장이, 4학년 무상 급식은 강남·서초·송파·중랑과 같이 한나라당 구청장들이 거부했다.

강남 구의회에서 야당 구의원이 "무상 급식을 실시하지 않는 이유가 무엇인가?"라고 질의했다. 한나라당 구청장의 답변은 "무상 급식의

취지는 부정하지 않지만 예산집행의 우선순위가 있어 무상 급식에 쓸
예산이 없다."는 것이었다. 무상 급식을 촉구하는 캠페인에 나섰던 시
민들은 어이가 없었다. 대한민국에서 가장 부자인 강남구청이 아이들
밥 먹일 예산이 없다는 것이 말이나 되는가 말이다.

이 문제는 박원순 씨가 서울시장으로 당선되면서 자연스럽게 해결
됐다. 박원순 시장이 5~6학년까지 무상 급식을 확대하자 강남·서초·
송파·중랑 한나라당 구청장들은 없다고 잘라 말했던 예산이 어디에서
생겼는지는 모르지만, 4학년 무상 급식을 곧바로 실시했기 때문이다.
권력의 힘을 실감했다. 강남에서 4학년 무상 급식 실시를 위해 유인물
을 배포하고, 서명도 받고, 구의회에 찾아가 피켓 시위도 하고, 거리에
현수막도 걸고, 교육감을 초청해 강연도 했는데 해결되지 않던 것이
서울시장이 바뀌면서 하루아침에 해결된 것이다.

강남은 대한민국에서 판잣집이 가장 많은 동네다. 이렇게 얘기하면
설마 하시는 분도 계시겠지만 부자 강남이라는 이미지에 가려져 있을
뿐 사실이 그렇다. 구룡마을, 재건마을, 수정마을, 은행마을, 세곡동 비
닐하우스 등이 대표적인 지역이다. 다들 잘 아는 영화 〈초록물고기〉
의 첫 장면은 철거 용역들로부터 판잣집 마을을 지키려는 사람들의 불
안한 표정과 그들 뒤로 우뚝 솟아 있는 타워팰리스다.

어느 날 바로 그곳 강남 개포 4동(포이동 266번지 재건마을)에 화재
가 발생해 마을 거의 전체를 태웠다. 소식을 듣고 뛰어갔을 때 불은 여

전히 나머지 집을 태우고 있었고, 오래전부터 알고 지내던 마을 주민들은 울면서 발을 동동 구르고 있었다. 몸뚱이 말고는 아무것도 가지고 나온 게 없는 사람들을 보면서 '화재참사 주거복구 지원공동대책위원회'를 꾸리고 공동대표를 맡아 혼신의 노력을 다했다. 가장 필요한 것이 뭐냐는 질문에 무엇보다도 먹거리와 속옷이라고 말할 정도로 주민들의 처지는 절박했다.

비닐 천막으로 임시 잠자리를 마련하고 지원금과 지원 물품을 모으기 시작했다. 그리고 각계각층의 손길이 이어져 다시 주거 복구라는 희망을 짓기 시작했다. 그러나 어려움이 많았다. 특히 강남구청이 가장 힘들게 했다. 서울시 소유의 땅에 집을 짓는 것은 불법이기 때문에 용납할 수 없다는 것이다. 새벽녘에 용역을 투입해 짓던 집을 부수고 주민들에게 욕설과 폭력을 휘두르기도 했다.

강남구청의 입장이 다 잘못되었다고는 생각하지 않는다. 그러나 먹고 입고 자는 문제를 해결하는 것이 우선 아닌가. 헌법에도 보장되어 있는 인간의 가장 기본적인 권리인 생존권을 먼저 생각해야 하지 않을까. 내쫓기보다 어떻게 살아가게 할 것인지 그 대책을 마련하는 게 우선인데, 그렇지 못해 주거지를 복구하는 6개월 내내 충돌했다. 결국 이 문제 역시 박원순 시장이 당선되면서 마무리되었다. 선거 결과가 발표되자마자 강남구청의 입장이 바뀌었다. 화재가 난 자리에서 임시 주거할 수 있도록 인정했다. 6개월 동안 주민들과 수없이 많은 분들이 흘린 땀과 노력이 헛되지 않았던 것이다.

강남에서 진보 정치를 하는 것은 쉬운 일이 아니다. 선거 때가 되면 늘 강남의 투표율과 한나라당의 득표율이 다음 날 신문의 1면을 장식한다. 강남에서 야당, 그것도 진보 정치를 하는 사람으로서 이 문제는 풀지 않으면 안 되는 숙제다. 왜 강남은 보수 한나라당의 아성이 되었는가. 변화의 가능성은 있는 것인가.

오세훈 서울시장이 2011년 8월에 실시한 '무상 급식 주민 투표' 결과가 또 다시 머리를 아프게 했다. 서울 전역에서 주민 투표를 거부해 25퍼센트라는 낮은 투표율로 부결되었는데 강남은 주민 투표 요건인 33퍼센트를 상회했다. 도대체 강남 보수의 실체는 무엇인가.

마침 『한겨레』에서 '강남 3구 높은 투표율, 어떻게 볼 것인가'라는 주제로 칼럼 기고를 요청해 왔다. 부담스러웠지만 어차피 풀어야 할 숙제라면 이번 기회에 그동안 강남에 살고 정치를 하면서 어렴풋하게 느껴 왔던 것들을 분명히 정리해 보고 싶었다.

무상 급식 거부 주민 투표를 밀어붙이며 오세훈 서울시장이 기자회견장에서 무릎을 꿇고 눈물을 흘린 다음 날이었다. '나쁜투표 거부 시민운동본부'에서 일하던 지인이 전화를 걸어 왔다. 강남서초운동본부 공동대표를 맡고 있었기에 강남 지역 여론이 어떤지를 문의하려는 것이었다. 그의 서두는 참으로 간결했다. "강남이 문제입니다."

지난 지방선거에서도 서울시장의 당락을 갈랐던 승부처는 바로 강남 3구였다. 오세훈 시장이 주민 투표에 시장직을 걸겠다는 승부수를 띄운 직후라 강남 3구 여론이 결정적일 것이라는 판단 때문에 강남 지역의 민심을 급히 물어 온 것이다.

당시 강남 지역 유권자들 사이에서는 역시 동정론이 일고 있었다. 서초에 거주하는 40대 후반 학부모들 가운데 "우리가 도와주어야 하지 않나."라는 얘기가 나왔고, 또 다른 강남 주민의 입에서도 "오세훈 시장을 구하기 위해 꼭 투표하겠다."는 이야기가 나왔다. 물론 일부 한나라당 지지층에서는 "시장직까지 거는 것은 너무한 것 아니냐."는 불만의 소리도 있었다. 하지만 이런 엇갈리는 반응들은 주민 투표에 대한 높은 관심을 보여 주는 것이었을 뿐, 이 지역에서 높은 투표율이 나오리라는 데에는 누구도 이견이 없었다.

2008년 총선 때의 일이다. 나는 진보 정당 후보로 강남에 출마해 대치동 유권자들을 만나러 간 적이 있다. 그때 대치역 인근 중·대형 아파트 벽에 걸려 있던 대형 펼침막은 아직도 내 뇌리에 남아 있다. "종부세 폐지, 재건축 추진"이라는 한나라당의 공약이 아파트 대표자 회의와 부녀회 명의로 동네 곳곳에 걸려 있었던 것이다. 이것이 바로 언론에서 종종 언급하는 '강남 계급 투표'의 생생한 단면이리라.

이번에도 아파트 평수와 투표율은 뚜렷하게 정비례했고 중·대형 아파트가 가장 많은 강남 3구가 가장 높은 투표율을 기록했다. 1997년 경제 위기 이후 강남 지역 아파트 가격이 천정부지로 치솟은 뒤에 중·

상층이 많이 거주하는 강남에서 투표율은 물론 한나라당에 대한 지지도 계속해서 높았던 터라 사실 새삼스러운 일은 아니다.

하지만 강남 3구의 높은 한나라당 지지를 당연시할 수만은 없다. 부동산이나 집값 상승만으로 다 설명할 수도 없다. 여기에는 또 다른 정치적인 이유가 있다. 과거 강남은 '신정치 1번지'라고 불리며 군부독재에 맞서 싸우던 야당 후보들이 돌풍을 일으켰던 지역이다. 그러나 1990년 3당 합당으로 강남 지역을 주도했던 야당 세력이 여당에 합류한 뒤부터 '보수 정치 1번지'로 변해 가기 시작했다. 강남 3구가 야당 후보들의 사지(死地)로 알려져 비중 있는 후보들도 피하는 곳이 된 것은 이때부터였다. 그 뒤로 줄곧 그 누구에게도 견제받지 않는 보수 독점의 지역으로 굳어져 버린 것이다.

가령 6·2 지방선거 당시 강남구청장 사례를 보면, 한나라당 후보와 함께 무소속으로 출마한 한나라당 출신 전 구청장 후보, 유일 야권 후보였던 민주당 후보가 삼파전을 벌였다. 하지만 각각 42퍼센트, 25퍼센트, 29퍼센트의 득표율을 기록해, 보수 진영의 표가 분산되었음에도 민주당 후보는 참패했다. 2008년 총선에서도 민주당 후보는 18.71퍼센트라는 최악의 득표율을 기록했다.

흥미로운 것은 강남에서는 절대로 승산이 없다고 여겼던 진보 정당 후보들이 오히려 10퍼센트를 넘는 득표율을 보였다는 점이다. 강남을 부자 내지 골수 보수들만 사는 지역으로 보는 것은 신화에 불과하다.

실제로 강남 지역의 주민 다수는 주택 담보대출과 전·월세 대란 속에서 고통 받고 있는 평균적인 서울 시민 그 이하도 이상도 아니다.

화재로 마을이 잿더미로 변해 버린 '포이동'이 잘 보여 주듯이, 강남은 판잣집이 가장 많은 곳이기도 하고, 비정규직이 가장 많이 일하는 곳 중의 하나이기도 하다. '사교육 1번지'라는 호명은 무한 경쟁 교육과 고액의 사교육비로 힘들어하고 있는 학부모들의 고통을 제대로 표현해 주지 못한다. 대한민국에서 사회 양극화가 가장 심한 곳을 꼽으라면 단연 강남 지역이다.

그렇다면 강남의 다수 서민은 왜 자기 목소리를 못 내는가? '강남 보수'의 지배 아래 이들을 방치한 자는 누구인가? 민주당이었다. 설득할 수 있는 현실적인 대안을 제시하지 못한 진보 정당 역시 책임을 피할 수 없을 것이다. 강남은 제대로 된 야당이 없어서 소수의 보수적인 부자 유권자들이 손쉽게 지배하는 지역이 되었다고 하는, 좀 더 근본적이고 중요한 문제에 대해서도 생각해야 할 때가 아닌가 싶다.

강남에서 변화의 가능성을 열려면 제대로 된 야당 노릇을 해야 한다. 분당에 손학규 대표가 출마해 당선되었듯이 그만한 인물이 내려와 단기 승부를 하든지, 아니면 보수와 맞서 바닥부터 싸우는 진보가 되어야 한다. 강남에서 보수와 맞서 싸운다면서 선거 때 한 번 찍고 가는 뜨내기 야당 정치인은 앞으로 오지 말아야 한다. 그것은 강남의 진보를 위해 꾸준히 헌신하는 정치인을 방해하는 것이며 결과적으로 한나라당을 도와 강남 보수를 고착화할 뿐이다.

그동안 난 "왜 하필이면 강남이냐", "강남에서 진보가 뿌리내릴 수 있느냐"는 질문을 늘 받아 왔다. 왕도는 따로 없다. 그러나 바닥에서 진보의 힘을 키운다면 변화는 반드시 일어난다. 그리고 그 가능성을 확인했다. 박원순 서울시장 후보 희망캠프 강남(서초) 공동선대위원장을 맡아 선거를 치르면서 강남이 변하고 있음을 실감했다.

강남이라고 해서 1 대 99로 치닫는 사회 양극화에서 예외인 지역은 아니다. 부동산 거품이 꺼지고 경제가 어려워지면서 소수의 부자를 제외한 다수의 강남 사람들도 경제적으로 힘들어하고 있다. 이번 선거 결과가 잘 말해 주고 있다. 강남 지역 투표 결과를 투표소별로 면밀히 분석해 보면 30평 아파트(10억 원)를 기준으로 그 이상은 한나라당, 그 이하는 박원순 후보를 많이 지지했다. 지난번 지방선거 때는 25평(7억 원)이 그 분기점이었는데 이번에는 30평으로 5평이나 올라갔다. 그만큼 한나라당을 지지했던 중산층이 무너지고 있는 것이다.

나는 2012년 4월 통합진보당 후보로 총선에 출마한다. 12월 13일 강남(을) 국회의원 예비 후보로 등록했다. 나의 화살은 시위를 떠났다. 아쉽거나 후회스럽지 않도록 '진보 집권의 긴 꿈'을 향해 날아갈 참이다. 그 과정에서 힘들 때도 있고 시련도 닥칠 것이다. 그러나 좌절은 없을 것이다. 나는 꿈이 있고, 그 꿈을 꿀 때 가장 행복하기 때문이다.

끝내 창대해질 나의 꿈, 우리의 꿈. 나는 그 꿈을 믿는다.

1996년 12월 민주노총 집회에서 사회를 보는 모습.

못다 정리한 대화들

■ 외모나 옷차림만 보면 뭐가 있어 보이는 중산층 같은데?

어릴 때 시골에서 성장했는데, 얼굴이 시꺼매 외모 콤플렉스가 있었지. 내 얼굴을 새롭게 발견한 것은 민주노총 집회에서 사회를 볼 때였어. 1996년도 총파업 때부터야. "저 사람 누군데 민주노총 사회를 보는 거야?" 하는 이야기를 들었어. 안경 쓰고 곱상하게 생긴 사람이, 옷도 화이트칼라처럼 입고, 한마디로 민주노총 스타일이 아니라는 거지. 저런 친구가 뭔 시위를 진두지휘하느냐는 소리 좀 들었지.

● 이 절은 손낙구의 질문에 내가 대답한 긴 대화의 내용을 바탕으로 재구성했다. 녹취와 글 구성에 이지안의 도움이 컸다.

▌ 옷은 누가 사?

아내가 사주지. 민주노총 시절까지는 정장을 입지는 않았어. 정장은 국회에 들어가서 입었지. 와이셔츠와 넥타이를 직접 한번 사봤는데 아내가 영 아니라는 거야. 그다음부터는 아내가 옷을 골라 줘.

▌ 대학 시절 가장 기억 남는 게 뭐야?

자전거 여행한 거. 1학년 여름방학 때였지. 다들 방학 때면 산으로 바다로 캠핑을 많이 갔는데, 나는 같은 과 친구와 자전거 여행을 했지. 당시에는 색다른 여행이었거든. 서울에서부터 자전거를 타고 강릉까지, 다시 하조대로 가서 놀러 온 같은 과 친구들을 만나고 다시 속초까지 올라갔다가 설악산에 들어갔고, 다시 속초에서 포항까지 자전거를 탔지. 동해를 낀 해안도로가 7번 국도일 거야. 정동진을 지나서는 비포장도로라 자전거를 끌고 간 기억도 있고, 정말 여름에 고생이었어. 돈이 떨어져서 얻어먹어 가며 여행했던 기억이 나. 뒤돌아 생각해 보면 이때 자신감과 적응 능력이 엄청 커진 것 같아. 과 친구와 그 친구의 친구 이렇게 3명이 갔다가, 한 명은 중간에서 되돌아가고, 우리는 부산까지 갔지. 서울에서 출발해 부산까지 10박 11일. 집에 돌아왔더니 다들 못 알아볼 정도로 새까맣게 타고 살이 쪽 빠져 있었지.

■ 부인을 위해 했다고 생각되는 게 있어?

민주노총에서 일하던 두 분이 과로로 큰 병을 얻어 죽었어. 그래서 도입된 제도가 7년 이상 근무하면 6개월 안식 휴가를 주는 거였지. 2000년에 민주노총 6개월 안식 휴가를 받아 유럽에 가족 여행을 갔다 왔는데 그게 내가 처에게 해준 가장 큰 선물이야. 나는 민주노총에서 안식 휴가제가 도입되어 그 혜택을 처음으로 받은 두 명 중 한 명이었는데 "이 시간은 당신을 위해 쓰고 싶다. 당신이 가장 하고 싶은 일이 무엇이냐?"라고 물어봤더니, 아내가 "그림 원화를 보고 싶다."고 그래. 미술을 공부하고 관심이 남다른데 나와 결혼해 제대로 전시회도 못 갔으니 얼마나 보고 싶겠어. "그럼 원화가 가장 많은 곳이 어디냐?"고 물었더니 당연히 유럽에 있는 박물관이라고 해. 그래서 내가 가자고 했지. 처가 당장 돈은 있냐고 묻기에, 내가 "있어." 그랬지. 처가 너무너무 좋아하더라고. 그래도 미심쩍은지 계속 돈 있냐고 물어. 다음 날 은행에 가서 창구에 앉자마자 내가 그랬어. "대출해 주세요." 그랬더니 처가 내 손을 잡고 끌고 나와 하는 말이 "당신 미쳤어?" 하길래, 내가 설득했어. 지금 아니면 기회가 없을 거라고. 설득해서 주택 담보 대출로 1천만 원 넘는 돈을 마련해 한 달간 유럽에 갔어. 대영박물관·루브르·오르세·퐁피두·피카소·바티칸 박물관들을 다녔지. 나는 짐 드는 포터였어. 아이들의 안전을 책임지는 경호원이자 가이드 역할도 했고. 지금 생각해 봐도 최고로 잘한 것 같아. 그 돈 갚느라 몇 년 고생했지만 인생에서 아내에게 가장 잘한 일인 것 같아. 아내 표정이 어땠냐고? 스펀지가 물을 빨아들이듯이 박물관 투어를 했다고 할까. 나는 숙소에 아이들과 머무르는 시간이 많았고, 아내는 아침 일찍 루브르·오르세를 출퇴근하듯 몇 날 며칠을 다녔어. 정말 행복해하는 아내를 보면서 삶의 보람을 느꼈던 게 아직도 기억이 나.

좋아하는 가수 있어?

조용필. 고등학교 시절부터 지금까지 가까이서 인생을 함께한다고나 할까. 최근에는 원더걸스, 2NE1, 동방신기 다 좋아해. 안 좋아할 수가 없는 게 중·고등학교 다니는 두 아이들과 시간을 보내면 매일 듣는 노래가 그런 노래거든. 안 그러면 '구리다'고 그래.

운동선수는?

대한민국 사람 누구나 그렇듯 축구 선수 박지성을 좋아하지. '신형 엔진'이잖아. 난 진보가 대한민국의 '신형 엔진'이어야 한다고 생각해.

영화는 어때?

영화 얘기를 하면 스토리가 많아. 1995년 학생운동을 마감하고 구속되기 직전 집회에 쓸 대형 앰프를 구입하러 세운상가에 간 적이 있어. 앰프를 사고 근처 극장에 갔어. 아마 명보극장이었던 것 같아. 〈깊고 푸른 밤〉을 봤는데 마음에 확 와 닿는 거야. 운동한다고 찌들어 사는 가운데 본 영화가 내 감성을 흔들어 놓은 거지. 그 후 수배 생활하면서, 특히 명절 때 집에 갈 수는 없는데 친구들은 다 집에 가니까 혼자서 영화 많이 봤지. 그리고 두 번째 구속되어 감옥에 갔을 때는 영화 선택권이 생겼어. 그래서 홍콩 느와르를 즐겨 봤어. 출소하자마자 영화에 대한 갈증이 얼마나 강했던지 한 달간 비디오를 하루에 5개씩 빌려다 봤어. 〈바람과 함께 사라지다〉, 〈벤허〉, 〈애수〉 등 고전 영화부터 최신 영화까지. 그리고 한동안 영화와 멀어졌지. 다시 영화를 보게 된 것은 결혼하고 나서야. 아내는 미술을 전공해서 문화적 욕구가 강했어. 전시회나 미술관을 가자고 하는데 내가 바쁘다는 핑계로 거의 못 갔지. 그런데 어느 날 '이게 아니다.' 하는 생각이 드는 거야. 자꾸 아내와 멀어지는 느낌도 들고 대화 시간도 줄어들고. 그래서 전시회는 못 가도 영화는 같이 봐야겠다 마음먹고 보기 시작했지. 집이 개포동이니까 삼성동 메가박스까지 산책하듯 가서 봤어. 일주일에 한 번은 심야 영화 위주로 보기 시작했는데, 한때는 개봉 영화의 50퍼센트 이상을 봤을 정도야.

▌ 즐겨 보는 텔레비전 프로그램도 있어?

요즘은 드라마 〈뿌리 깊은 나무〉에 빠져 있지. 토요일이나 일요일, 시간 날 때 케이블 방송으로 거의 다 봐. 드라마부터 〈나는 가수다〉, 〈슈퍼스타 K〉까지. 이번 시즌에서는 '울랄라 세션'을 응원했지. 아이들이 이런 프로를 거의 무한 반복해서 보기 때문에 안 볼 수가 없어. 나중에는 내가 더 열광하게 되더라고.

취미는 뭐야?

낚시를 좋아해. 붕어 낚시를 좋아하는데 그냥 낚시꾼이 아니라 '조사'(釣士)야, 그것도 '4자[尺] 조사'. 3년 전에 여주 삼합지에서 43센티미터짜리 붕어를 낚았거든. 새사연(새로운사회를여는연구원) 연구원장 하는 정태인 선생을 비롯해 지인들과 밤낚시를 했는데 아침에 건졌지. 낚시를 하면 사람들은 유유자적하고 한가할 거라고 생각들 하는데 그렇지 않아. 실제 낚시 가서 찌를 드리우면 찌의 움직임에 모든 게 집중되기 때문에 다른 생각을 할 겨를이 없어. 잡념이 다 사라지지. 낚시라는 게 보통 가까운 사람들 한두 명과 함께 가게 되니까 깊은 대화를 나눌 수도 있고. 아무래도 서울을 벗어나니까 멀리 자연 속에 들어가는 효과도 있고. 나한테는 낚시가 잘 맞는 것 같아.

첫사랑 이야기나 해봐.

안 돼. 얘기하면 아내에게 혼나.

■ 살면서 중요하게 생각하는 가치 같은 거 있어?

예전에는 무슨 '주의자'였는데 이제는 그렇지 않아. 일하는 사람들이 행복한 사회, 사람 사는 세상이 되었으면 해. 인간이 인간답게 사는 세상. 난 사람들과의 관계를 소중하게 생각하기 때문에 '신뢰'와 '애정', 이런 걸 중요하게 봐. 그리고 가족 공동체를 소중하게 생각하고.

■ 당신 인생사에서 지금은 어떤 때 같아?

되돌아보면 20대는 수배와 구속으로 점철된 고난의 시기였는데 이 과정에서 세상과 삶에 대해 많이 배운 것 같아. 30대는 온전히 노동운동에 헌신했는데 정말로 열정적으로 살았고. 이제 40대 후반인데, 되돌아봤을 때 후회스럽거나 아쉽지는 않아. 다만 여전히 현실은 치열하고 미래는 낙관할 수 없는 그런 상황 같아. 계속 도전하고 나아가야지. 멈추거나 넘어질 수는 없잖아.

■ 시대에 대한 책임감을 내려놓고 홀가분해지고픈 마음은 없어?

5년 전 오랜 기간 노동운동을 함께했고 지금은 손학규 대표 보좌관으로 있는 손낙구가 "당신 꿈이 뭐냐?"라고 내게 질문한 적이 있어. 그때는 금방 답을 못했어. 지금 내 꿈이 무엇인지, 내가 꿈을 잊어버린 것은 아닌가 하는 생각이 들었거든. 그래, 곰곰이 생각해 봤어.

내가 정말로 하고 싶은 나의 꿈은 무엇인가. 몇 달 후 대답했지. 이 길을 계속 가는 것, 20대 젊은 시절에 세상을 바꾸겠다고 꿈꿨던 그 길을 계속 가는 것. 그것이 나의 삶인 것 같다는 생각을 다시 한 번 했어. 지금도 그래. 다만 전과는 달리 마음 편하게 하려고 해.

▌ 살면서 즐겁다고 생각할 때는?

마음 맞는 사람들과 술 한잔하면서 이런저런 얘기를 나눌 때. 아내와 함께 아이들 크는 이야기를 주고받을 때. 동료들과 애환을 나누고, 몸담고 있는 조직에서 서로 힘을 보탤 때. 나는 사람이 좋아.

▌ 의욕이 안 생길 때는 언제야?

미래가 불투명할 때. 일이 어려운 것은 극복하면 되지만 미래가 잘 안 보이면 힘들잖아. 그래서 가급적 '긍정'의 마인드로 나 자신을 컨트롤해 나가지. 과거의 경험을 떠올리면서 "그때는 지금보다 더 어려웠는데도 잘 이겨냈잖아." 하며 스스로 격려하기도 하고. "조금 늦으면 어때. 내 길을 잘 가면 되지." 하면서 부담감이나 조바심을 내려놓기도 하고.

▌ 자식들에게는 어떤 인생을 살라고 해?

하고 싶은 일을 하라고 해. 스스로 생각해서 가장 하고 싶고 가장 잘할 수 있는 일, 재미난 일을 해봐라, 이렇게 얘기해. 이래라저래라 하지 않아. 왜냐고? 내가 학생운동을 할 때 어머님 속 많이 아프게 했거든. 그래도 지금 잘 살고 있잖아. 나는 아이들을 믿어. 스스로 내면의 힘을 잘 키우면 세상에 나가 잘 살 거라 생각해. 둘 다 대안학교인 이우학교에 보냈는데, 아주 좋아. 큰놈은 연극·영화를 공부하고 싶어 하는 수험생이고, 둘째는 아직 안 정했어. 둘째에게 얘기하지. "잠자는 자는 꿈을 꾸는 자이고, 깨어 있는 자는 꿈을 실현하는 자"라고. 너는 아직 잠을 더 자야 할 것 같다고.

■ 나이 들어 다시 대학에 들어가 공부했는데 기분이 어땠어?

1984년 제적된 후 학내에서 집회를 한 적이 있어. 사회를 보는데, 어머님이 학교에 오셨어. 사회 보는 내 손을 잡고 "이 학교는 이제 네 학교가 아니다. 집에 가자." 그러시더라고. 그때 우시던 어머니 모습을 도저히 잊을 수가 없어. 지금도 한집에서 살고 계시는데 어머니에게 마지막 숙제를 해드려야겠다는 생각이 들어 복학을 했지. 보좌관 생활을 하면서 NGO 공부를 더 해보고 싶다는 생각이 들기도 했고. 그래서 경희대학교 전자공학과로의 복학은 포기하고 경희사이버대학교로 편입학했어. 처음에는 쉽게 생각했는데 그게 아니야. 일하며 공부하느라 고생했어. 얼마 만이야. 23년 만에 졸업했는데 졸업식 날 어머니에게 학사모를 씌워드렸어. 정말로 좋아하시더라고. 늦은 나이에 어머니에게 작은 효도를 했어.

　■　영화 〈박하사탕〉 봤어?

　　봤지. 그 영화 보면 주인공이 철길 위에서 그러잖아. "나 돌아
갈래." 다들 청춘으로 돌아갈 수 있다면 가보지 않았던 인생길을 가고
싶어 하잖아. 지금 다시 청춘으로 돌아간다면 학생운동 같은 것 안하
고 남들 다 해보는 미팅도 하고, 춤도 추고, "운동 하면 연애하지 말라."
는 선배들 엄명 때문에 연애도 제대로 못 해봤는데 연애도 해보고 싶
고, 운동 한다고 사회과학 서적만 읽었는데 전공 공부도 열심히 해보
고 싶고. 보통의 대학생이나 일반인이 누리는 삶과 애환을 느낄 수 있
는 그런 삶을 좀 살고 싶어.

　■　한 달 수입은 얼마나 돼?

　　대답하려니 아내에게 미안한 마음부터 드네. 민주노총과 보
좌관 시절에는, 그래도 진보 진영에서는 높은 편이었는데 당 활동에
전념하면서부터 가정 경제는 아내가 책임을 지지. 아내의 능력으로 생
활은 괜찮아. 내 활동비는 물론 내가 해결하지. 그렇지만 늘 미안해.

　■　부인은 당신이 사회 활동 하는 거 이해해 줘?

　　처음 계기가 1992년 말 백기완 선본 활동이었고, 아내도 과

거 『노동해방문학』에서 일했기 때문에 민주노총 때까지 내게 무한 신뢰를 보냈지. 그런데 정치로 넘어오면서는, 자기 남편이 소신을 갖고 하는 일이니 여전한 지지를 보내 주고 있지만, "왜 당신이 기약할 수 없는, 더군다나 고정적인 수입이 없는 진보 정치를 해야 하느냐?"는 질문을 던지지. 나에 대한 지지가 좀 약해진 것 같아.

당신에게 아버지는 어떤 존재야?

아버지는 내가 7살 때 돌아가셨어. 아버지에 대한 기억이 많지 않아. 남아 있는 기억을 종합해 보면 동네에서 이장 하면서 지역사회에서 여러 가지 일을 한 것 같아. 최근에 어머니가 얘기해 주서서 알게 되었는데 그 시절 야당 운동을 해서 어려움도 겪었다는 거야. 여하튼 특별한 기억이 많지는 않아. 결혼 후 아이 낳고 키우면서 한동안 어려웠던 일들 중 하나가 아버지의 역할이었어. 아버지에 대한 롤 모델이 부재했던 거지. 내가 아이들에게 하는 역할은 후견인·동반자·친구·버팀목 같은 정도인데, 아무튼 노력 중이야.

형제는?

6남매에 다섯째. 어머님 모시고 살아. 결혼 전에 가족 모임이 있었는데 3형제 중 누가 어머니를 모실 것 같으냐는 얘기가 나왔어. 형은 당연히 자기가 모셔야 한다고 했고, 동생도 그런 얘기를 했어. 그

때 내가 그랬지. "선산을 지키는 것은 낙락장송이다. 학생운동을 하고 구속됐던 내가 어머니 속을 가장 썩였으니 나와 사시는 게 가장 마음 편하실 거다."라고. 어머니는 결혼한 다음 우리와 함께 살고 있는데 아내도 일하고 나도 일하기 때문에 가정을 지키는 버팀목 역할을 하셔. 모신다고 말하면 좀 그렇고, 어머니가 우리를 보살피고 있다고 해야 맞을 거야.

┃ 인간관계에서 중요시하는 건?

신뢰야. 예전에 수없이 많은 동지들을 만났고 지금도 많은 사람들을 만나지만 공적 관계를 넘어서는 인간적 관계는 많지 않은 것 같아. 이념과 운동, 정치를 넘어서 삶을 나누는 인간관계는 깊은 신뢰에서 이뤄지는 것 같아. 그래서 진보 정치를 하는 내가 다른 당 대표의 보좌관을 하는 손낙구를 편안하게 만나는 거야.

┃ 일반인과 진보 운동 하는 사람들은 어떤 차이가 있다고 생각해?

표준어와 사투리의 차이지, 뭐. 대화를 해보면 알아. 일반인은 먹고사는 생업 문제, 아이들 키우는 방법, 좋은 직장에 들어가 승진하는 방법, 더 좋은 삶을 꾸리는 방법 같은 것이 주된 화제거든. 그런데 진보 운동 하는 사람들은 먹고사는 얘기가 부족해. 그래서 사람들이 잘 알아듣지 못하는 운동권 사투리를 많이 쓰는지도 몰라. 그러지 않으려고 늘 신경 쓰고 노력하지.

■ 징역 경험은 당신에게 어떤 것이었어?

사회에서 강제 격리되었다는 것보다는 내 인생의 중요한 전환점 내지 매듭을 지어 준 기간이야. 처음 감옥은 운동적 삶과 신념을 분명하게 한 기간이었고, 두 번째 감옥은 당시 동유럽 사회주의가 무너지고, 공안 탄압으로 내가 속한 조직이 와해되고, 존경했던 리더들이 "운동은 끝났다."고 하면서 떠나가는 어려운 상황이었어. 그래서 고민을 많이 했는데 내가 왜 운동을 계속해야 하는지 그 진정성을 갖게 해준 것 같아. 노동운동을 길게 해야겠다는 각오를 다진 계기가 되었지. 세 번째 감옥은 2002년 민주노총에서 일하다 구속되어 들어갔어. 하루는 영등포구치소 위를 날아가는 비행기를 보는데 이런 생각이 들어. '나도 아이들과 함께 저 비행기를 타고 제주도에 가고 싶다.' 그전에 아내가 두 아이를 데리고 면회를 왔었는데 5살짜리 딸이 아빠 손잡는다고 면회실 아크릴 창을 자꾸 만지는 거야. 그러더니 "이거 어떻게 열어?" 하는데, 마음이 참 아프더라고. 운동 한답시고 아이들 안 챙기고 아내에게 소홀하고 집은 하숙집 비슷하고. 그때 깨달았지. 이렇게 살면 안 되겠다고. 그 뒤로 영치금을 모았는데, 출소해서 그 돈으로 제주도에 여행 갔다 왔지. 아마 그때부터 아내하고 영화도 많이 본 것 같아. 아내하고 다시 연애하던 심정으로 사귀었다고나 할까. 다른 건 몰라도 아내가 심야 영화 티켓을 끊었다고 하면, 아무리 좋은 술자리라도 벌떡 일어나 갔으니까. 술 먹고 갔다가 코를 곯아 아내가 영화 보는 내내 무안해했던 경우도 있지만.

■ 노동운동을 위해 위장 취업했던 거지?

1986년에 출소하고 노동운동을 하려고 취업을 준비했어. 당시에는 다 위장 취업이었지. 어디에 취업할까 고민하다가 구로동에 가기로 했어. 이왕이면 노동운동의 메카라는 구로동에서 하고 싶었어. 그런데 당시는 1985년 구로동맹파업 직후라 살벌했지. 그래서 꼼수를 생각해 냈어. 전혀 다른 모습으로 가자. 금테 안경을 쓰고 긴팔 와이셔츠를 입고 당시 유행한 빨간색 원색 바지를 입고 갔어. 그랬더니 약간 황당해하더라고. 공장에서 일할 것 같지 않은 날라리 같은 희멀건 놈이 왔으니 그럴 수밖에. 여기 왜 왔느냐고 묻기에, 나이도 먹고 이제는 날라리로 살 수가 없어 정신 차리고 기술도 배우고 돈 좀 벌어야겠다고 대답했지. 그랬더니 다음 날부터 출근하래.

■ 노동운동 하면서 주로 맡았던 일은?

촛불 집회에 나가면 무대에서 사회를 보는 사람이 있잖아. 민주노총 때 내가 그런 일을 도맡아 했어. 그리고 민주노동당을 만들고 선거를 지원하는 일도 많이 했지. 그래서 그런지 정치를 하면서 몰랐던 사람을 만나는 일이 어렵지 않아. 유세 때 마이크 잡는 게 익숙하고 그래.

■ 서울경찰청장과 전설 같은 이야기가 있던데, 사실이야?

(웃음) 2002년에 감옥을 갔다 나왔는데, 하루는 서울청장이 만나자고 연락이 왔어. 그래서 사무총장과 함께 저녁을 같이하는 자리를 가졌지. 그래서 궁금한 게 있다고 물어봤어. 내가 집회·시위를 끝낼 때 무대차 위에서 참가자들에게 "고생했습니다. 다음에 다시 만납시다. 안녕히 가십시오." 그러면 얼마 지나지 않아 근처 경찰 무전기에서 "제군들, 오늘도 고생이 많았다."로 시작해 나와 비슷한 말을 뭐라뭐라 하던데 그게 누구냐고. 그랬더니 청장이 "그게 나야." 그래. 그러면서 "당신이 현장 지휘를 하는 걸 보면 정말 멋지더라. 나도 이 길이 아니었으면 그런 일을 한 번 해보고 싶었다."라고. 서로 박장대소했던 기억이 나네.

■ 민주화 운동 보상도 받던데?

민주화 운동 명예회복 신청하라고 해서 신청했고 명예회복도 됐어. 구속 기간 3년을 인정받아 생활 지원금을 신청하면 5천만 원 가까이 된대. 그래서 신청했는데 심의 과정에서 불허되었더라고. 2006년 기준으로 5급 이상 공직자나 소득이 4인 가구 기준 4천3백만 원인가를

246

넘으면 안 된다는 거야. 그런데 난 신청 시 5급 이상 공직자도 아니었고 민주노동당 국회의원 보좌관은 6천만 원 넘는 명목임금 가운데 월 180만 원을 빼고 당에 귀속시켰기 때문에 해당되지 않았지. 그런데 여하튼 명목상으로는 6천만 원 넘게 받았으니 안 된다는 거야. 민주노동당 보좌관을 해서 5천만 원 가까이 날린 거지, 뭐. 어떻게 하겠어. 내가 선택한 일이니 할 수 없지.

노동운동을 하면서 보람 있었던 일은 뭐였어?

뭐니 뭐니 해도 1996~97년 노동법 개정 총파업을 벌이면서 당시 김영삼 정부의 노동법 개악 날치기를 뒤집은 일과, 싸워서 주 5일 근무제 도입을 이뤄 낸 것. 그러면서 민주노총이 한국 사회 변화를 이끄는 데 큰 존재감을 갖게 된 것 같아. 근래 비정규직 문제 해결에 제 역할을 못한다고 민주노총이 비판받고 있지만, 그래도 내 인생의 많은 시간이 녹아 있는 민주노총이 여전히 자랑스러워.

노동운동을 하면서 견디기 힘들었던 순간은?

가까이했던 동지들이 죽어 갈 때. 전노협 시기 후반에 대우정밀 해고자 조수원이 죽었어. 동지라기보다는 후배이자 동생에 가까운 친구였지. 그 친구가 장기간의 해고자 복직 과정에서 목매 죽었어. 그 소식을 듣고 뛰어가서 모습을 봤는데, 감당하기 어려운 감정이 북

받치더라고. 그 친구 장례식 치른다고 대우정밀 양산 공장에 갔을 때 정말 슬펐어. 그 친구의 최고 화려한 모습은 죽고 난 뒤 장례식이 아니었을까 싶어. 그만큼 어렵게 살았던 친구야. 이왕에 떠난 수원이, 수의도 가장 비싼 걸로 해주자고, 그렇게 장례 치러 주자고 동지들이 말했을 정도니까. 살아생전에 복직 못하고 그리 살았는데, 우리가 돈 모아 수의 사고 비싼 영구차 불렀지. 그때 한도 끝도 없이 울었어. 또 한 사람, 최명화라는 친구도 잊을 수가 없어. 그 친구는 민주노총 때 조직부장으로 같이 일했어. 내 앞자리에서 같이 일했는데 누가 더 열심히 하나 보자는 식으로 보이지 않는 경쟁을 했던 친구야. 죽기 얼마 전에 그 친구가 농성장에 들어가서 고생했는데 자꾸 눈이 아프다고 하는 거야. 병원에 갔는데 얼마 안 있어 뇌출혈로 죽었어. 그 친구가 농성에 지원했을 때 몰래 양말 한 켤레를 가방에 넣어 줬어. 나중에 그 친구가 "누가 넣었지?"하고 궁금해했는데 말은 안 했어. 죽고 나서 마석 모란공원에 갔는데 정말 내가 그 친구한테 양말 한 켤레 넣었다고 왜 말해 주지 않았는지 후회가 되더라고. 아마도 경쟁의식 때문에 말하지 않았던 것 같아. 정말로 마음이 아팠어. 그 후 〈임을 위한 행진곡〉을 부를 때면 마음속으로 되뇌고 또 되뇌었어. 다시는 가까운 동지들과 경쟁하지 않겠다고. 최명화가 이화여대 82학번이었는데 나랑 학번도 같았지. 너무 열심히 하다가 과로사한 건데, 그렇게 여러 사람이 죽고 나서야 이래서는 안 되겠다 해서 민주노총도 4대 보험과 안식 휴가를 도입했어.

7년 하면 6개월 쉬게 해줬던 거야. 자꾸 죽으니까.

　　　정치가 당신 체질에 맞아?

　　맞아. 정치는 무엇보다 사람을 많이 만나는 직업이잖아. 그런데 만나는 사람들이 다양하고 무정형적이어서 소통하는 데 애를 먹지. 그러나 난 사람들 만나는 일이 즐거워. 지난번 강남에서 박원순 서울시장 후보 선거를 하는데 유세를 많이 했어. 강남 지역을 샅샅이 훑고 다니면서 하루 4시간 이상 유세를 했는데 반응이 오고 통하더라고. 뭐랄까, 딱 맞는 옷을 입었다고나 할까.

　　　정치를 하게 된 계기는?

　　2004년 단병호 국회의원 보좌관으로 일한 것이 직접적인 계기였는데 그때는 운동의 연장이었고 2008년 촛불 집회 정국을 겪으면서 정치를 해야겠다고 생각했어. 그 엄청난 촛불이 결국은 항의로 끝났잖아. 권력은 정치의 영역에 있었던 거지. 그곳에 직접 뛰어들지 않으면 안된다고 생각했고 직접 해보고 싶었어. 부족하지만 자신감도 있었고.

　　　당신은 왜 정치를 한다고 스스로 생각해?

　　말했잖아. 처음에는 진보의 가치를 알리기 위해 백기완 독자 후보 운동에 참여했고, 다음에는 민주노총 1996~97년 총파업 때 "한 명의 노동자 국회의원만 있었어도……." 하는 절실함으로 노동자 정치 세력화에 나섰는데, 지금 왜 정치를 하느냐면 '진보 집권'을 위해서야. 결국 권력이라는 수단을 다루는 정치에서 승부를 보지 못하면 안되거든.

당신 인생에서 정치가 뭔지 한마디로 말하면?

나 신언직에게 정치란 '잘 맞는 옷'이다, 그렇게 말하고 싶어.

민주노동당 분당 때는 어땠어?

무척 힘들었지. 분당 안 되게 하려고 많이 노력했는데 개인적으로 역부족이었어. 심상정 비대위가 실패하고 갈라지기 시작하는데 막을 수도 없고 도망갈 곳도 없더라고. 당내에서 함께했던 흐름이 대거 탈당을 하면서 진보의 재구성을 얘기하는데 그렇게 확 와 닿지 않았어. 꼭 탈당해야 하고 새로운 정당을 만들어야 하는 건지 고민을 많이 했어. 마지막까지 고민하다 그동안 함께해 온 세력의 유실이라도 막아야 되겠다 싶어서 진보신당에 참여했지.

심상정과는 4살 차이인데, 한 시대를 같이 살아온 심상정을 어떻게 봐?

심상정이라는 정치인은 진보 정치가 낳은 훌륭한 리더이고 여전히 가장 가능성 있는 대중 정치인이지. 처음에는 직장 상사로 만났어. 1992년 말 전노협에 들어갔을 때 쟁의국에서 일했는데 쟁의국장이 심상정이었어. 들어가 얼마 지나지 않아 출장을 갔다 온 적이 있는데 출장 보고서를 냈더니, 이것저것 얘기하더라고. '어? 출장도 안 갔다 온 사람이 나보다 더 자세히 알고 있네.' 하는 생각이 들었어. 그만큼 현장 상황에 대해 잘 알고 있었던 거지. 현장에서 잔뼈가 굵어서 그런지 실무부터 정책, 사람 챙기는 것까지 대단한 사람이야. 그런데 같이 일하는 사람들은 죽어나. 계속 일을 만들어 추진하니 보통 힘든 게 아니야. 국회에서 일할 때도 그 의원실 보좌관들 고생 많이 했지.

내 기억으론 2010년 지방선거 경기도지사 후보 사퇴 때 정말 힘들었을 거야. 동년배인 심상정·유시민 둘 다 학생운동 때부터 알고 지낸, 자존심도 강한 사람들이잖아. 그런데 후보를 사퇴했으니, 옛날로 치면 상대 장수에게 고개 숙인 거지. 그거 아무나 하는 게 아니거든. 그리고 조직적으로 잘 훈련된 지도자가 조직의 질서를 흔들어 놓았으니. 그래서 내부적으로 당기위에 회부까지 됐지. 그런데도 흔들리지 않더라고. 자신이 선택한 길에 대해 확신하고 계속 밀고 나가더라고. 심상정 개인으로서는 최초의 정치적 결단이 아니었나 하는 생각도 들어. 지근거리에 있는 사람들도 만류하고 당내에서 자신이 죽을 게 뻔한데도 자신의 선택이 옳다고 믿고 그런 결단을 내린 건데, 어찌 보면 새로운 심상정이 탄생한 셈이지. 하지만 너무 많은 것을 잃었어. 오랫동안 함께해 온 노동운동 동지들을 잃었고, 두 번의 탈당이라는 정치적 부담을 지게 됐고, 결국은 진보 통합 과정에서 진보신당을 설득해내지 못했잖아. 한쪽의 신뢰가 무너진 것 같아 마음이 아파. 그러나 잘할 거라고 나는 믿어. 왜냐하면 개인의 소명 의식을 넘어 대중에 대한 책임 정치를 실천하는 정치 지도자로 거듭나고 있다고 보거든.

▌ 진보 정치가 갖는 긍정성이 있다면?

대통령 중심제에다 지독한 양당 체제에서 왜 국민들은 제3의 진보 정당이 필요하다고 생각할까? 그건 아마 양당이 하지 못하는 일을 해보라고 하는 것 같아. 나도 그렇게 생각해. 한나라당과 민주당이 여야로 갈라져 있지만 지역주의를 기반으로 하고 신자유주의 정책 기조를 같이한다는 점에서 차별성은 크지 않다고 봐. 보수적인 공통점이 기저에 깔려 있지. 그러다 보니 노동의 문제, 서민의 먹고사는 문제, 한미 FTA 같은 문제들이 제대로 안 풀리는 거지. 처음에는 빈구석을 채우는 역할을 했다고 보는데 이제는 아니야. 진보와 복지가 시대적인 흐름이 됐고, 국민들도 한나라당과 민주당에 실망하면서 새로운 변화를 요구하고 있잖아.

▌ 아직 2.5체제의 일원도 못된 거 아닌가?

맞아. 진보 정치를 하는 우리 책임이 크지. 2004년 총선에서 민주노동당이 10명의 국회의원을 배출하고 그 뒤 20퍼센트 안팎의 지지율이 나왔다는 사실은, 2.5체제 내지 보수 대 진보의 가능성을 보여준 거지. 그때 잘했으면 새로운 대안을 찾는 국민들에게 엄청난 지지를 받았을 거야. 2007년 대선 경선에서 혁신을 이뤄 내지 못하고 분당이 되고 말았으니 진보 정치에 대한 신뢰가 바닥으로 떨어진 거지. 이제 통합진보당을 만들어 새롭게 출발하는데, 뭔가 변화가 있을 거라고 기대하고 있어. 정신 차렸으니 2.5체제, 아니 그것을 넘어 보수 대 진보로 재편하는 일을 본격적으로 해야지.

민주 정부 10년은 어떻게 평가해?

5 대 5라고 봐. 권위주의를 청산하고 정치적 민주주의를 실현한 점, 두 차례의 남북정상회담을 통해 남북 관계의 평화적 계기를 만들어 낸 것은 큰 성과지. 그러나 IMF 이후 신자유주의 시장 만능 정책을 써서 비정규직을 양산했고, 20 대 80의 사회 양극화를 가져왔고, 한미 FTA를 추진한 것은 큰 잘못이야. 한마디로 정치적 민주주의는 발전시켰지만 사회경제적 민주주의는 한발도 나아가지 못했지. 그래서 진보 정당의 길이 있는 거야. 다만 한 가지 아쉬운 것은 민주노총 때, 그리고 민주노동당을 하면서 무조건 반대할 것이 아니라 반대할 것은 반대하되 같이할 수 있는 것은 같이하는 마음을 못 가졌다는 점이야. 같이할 것이 많지 않더라도, 지금 야권 연대를 하듯 공통분모를

찾고 만들어 협력했으면 어땠을까, 한나라당과 민주당을 너무 동일 선상에 놓고 본 것은 아닌가 하는 생각이 들어. 좀 더 정교하게 대응했어야 하는데 그러지 못해 아쉽지.

■ 노무현·김대중 대통령은 어떻게 평가해?

대한민국 역대 대통령 가운데 대통령으로 인정할 만한 분은 김대중 대통령인 것 같아. 민주화를 위해 살아온 인생 역정이 남다르잖아. 지지 여부를 떠나서 대통령으로서 자질과 풍모도 충분히 인정받고 있고. 노무현 대통령은 국민에게 가장 가까운 대통령이 아니었나 싶어. 국민들이 편하게 볼 수 있는 대통령, 자기 얘기를 많이 들어 주고 쉽게 말을 걸 수 있는 대통령이 아니었나 생각해. 진보의 기준으로 보면 비판할 게 많지만 지금의 MB와 비교하면 확실히 구분되지.

■ 민주당·한나라당은 어떻게 평가해?

한나라당은 소수의 특권 기득권층에 기반을 둔 우익적 보수 정당이기 때문에 오히려 계급적 성격이 분명한 것 같아. 그런데 민주당은 민주화 운동 시기가 끝나면서 생명력을 잃어 가고 있다고 봐. 호남을 기반으로 한 낡은 질서가 그대로이고 보수적 색채도 여전히 강해. 양당 체제가 아니었다면 정당 자체가 유지되기 어려웠으리라고 생각해. 국민들은 이 양당 체제에 신물을 내면서 제3의 새로운 대안을 찾고 있지. 한나라당은 파산 지경에서 재창당을 얘기하고 있고, 민주당도 새롭게 리모델링하지 않으면 안 되는 상황이 됐지. 문제는 진보정당이야. 아무리 좋은 조건이어도 제대로 하지 못하면 소용없거든. 통합진보당이 바로 그 제3의 선택지가 되어야 해. 그렇지 않으면 또 다시 보수적인 양당 체제로 회귀하는 거지, 뭐.

▎ 본격적으로 정치를 한다고 했을 때 가족들이 안 말렸어?

일단 처음 단병호 국회의원 보좌관 한다고 하니 아내는 별로였고 어머님은 좋아하시더라고. 공무원이 되어 가장의 역할을 할 수 있겠거니 생각하셨던 것 같아. 2008년 총선에 진보 정당으로 출마한다니까 가족들 반응이 다양했어. 아내는 운동의 영역에서 더 헌신하는 게 좋지 않겠느냐 하는 반응이고, 형제들은 네 소신껏 살아왔으니 잘해 봐라 하는 반응이었고, 가까운 지인들은 많이 걱정했지. "진보 정치를, 그것도 강남에서?" "왜 하필?" 그랬으면서도 막상 시작하니까 많이들 도와주더라고.

▎ 내가 본 외국 가운데 부러웠던 곳과 그 이유는?

노동운동 오래 했던 사람치고는 외국엔 꽤 나갔지. 미국 두 번, 유럽도 한 달간, 일본도 두세 번, 중국도 서너 번인가 갔었고, 브라질·멕시코·인도·베트남에 초청받아 공식 일정으로도 갔고 여행으로도 갔었지. 가족들과 함께 프랑스에 갔을 때 길게 줄을 서면 맨 앞줄에 세워 주는 거야. 왜 그런가 했더니 어린 아이들이 있으면 우선이더라고. 어디 정해진 건 없지만 그 사회 문화가 그렇더군. 아, 이래서 선진국 소리 듣는구나 생각했지. 대개의 경우 유럽이 다 비슷했어. 이런 게 좋은 사회가 아닌가 생각해.

❚ 국회의원이 되면 뭘 하고 싶어?

개인적으로는 'SNS 민생소통실'을 만들고 싶어. 신언직 국회의원 명의의 트위터와 페이스북을 열어서 민생 상담을 받고 관련 부처 자료를 요구해 함께 나눌 거야. 국회의원 권한 많잖아. 그걸 제대로 써야지. 나만이 아니라 누구나 사용할 수 있는 도구가 되어야지. 그리고 비정규직 문제도 해결해야 하고, 한미 FTA 폐기 싸움도 해야 하고, 총선 이후 곧 대선이니 진보적 정권 교체에 전념해야겠지. 뭐, 할 일이 한두 가진가. 먼저 총선에서 승리해 국회의원부터 되는 게 순서겠지.

❚ 국회의원 임기를 마무리할 때까지 도전해서 하고 싶은 일은?

반값등록금 실현. 지금 큰아이가 수험생인데 대학에 가게 되면 당장 걱정되는 게 1천만 원 등록금이야. 지난번 무상 급식 주민 투표 때 개포동에서 거부 운동을 했는데 생각보다 호응이 높지 않았어. 중산층이 많이 살아서 그런지 그 정도는 부담할 수 있다는 거야. 그런데 1천만 원 등록금 문제는 아주 달라. 힘들어하고 있어. 강남에서 힘들어하면 서울의 다른 지역은 더 힘들 텐데, 대한민국 국민들이 얼마나 힘들겠어. 이 문제만큼은 아이를 키우는 아빠로서, 수험생의 학부모로서 절실해. 오죽하면 반값등록금 촛불 시위를 두고 돈 버는 일이라고 하겠어. 한번 도전해 보고 싶어. 그리고 비정규직 문제야. 내 정체성 중 하나가 노동이기 때문에 청년 일자리, 비정규직 문제는 노동 운동 출신으로서 숙제 중의 숙제지. 예를 들어 관급 공사 발주 시 비정규직 고용 비율이 낮은 사업장을 우선하는 법을 만든다면 당장은 아니어도 비정규직 문제를 해결하는 데 정치가 제 역할을 하는 것 아니겠어. 혼신의 노력을 다해야지. 난 정치가니까, 그것도 불굴의 진보 정치가니까.

촛불 집회와의 숙명적 만남

나는 집시법(〈집회 및 시위에 관한 법률〉)의 야간 시위 금지 위반, 형법의 일반 교통 방해죄 등의 혐의로 기소되어 재판에 계류 중인 피고인이다.

2008년 광우병 촛불 시위를 주도한 혐의로 구속되어 2009년 4월 보석으로 석방됐다. 재판이 중단되어 지금까지 1심 재판 계류 중인 상태다. 재판이 이렇게 오래 중단되어 있는 이유는 집시법의 야간 시위 금지 조항에 대한 위헌 심판 제청 사건의 결정이 내려지지 않았기 때문이다.

보석 석방 조건에는 거주제한이 포함되어 있다. 그래서 국외로 나갈 때는 매번 담당 재판부의 허가가 있어야만 출국이 가능하다. 2009년 출소한 이후 법원의 허가를 받아 서너 차례 해외 출장을 다녀왔으니, 적어도 대한민국 사법부는 내가 해외로 도주할 것을 염려하지는 않는 듯하다.

내가 2008년 촛불 시위를 주도했다는 혐의는 반은 맞고 반은 과장돼 있다. 2008년 촛불 시위가 일어난 직후 나는 전국의 1천5백 개 시민사회단체가 구성한 '광우병국민대책회의'(이하 국민대책회의) 공동상황실장을 맡았다. 당시 거의 모든 집회를 국민대책회의가 주최했고, 나는 촛불 집회의 사회자로 가장 많이 무대에 섰다. 집회만이 아니라 거리 행진도 앞장서 진행했으니, 주도한 것이 맞다.

그러나 촛불 소녀, 유모차 부대, 넥타이 부대 등 보통 사람들의 거대한 참여와 그들이 발산해 낸 역동적인 에너지는 자발적인 것이었다. 연인원 수백만 명이 참여한 대규모 항쟁을 누가 선동하거나 조종한다는 것은 애초부터 불가능한 일이다. 때문에 국민대책회의나 내가 촛불 시위의 배후라는 검찰이나 일부 보수 언론의 주장은 과장돼 있다.

국민대책회의 공동상황실장을 맡게 된 결정은 매우 짧은 시간에 준비 없이 이루어졌다. 한미 쇠고기 수입 협상이 타결된 직후부터 온라인에서 비판 여론이 들끓었다. 곧이어 청소년들과 네티즌들이 촛불을 들고 나와 "미친 소 너나 먹어."라는 구호를 외치며 집회를 시작했다. 조직된 운동이 뭐라도 해야 하는 상황이었다. 5월 6일 긴급하게 전국의 시민사회단체들이 '광우병 위험 미국산 쇠고기 수입 반대 국민대책회의'를 열었다. 대책 기구 구성을 결정했고, 회의 제목이 그대로 기구의 명칭이 됐다.

참여연대와 한국진보연대의 활동가들을 중심으로 우선 급한 일을 처리할 실무 기구인 상황실을 구성했다. 두 단체의 집행 책임자 지위에서 상황실장을 맡는 것으로 합의되어 참여연대 협동사무처장을 맡고 있던 나와 한국진보연대 한용진 대외협력위원장이 역할을 맡았다. 훗날 촛불 시위가 걷잡을 수 없이 커지고 국민대책회의 상황실 멤버들에 대한 무더기 체포 영장이 발부됐던 것에 비하면, 그 시작은 비상한 결의도 거창한 시작도 아닌, 상황의 급박함에 따른 것이었다.

2007년 말, 2008년 초는 모두가 기억하듯 소란스럽고 분주했다. 김용철 변호사의 양심선언으로 시작된 삼성 비자금 사건, 서해 허베이스피리트호 기름 유출 사고, 17대 대통령 선거, 이명박 정부 출범, 18대 국회의원 총선, 쇠고기 협상 타결, 촛불 시위까지 하나하나 만만치 않은 사건들이 단 6~7개월 사이에 압축적으로 일어났다. 시민운동의 관점에서 보면 한마디로 일복이 터진 상황이었다.

그때까지 주로 참여연대 사업에 무게중심이 있던 내 활동 반경도 자연스럽게 연대 운동의 집행 책임을 지는 것으로 넓어졌다. 참여연대 고참 운동가들이 안식년을 맞아 내가 맡은 일의 책임 범위가 커지기도 했고, 운동 전체로 보면 연대 운동의 세대교체가 일어나는 시점이기도 했다. 나는 '삼성 비자금 불법 규명 국민운동', '서해 기름 유출 사건 공대위', 대선 중간에 터진 'BBK 진상 규명 촉구 운동' 등 주요 연대 운동의 집행 책임을 맡아 눈코 뜰 새 없는 시간을 보냈다. 그렇게 보면 2008년 광우병 촛불 시위 상황실장을 맡은 것도 어느 정도 예정된 운명이었던 듯하다.

학생운동에서 시민운동으로의 전환

나는 1988년에 대학에 입학했다. 학생운동이 최고로 대중화됐던 때다. 사회과학 세미나를 하고, 민중가요를 부르며, 집회에 나가는 것이 당시 대학 사회의 주류 문화였다. 그런 시대 상황에서 자연스럽게 학생운동을 받아들였다. 그러나 처음에는 사회과학 스터디 서클에 나가고 학내외 시위에 참여하는, 당시 웬만한 대학생들이 한 번씩은 해봤을 법한 정도의 참여에 그쳤다.

내가 본격적인 운동권의 길로 들어서게 된 데는 몇 가지 계기가 있다. 그중 하나는 군사훈련 거부 투쟁이다. 당시까지 대학에는 군사교육이 교양 필수 과목으로 남아 있었다. 1학년 때 문무대 입소, 그리고 2학년이 되면 최전방 부대에 입소해 군사훈련을 받았다. 군사훈련 거부는 학생운동의 핵심적 연례 이슈의 하나였는데, 1986년 신림사거리에서 서울대 학생이던 김세진·이재호 열사의 분신도 전방 입소 거부 투쟁 중에 일어났다.

　1988년 대학의 군사교육 폐지를 요구하며, 문무대 입소, 전방 입소 거부 투쟁이 거세게 일어났다. 2학기가 되며 절정을 이룬 투쟁은 학기 말까지 지속됐고, 문무대 앞에까지 버스를 대절해 갔다가 집단적으로 시위를 하고 돌아오기도 했다. 싸움이 길어지면서 버티는 학생들의 숫자가 줄어들었지만, 결국 그해 11월 말 정부는 대학의 군사교육 폐지를 결정했다. 그때까지 남았던 수백 명이 토론 끝에 집단적으로 입소를 결정했다. 그러나 나는 고심 끝에 결국 입소를 거부했다. 군사교육 거부 투쟁은 교련 과목 폐지라는 성과를 만들고 승리했지만, 학원과 사회를 병영화하는 독재 정권의 군사교육을 마지막까지 거부하고 싶었다.

　나는 당시까지만 해도 집회나 거리 시위에 나가기는 했지만 나 스스로 운동권이다 또는 학생운동에 전념하겠다고 생각하지는 않았다. 군사훈련 거부는 그런 점에서 내 인생에서 최초의 결단이었다. 나는, 마지막까지 입소를 거부한 10여 명 남짓의 친구들과 대학 본부에서 농성을 했다. 그런데 어떻게 소식을 알고 어머니가 학교에 찾아오셨다. 그날 밤 왜 내가 학생운동을 결심했는지 부모님을 설득하고 이해를 얻고 싶었으나, 긴 언쟁 끝에 얼굴만 붉혔던 기억이 난다.

　중·고등학교를 다니던 청소년 시절 나는 또래들이 겪었던 심각한

사춘기나 방황을 겪지 않았다. 유복하지는 않았지만, 책임감과 생활력이 강한 부모님의 보살핌과 지원 아래 큰 어려움 없이 성장했다. 약간의 복잡한 가정사가 있었으나 그 때문에 우울하지는 않았다. 머리가 굵어지면서 가정과 학교라는 체제에 무작정 순응하지도 않았지만, 그렇다고 대단한 일탈을 하지도 않았다. 질풍노도의 시기를 큰 우여곡절 없이 그저 평범하게 보낸 학생들 중 하나였다. 그랬던 내가 학생운동을 한다는 것에 부모님은 충격을 받으셨던 듯하다. 하지만, 자식 이기는 부모 없다는 말이 있듯, 어쩌지는 못하고 그저 지켜보실 뿐이었다.

학생운동을 시작한 또 하나의 계기는 사당동 철거 반대 투쟁이다. 1986년 아시안게임과 1988년 서울 올림픽을 유치한 정권은 대대적으로 달동네·판자촌 철거에 나섰다. 사당동도 그중 하나였는데, 1988년 말과 1989년 초 무렵에는 이미 많은 지역에서 철거가 끝났고, 일부만이 마지막까지 버티는 상황이었다. 그 무렵 이 투쟁에 지원을 자주 나갔다.

철거가 시작되는 달동네의 밤은 전쟁터 같았다. 경찰도 아닌, 쇠파이프를 든 용역 깡패들이 쳐들어왔다. 달리 갈 곳도 없고 그곳이 벼랑 끝인 주민들도 죽기 살기로 싸웠다. 지금까지 수많은 집회와 시위 현장을 경험했지만, 나는 철거 반대 투쟁의 현장처럼 격렬한 싸움은 아직까지 보지 못했다.

그로부터 20년이 지나 2009년 용산 참사가 일어났을 때도 울분과 함께 그때의 두렵고도 처참했던 기억이 솟구쳤다. 무서웠지만 떠날 수도 없던 달동네 철거 현장을 경험한 뒤로 생각이 많아졌다. 되돌아보면 아직 여물지 않은 치기와 감성이 섞인 생각들이었지만, 민중에 대해, 생존의 권리와 인간의 존엄성에 대해 그리고 앞으로 어떻게 살 것인가에 대해 진지하게 고민했다.

대학 2학년이 된 후부터 나는 완전한 운동권의 길을 갔다. 전공 수업은 뒷전이고 이념 학습과 학생회 활동, 투쟁이 생활의 중심이 됐다. 결국 학내 시위로 수배됐고, 1990년 5월에 집시법 위반으로 감옥에 갔다. 서울구치소에 수감됐는데, 당시 서울구치소 정원 약 3천 명 가운데 3백여 명이 이른바 양심수였다. 사동마다 재야인사·노동자·학생들이 거의 10여 명씩 들끓었다. 1988년 여소야대 정국에서 유화적인 통치로 바뀌었던 노태우 정권이 다시 공안 통치로 돌아선 상황에서 물리적으로 누르고 잡아들이는 것밖에 방법이 없다 보니 벌어진 일이었다.

집행유예로 출소한 뒤 얼마 안 된 1991년 5월 다시 수배됐다. 전대협의 민자당사 점거 농성 배후 교사 혐의였다. 전대협의 명칭을 사용했지만, 실은 학생운동의 비합조직(학생회와 같은 공개적인 대중조직이 아닌, 학생운동의 비공개 활동가 조직)에서 기획한 점거 농성이었다. 총학생회 간부로 공개적인 활동을 하고 있던 나는 그 계획에 사전에 관여한 바 없었으나, 이른바 '알리바이'로 나를 포함한 몇 명의 이름이 사용될 것이고, 책임지게 되리라는 사실은 알고 있었다. 집행유예 상태에서 총학생회 간부를 하며, 수배 생활까지 하는 것이 부담도 될 법한 일이었지만, 조직의 결정이 앞섰던 당시에는 싫다고 할 수도 없었다. 나 자신에게도 앞날을 걱정하기보다는 그 상황에 최선을 다하는 것이 중요했다.

누구나 각자의 인생에서 모든 것을 다 걸어 본 경험이 있을 것이다. 1991년은 내게 그런 때였고 운동과 인생의 중요한 전환점의 하나가 됐다. 4월 26일 김세진·이재호 열사 추모 집회가 서울대에서 열리던 날, 명지대 학생 강경대가 시위 도중 경찰의 폭력에 의해 사망했다. 그날 서울대 집회에 가지 않고 학교에 있던 나는 급히 남은 사람들을 모아 시신이 안치돼 있던 세브란스 병원으로 갔다.

연세대로 학생들이 속속 모여들고, 진상 규명과 책임자 처벌을 위한 싸움이 시작됐다. 그 뒤로 11명에 이르는 학생·노동자·재야인사의 분신과 투신이 이어졌다. 그뿐 아니라 한진중공업 박창수 노조 위원장이 옥중에서 의문사했고, 성균관대 김귀정 학생이 시위 도중 경찰의 토끼몰이식 진압에 질식사했다.

재야와 학생들은 공안 통치 분쇄, 노태우 정권 퇴진을 선언했다. 거의 두 달 가까이 대규모 시위가 진행됐다. 학교에서 동맹휴업을 하고 비상학생총회를 열면 3천 명 이상이 모였고 명동·을지로·종로로 가두시위를 나가면 10만 명이 모였다. 당시 총학생회에서 정치 투쟁 기획을 책임지고 있던 나는 교내 집회와 거리 시위를 주도하고, 새벽에 들어와 유인물을 쓰고 인쇄하느라 밤을 새우는 식으로 살았다.

거의 신발도 벗지 못한 채 총학생회실 한 구석의 소파에서 토막잠을 잤다. 이때 왼쪽 발에 무좀이 생겼는데 지금까지도 내 유일한 지병으로 남았다. 하루하루 정신이 없는 와중에도 나는 혹시 후배들 중 누군가 분신하지 않을까 걱정돼 주의가 필요한 친구들에게 따로 감시를 붙여 놓기도 했다.

1991년 5월 투쟁은 강렬했지만 결과적으로는 실패했다. 1987년 6월 항쟁 이후 최초로 정권 퇴진을 전면에 내걸었지만, 국민의 공감과 지지를 얻지는 못했다. 연일 10만 명 이상의 대학생이 거리로 쏟아졌지만, 시민들과 학생들은 인도와 차도로 분리돼 있었다. 지금도 기억나는 것은 5월 7일이던가 『한겨레』에 실린, 당시 야당 지도자인 고 김대중 전 대통령의 인터뷰 내용이다. "국민 대다수가 부도덕하고 무능한 노태우 정권의 퇴진을 바란다. 하지만 국민들이 원하는 것은 선거에 의한 정권 교체다. 따라서 재야·학생들에 의한 정권 퇴진 주장에는 동의할 수 없다."라는 내용이었다. 돌아보면, 그 상황의 한계를 정확하고 예리하게 파악하고 지적한 것이지만, 당시에는 기회주의라는 비판을 피할 수 없었다.

그보다 학생들을 더 분개하게 만든 사건은 김지하 시인이 『조선일보』에 발표한 "죽음의 굿판을 걷어치워라"라는 칼럼이었다. 학생들의 분신을 두고 정치적 목적을 달성하기 위해 죽음마저 이용한다는 식으로 비판했다. 다른 사람도 아닌, 군사독재 정권에 의해 숱하게 죽음의 문턱을 넘나들었던 김지하다. 등에 칼을 맞은 느낌이었다. 『동아일보』에 연재되던 김지하 시인의 "모로 누운 돌부처"를 즐겨 읽던 나는 그후로 오랫동안 그의 글이라면 쳐다보지도 않았다.

2001년 5월 김지하 시인은 『실천문학』과의 대담을 통해 당시 그 칼럼에 유감을 표했다. "죽음의 굿판을 걷어치워라"라는 제목은 원제가 아니고 『조선일보』에 의해 각색된 제목이라는 사실을 밝히며, 젊은이들에게 상처를 주고, 정권에 활용될 빌미를 준 것을 사과했다. 그때서야 마음이 조금 풀렸다.

궁지에 몰렸던 노태우 정권은 강기훈 유서 대필 사건을 조작하면서 정치적 반격을 시작했고, 한국외대에서 일어난 정원식 총리 계란 투척 사건으로 마침표를 찍었다. 그리고 이어 열린 광역 지방의회 선거에서 민자당이 전국에서 압승했다. 투쟁은 사그라졌고, 허탈함과 패배감에 휩싸였다. 한동안 학교도 비우고 서울 변두리에 틀어박혀 술만 먹고 지냈다. '사람이 그렇게 죽어 나갔는데, 도대체 이놈의 세상은 언제 그랬냐는 듯 아무렇지도 않나. 내가 틀린 건가 세상이 틀린 건가.' 모든 것이 원망스러웠다. 기회가 있다면 다 정리하고 감옥에 들어가 벽이나 보고 앉아 있고 싶었다.

열정이 컸던 만큼 후유증도 컸다. 정신이 좀 들고 마음이 가라앉으면서 이른바 전민 항쟁이나 혁명을 통한 변혁 노선에 수정이 필요하다는 생각을 했다. 사회를 점진적으로 변화시키는, 긴 호흡의 운동이 필요하다는 것을 느꼈다. 그때의 생각이 시민운동을 선택한 내 진로에 영향을 미쳤다.

1992년 말 대통령 선거가 끝날 무렵까지 학생운동을 떠나지 못하고 이른바 5학년 운동을 했다. 명분은 여러 가지가 있었지만 사실은 일종의 버티기였다. 1993년 문민정부가 대사면령을 발표했다. 검찰에 자진 출석해 선고 유예 처분을 받고 합법적 신분이 됐다. 그 무렵 진로에 대한 고민이 많았다. 학생운동에 대한 일말의 미련이 있었지만, 더 하는 것은 발전적이지 않았다. 이미 생활과 운동은 '농성'에 가까웠고, 단절과 전환이 필요했다.

1990년대 초반 대학 사회는 혼란했다. 정확하게는 학생운동권이 혼란했다. 사회주의권 몰락 이후 이념의 재검토가 논의되고 1980년대 말까지 풍미했던 '애국적 사회 진출'은 물 건너갔다. 많은 학생운동가들이 제각기 출구를 찾아 방황했다. 함께 운동했던 친구들은 늦깎이로 군대를 가거나 취직을 준비했다. 학교를 나와 긴 호흡으로 할 수 있는 운동을 결심하고 길을 찾았다. 이때 함께 운동했던 선배의 소개로 김기식 선배를 만났다.

당시 김기식은 인천 지역에서 노동운동을 정리하고 새로운 운동을 모색하던 중이었다. 직장인과 대학원생 등으로 구성된 새로운 단체를 만들었는데, 함께 일해 보자는 제안을 했다. 대강의 배경은 알고 있었지만, 아무런 기반도 없는 신생 단체에서 일한다는 것이 막연하기도 했다. 그러나 무엇이든 시작이 중요한 상황이었기 때문에 큰 망설임은 없었다.

1993년 말부터 '참여민주주의를위한사회인연합'(약칭 참사연)이라는 이름으로 연남동에 사무실을 내고 있던 단체에서 상근 활동을 시작했다. 참사연은 학내 서클이나 학생운동 조직 등을 통해 알음알이로 연결돼 있었던 386 직장인들 120여 명으로 구성돼 있었다. 변화된 시대에 뭐라도 모색하며 길을 찾고자 모였던 것이다. 참여연대 초창기부터 상근 활동을 하며 동고동락하게 되는 동지들을 그 무렵 만났다.

주로 분과별 세미나, 초청 강연, 친목 활동을 중심으로 단체가 굴러 갔다. 그렇다 보니 내가 맡고 있는 분과의 세미나 일정을 관리하고 회원들과의 관계를 유지하는 정도의 일을 하면 되었다. 그 자체로 전망이 있기보다는 일종의 전망을 모색하기 위한 과도기적 단계의 조직이었다. 1994년 봄부터 전문가 그룹 중심의 선배 세대와 결합해 새로운 시민운동을 만들자는 논의를 시작했다.

박원순 변호사로 대표되는 법률가 그룹, 조희연 교수로 대표되는 사회과학자 그룹을 비롯해 여러 분야의 새로운 사람들을 만났다. 1994년 7월 새로운 단체의 준비위원회를 구성했고, 9월 창립총회를 했다. 참여연대의 시작이었다.

나와 참여연대

　나는 1994년 참여연대 창립 멤버로 시민운동을 시작했다. 흔히 시민운동 1세대로 박원순 서울시장, 환경재단의 최열 대표 그리고 지금은 뉴라이트로 전향한 서경석 목사 등을 꼽는다. 그분들이 시민운동을 책임지고 있던 시절에 시민운동에 발을 들여놨으니, 나는 2세대쯤 된다고 볼 수 있다. 참여연대는 서로 다른 영역에서 활동하던 여러 그룹이 모여 의기투합해 만들었다. 배경과 관점이 서로 다른 사람들이 만나다 보니 이견도 논쟁도 많았다.

　참여연대 결성을 준비하던 초기에 가장 기억에 남는 것은 새로운 단체의 이름, 즉 '작명'을 둘러싼 논쟁이다. 조직 구성, 사업 계획, 재정 마련 등 여러 가지 현안과 과제들이 산적해 있었지만 다수의 공통된 관심이자 핫 이슈는 단연 '명칭'이었다.

　사전 논의를 거쳐 압축된 키워드는 '참여(민주주의)', '인권', '시민'이었다. 각각의 의미와 강조점에 대한 주장을 고려하다 보니 다수가 만족하는 명칭을 만드는 일이 여간 힘들지 않았다. 종로성당에서 창립 준비 워크숍을 하던 날, 거의 밤을 새워 명칭 논쟁을 했다. 그렇게 나온 최초의 명칭이 '참여민주사회와인권을위한시민연대'. 장고 끝의 악수였다.

　만든 이들 말고는 아무도 기억하지 못하는 이 긴 명칭은 '참여와인권을위한시민연대', '참여민주사회시민연대'로 몇 차례 변천을 거쳐 지금의 이름으로 확정되었다. 이 명칭 논란은 단편적으로 보면 그냥 논란에 불과하지만, 실은 새로운 운동의 성격과 방향에 대한 치열한 검증과 공유의 과정이었다.

참여연대를 시작하면서 월급을 받았다. 당시로선 노동조합운동을 제외하면 사회운동을 하며 월급을 받는다는 게 보편적이지 않았다. 첫 월급이 40만 원이었다. 참여연대 상근 활동을 시작하기 전, 아르바이트로 학원에서 주 3일 저녁 시간 강사로 일하면서 80만 원 정도 받았으니 수입이 딱 반쪽이 났다. 그래도 운동을 하면서 고정적인 수입이 생긴다는 것은 상당한 안도감을 줬다. 첫 월급을 타던 날 은행에 가서 호기롭게 3년 만기 적금을 들었다. 물론 만기를 채우지 못하고 중간에 깨서 썼다.

나는 18년간 참여연대에서 여러 가지 일을 두루 거쳤다. 초기에는 의정감시센터 간사로 국회 의정 활동 감시와 정치 개혁에 관련된 일을 했고, 정책실에 있으면서 각종 정책 기획 사업을 하고, 대외 협력이나 연대 사업도 했다. 그러나 참여연대가 초기 두각을 나타냈던 활동 분야인 사법 감시, 공익 소송, 소액주주 운동 등과는 직접 연이 닿지 않았다. 1999년부터 '시민권리찾기운동' 분야로 옮겨와 상담·공익소송, 각종 캠페인, 입법 활동을 하면서부터 개인의 성과를 만들고 경험을 쌓았다.

지금도 그렇지만 나는 매사에 좌고우면하거나 전전긍긍하는 편이 아니다. 그래서 빠른 판단과 집중력, 속도전이 요구되는 참여연대의 활동이 잘 맞았다. 책상에 앉아 일을 오래 붙들고 있는 편도 아니다. 차라리 그보다는 사람들을 만나는 것을 좋아한다. 실무적이기보다는 정무적이다. 컴퓨터 앞에 앉아 자료와 정보를 꼼꼼히 긁어모으고 다져 결과물을 생산하는 모니터 형태의 활동보다는 이슈를 찾아 목표를 세우고 발로 뛰는 정책, 입법 캠페인이나 로비에 더 역량을 발휘했다. 그러다 보니 조직이 요구하는 일과 내가 하고 싶은 일 간에 충돌이 생기기도 했다.

2000년 말이었다. 시민권리국 부장으로 일했는데, 관성이 생긴 사업 방식을 바꿔야 할 필요를 느꼈다. 좀 더 보편적이고 대중적인 이슈를 찾아 활력 있는 캠페인, 제도 개선 사업으로 방향을 전환해야 한다는 생각을 했다. 당시 사무처장이던 박원순 변호사가 내게 2001년에 추진할 1백 가지 사업 아이템을 조사해 각각 파일을 만들 것을 지시했다. 워낙 아이디어가 많고, 부지런하며, 추진력이 있는 분이어서 박원순 변호사와 활동가들이 일을 놓고 얘기하면 주눅이 드는 경우가 많았다.

시간이 가면서 박원순 사무처장의 다그침이 잦아졌고, 모두들 1백 이라는 숫자에 경기를 일으키며 눈치만 보는 상황이었다. 나는 애초부터 다 실행하지도 못할 아이디어와 관련 자료를 모아 파일링 하는 일이 그리 유용하다고 생각하지 않았다. 박원순 사무처장이 나의 이런 태도를 탐탁지 않아 했지만, 큰 기획 사업과 대중 캠페인으로 사업 방식을 바꿔야 한다는 판단에 몇 가지 기획을 준비했다. 가계 부담으로 떠오른 통신비 부담 문제, 상가 임차인 보호 제도 도입, 고리 사채와 대부업을 규제하기 위한 제도 도입 등이 그것이다.

2001년 초 신년 사업 계획을 집중 논의하는 자리에서 그동안 준비했던 사업 기획안을 브리핑했다. 국내외 통계와 자료를 비교 조사해 이동 통신 요금이 크게 부풀려져 있고, 사업자들이 과도한 이윤을 내고 있는 상황을 객관적으로 제시했다. 온라인을 중심으로 이동전화 요금 인하 1백만인 서명운동을 시작해 여론을 일으키는 동시에 시장지배적 사업자에 대한 요금 인가권으로 사실상 요금 정책을 좌지우지하는 정부를 압박하고, 이슈를 국회로 가져간다는 문제 해결 전략을 제시했다. 아울러 직접적인 생활 이슈이기 때문에 폭넓은 대중적인 참여가 가능하고 참여연대의 외연을 확장시킬 수 있다는 기대 효과를 설명했다.

준비해 간 15쪽 정도의 기획안을 브리핑하던 도중 박원순 사무처장이 내일부터 당장 일을 시작하자고 했다. 내 예상과 전략은 적중했다. 이동전화 요금 인하 운동 기자회견을 하고, 온라인 서명 캠페인 사이트를 열어 한 사람이 열 사람에게 서명을 권하는 '물결 운동'을 펼친 결과 사흘 만에 3만 명, 한 달 만에 20만 명을 돌파하며 여론을 불러일으켰다. 당시로서는 획기적이었던, 네티즌들이 참여하는 온라인 시위를 벌여 정보통신부와 이동 통신 회사 홈페이지를 차례로 다운시켰다. 정통부 앞 1인 시위는 1천 명 가까이 지원자가 몰렸다.

결국 국회 상임위에서 이슈가 됐고 만족할 만한 수준은 아니지만 그 해 가을 이동전화 기본요금을 8.3퍼센트 인하하는 결과를 만들어 냈다. 그 뒤로 1년 동안 기자회견, 집회만 1백 번을 한 〈상가임대차보호법〉 (〈상가건물 임대차보호법〉) 제정 운동이 성공하고, 〈이자제한법〉·〈대부업법〉(〈대부업 등의 등록 및 금융이용자 보호에 관한 법률〉) 제정 운동, 신용카드 대란 때 벌인 '스탑(stop)카드 캠페인' 등의 성과로 참여연대 민생 운동의 기틀이 마련됐다.

이 과정에서 나는 중요한 운동의 동반자이자 동지를 여럿 얻었다. 참여연대 민생희망본부장을 지낸 존경하는 선배 김남근 변호사, 촛불 시위 사건의 대리인이자 친구인 이상훈 변호사, 세상사 모르는 일이 없고 천재적인 기질이 있는 이헌욱 변호사, 어느새 참여연대 여성 간사들의 큰언니 역할까지 하고 있는 나의 친구 권정순 변호사, 그리고 누구보다도 지난 10년 이상 동고동락하며 미운 정, 고운 정, 오만 정이 다든 후배 안진걸 등이다. 많은 이들의 땀과 노력이 있었지만, 특히 이 분들의 열정과 헌신성이 없었다면 불가능했을 일들이었다.

2011년 무상 급식 주민 투표가 무산되고, 오세훈 전 시장이 사퇴 발표를 하고 며칠 뒤 이화여대 김수진 교수로부터 만나자는 연락이 왔다. 김민영 전 참여연대 사무처장과 함께 나가 종로에서 점심을 했다. 김수진 교수는 참여연대 의정감시센터 소장을 지낸 정치학자로 종종 후배들에게 술을 사주며 조언도 하고 세상 돌아가는 재밌는 얘기를 해주시는 분이다. 그 자리에서 박원순 변호사의 서울시장 출마 얘기를 처음으로 들었다.

아직 박 변호사의 의중이 분명히 확인되지 않았던 상황이지만, 김수진 교수는 확신했다. 백두대간 종주를 하고 있던 박원순 변호사를 만나 확답을 받을 테니 시민사회에서도 준비를 시작해 달라고 했다. 2010년 시민사회의 출마 권유를 워낙 완강하게 뿌리쳤던 터라 반신반의했다. 그런데 열흘 뒤 박 변호사는 산에서 내려와 출마 선언을 하고 안철수 교수와 단일화를 이뤘다.

박원순 시장은 일에 대한 열정과 추진력이 탁월한 분이다. 당선되자마자 전광석화와도 같이 전면 무상 급식, 서울시립대학교 반값등록금, 서울시 비정규직 노동자의 정규직화 공약을 이행한 것만 봐도 알 수 있다. 문제는 그만큼 같이 일하는 사람들이 힘들다는 것이다. 참여연대 사람들은 농담 삼아 "박 변호사가 시장이 되면, 서울시 공무원들도 좀 당해 봐야 한다."는 얘기를 하곤 했다. 그런데 막상 시장이 된 뒤 무리하지 않는 인사로 조직을 안정시키고, 일선 공무원들의 사기를 북돋아 일할 의욕을 끌어냈다. 짧은 사이, 시민운동가였던 박원순은 정치인 박원순으로 진화했다. 시민운동에서 이룬 성취만큼이나, 정치인 박원순이 만들어 갈 변화도 꽤 기대가 된다.

나의 실존적 삶과 촛불

2002년 말 참여연대에 안식년 휴가를 냈다. 30대 중반을 넘기 전에 더 큰 경험을 얻기 위해 견문을 넓힐 결심을 하고 유학을 준비했다. 신촌에 있는 어학원과 정독도서관을 오가며 두 달간 집중적으로 토플 시험을 준비해 유학에 필요한 점수를 받았다. 다음은 돈이 문제였다. 수소문 끝에 아시아재단에서 지원하는 홍콩 대학 인권법 석사 장학생에 선발됐다. 호주에 짧은 어학연수를 다녀온 뒤, 2003년 8월 유학길에 올랐다. 장학금도 넉넉지 않은데다 아내의 직장 사정도 있고 아이를 데려갈 수도 없어 혼자 유학을 떠나 기숙사에서 생활했다.

대학 동기인 아내 최은숙과는 대학 2학년 때부터 시작한 오랜 연애 끝에 1997년에 결혼했다. 1999년에 아이가 생겼지만, 둘 다 일을 해야 하는 상황에서 시골에 계신 부모님이 육아를 맡고 일주일에 한 번 가서 아이를 보던 때였다. 서울 YMCA에서 시민운동을 하다 국가인권위원회 설립 과정에 참여해 공무원이 된 아내는, 오히려 붓고 있던 적금까지 해약하면서 어학연수 비용을 지원하고 격려해 줬다. 지금 생각해도 고맙고 미안한 일이다.

나와 아내 그리고 열세 살이 된 아들 소륜, 이렇게 세 가족은 온전히 함께 산 기간이 4~5년이 채 안 된다. 아이는 초등학교 들어가기 전까지는 부모님이 맡아 주셨고, 2006년 초등학교 입학하면서 함께 살다가 2008년 내가 촛불 시위로 인해 수배되고 조계사에서 농성하다 감옥에 가는 바람에 다시 1년여를 떨어져 있었다. 그리고 2010년 여름부터 지금까지 아내가 아이를 데리고 미국으로 안식년을 떠나 또 이산가족이 되었다. 무엇보다 아빠가 가까이서 시간을 함께 보내지 못해 아이에게 면목이 없다. 그때마다 아이를 책임지는 일은 주로 아내의 몫이었으니 아내에게도 면목 없는 일이다.

홍콩 대학에서 유학한 1년은 새로운 경험이었다. 국제인권법 석사 과정에는 아시아와 유럽 여러 나라에서 학생들이 왔다. 대부분 변호사거나 다른 직업 경험이 있는 친구들이었다. 다른 문화권에서 온 친구들을 사귀고 그들의 경험과 생각을 교류하는 것은 매우 유익했다.

『세계인권선언』을 비롯한 인권 문헌들을 읽으며 인권의 철학과 역사를 공부하고, 국제인권법, 인도주의법, 국제형사법 등 국제 공법의 체계와 내용을 배웠다. 국제연합(UN)을 중심으로 한 국제기구가 어떻게 작동하는지, 인권이 어떻게 국제 외교 무대에서 정치화되는지도 알게 됐다. 그때까지 국내에만 머물러 있던 시야가 확 넓어지는 느낌이었다.

우리가 늘 제2차 세계대전 중 일본군 위안부 문제에 대해 국제적 지원과 연대를 호소했는데, 1990년대에 발생한 르완다 학살이나 유고 내전에서의 집단적인 성폭행에 대해 놀라울 정도로 무지하고 무심했던 것을 반성하게 됐다. 1970~80년대 군사독재 정권에 의한 국가 폭력과 인권침해를 겪었던 역사를 어제 일처럼 기억하고 과거 청산을 주장했지만, 아시아나 아프리카의 많은 나라들에서 지금도 내전과 국가 폭력이 비일비재하게 일어나고 인권 활동가들에 대한 살해·고문·납치·실종이 일어난다는 사실에 둔감한 것이 부끄러웠다. 국제 연대의 중요성, 보편적 정의를 위한 연대와 투쟁의 중요성을 되새기는 계기가 됐다.

영어 실력이 부족해 공부하기가 쉽지는 않았다. 읽고 쓰는 것은 그럭저럭 문제가 없었으나, 수업 시간마다 시도 때도 없이 하게 되는 발표와 토론은 괴로웠다. 그래도 배움은 즐거웠다. 국제인도주의법으로 석사 논문을 썼다. 제목은 "한국전쟁 중 노근리 학살로 본 국제인도주의법의 교훈"(Lessons of International Humanitarian Law from No Gun Ri Massacre during the Korean War)이다.

도서관과 기숙사에 틀어박혀 한동안 씨름한 끝에 논문을 제출하고 나서 그동안 받았던 스트레스로부터 뭔가 보상을 받고 싶은 심리가 발동했다. 길을 걷다 우연히 미용실 앞에서 머리 염색 광고를 봤다. '그래 바로 저거다.' 난생처음 노란색으로 머리를 물들였다. 국내에 있었다면 엄두가 안 났을 일이지만, 뭔가 모를 해방감이 들었다. 노란 머리로 보름간 중국 여행을 한 뒤 짐을 싸 귀국했다.

홍콩 대학에 있는 중에 노무현 대통령에 대한 탄핵 사건과 촛불 집회가 일어났다. 국외 언론에도 크게 보도됐는데, 나는 시민사회가 탄핵 반대 운동에 '올인'하는 것이 어딘지 어색하고 불안했다. 노무현 대통령에 대한 탄핵이 다수당에 의한 부당한 의회 쿠데타였고 비판 여론이 거세게 일어났지만, 권력을 감시하고 견제하는 시민운동이 형식적으로는 제도적 수단에 의해 이루어진 탄핵으로부터 권력을 지키자는 운동에 나서는 것이 어딘지 앞뒤가 잘 안 맞고 어색했다.

민주주의는 제도적인 것만이 아닌 당파적인 것이지만, 노무현 정부와 시민운동이 당파적으로 일치할 수 있는가에 대한 의문이 들었다. 결국 내 느낌대로 재벌 문제, 이라크 파병, 비정규법을 비롯한 노동정책, 부동산 정책, FTA 등에서 시민운동은 노무현 정부와 사사건건 부딪혔다.

김대중 정부와 노무현 정부 10년의 평가는 사실 제대로 이루어지지 않은 측면이 있다. 이명박 정권의 무참한 역주행으로 민주 정부들의 민주성과 도덕성을 재평가하게 되고 그리워하게 된 측면이 있다. 또한 권위주의 해체나 정치 개혁, 남북 관계 등에서의 업적은 인정하고 높이 평가해야 한다.

그렇지만 신자유주의 경제정책을 전폭적으로 수용해 오늘날과 같은 양극화를 초래한 민주 정부들의 책임이 가벼워지는 것은 아니다. 민주 정부의 의제 설정과 정책 추진의 한계나 오류를 분명하게 짚고 넘어가는 것이 미래의 시행착오를 줄이는 길이다. 그렇지 않고 단순한 진영 논리 내에 머무르게 되면, 또 다른 시행착오를 반복할 수 있다.

안식년을 마친 나는 2004년 말 다시 참여연대에 복귀했고, 2006년 사무처장단 형태의 집단지도체제를 만들면서 상근 임원이 됐다. 부문을 책임지던 역할에서 전체를 책임지는 위치가 된 것이다. 노무현 정부 말기에 저출산 문제 해결을 위해 국무총리 산하의 사회적 합의 기구로 '저출산·고령화 대책 연석회의'가 만들어졌다. 정부 각 부처와 경제인 단체, 노동조합, 시민사회단체가 고르게 참여했는데, 나는 연석회의 본회의 산하 실무위원회 위원으로 참여할 기회가 있었다.

이때 가까이서 재벌과 기업의 논리를 관찰할 수 있었다. 그들은 '경쟁'과 '자유'를 선호하는 것을 넘어, '사회'나 '연대'라는 말을 생래적으로 싫어했다. 그뿐 아니라 기업도 사회의 한 구성 주체라는 것마저 부정하는 듯했다. 기업은 이미 이윤 추구를 넘어 이데올로기의 유포자가 되어 있었고 그 수단 또한 다양했다. "부자 되세요."라는 광고가 사회 심리의 저변을 파고든 것도 우연한 일이 아니었다. 같은 테이블에서 노동의 논리도 비교해 관찰할 수 있었는데, 오히려 노동은 가치의 생산자가 되지 못하고 무언가 정체되어 있고 박제화되었다는 느낌을 지울 수 없었다.

2011년 김진숙 지도위원의 한진중공업 크레인 농성에 희망버스가 찾아가면서 새로운 연대의 가능성과 상상력을 열었다. 나는 평소 노동의 가치를 중요하게 생각하면서도, 현실의 노동조합운동에 답답함도 느꼈는데, 그런 것이 뚫리는 느낌이 들었다. 희망버스는 노동의 가치가 연대를 통해 확산되고 실현되는 것임을 보여 줬다.

이쯤에서 2008년 촛불 시위에 대해 좀 더 자세히 얘기해 보겠다. 5월 2일에 시작된 촛불이 지속되고, 미국과 재협상을 하라는 여론은 갈수록 커졌다. 그럼에도 이명박 정부는 미국산 쇠고기 수입을 재개하는 고시를 강행하겠다는 의사를 굽히지 않았다. 국민대책회의 내부나 시민들 사이의 논란도 커졌다. '계속 같은 방식의 집회를 유지할 것이냐, 더 강한 행동이 필요하지 않느냐.'는 논란이었다.

거리로 나가는 것은 일회성으로 그칠 수 있는 전술이 아님을 경험상 너무도 잘 알고 있었다. 나는 조금 더 기다리고 더 명분을 축적해야 한다는 입장이었다. 거리로 나가는 순간 공권력과 보수 언론이 곧바로 '불법 폭력 시위'로 매도하면서, 강경 대응으로 나올 것이 예상됐다. 가능하다면 그 시점을 늦추고 싶었다. 그러나 광장의 들끓는 열망은 냉정함을 압도하고 있었다.

2008년 5월 24일 밤. "여러분, 지금 촛불이 청와대로 향하고 있습니다. 함께하시겠습니까?" 연단에 오른 나의 제안에 청계광장에 모여 있던 2만여 명은 조금도 망설이지 않고 환호하며 거리로 나갔다. 검찰의 공소장에는 당시 내 발언을 가리켜 "청와대 진격을 선동해 평화로운 촛불을 폭력 시위로 변질시켰다."라고 나와 있다. 나는 그 상황에서 최선의 판단과 행동을 했고 후회하지 않는다. 오늘 다시 눈앞에 당시 상황이 재현된다 하더라도 나는 같은 판단과 행동을 할 것이다.

시민들도 경찰도 준비되지 않았던 거리 시위는 광화문 네거리 곳곳에서 대치선을 만들다가 하나둘 정리되어 갔다. 자정이 넘어 광화문에서 종로로 이어지는 광화문우체국과 교보문고 사이 도로에 3백여 명이 남았다. 행진이 끝나고 국민대책회의 활동가들이 만류했음에도 연행을 각오하고 남아 있던 사람들 대다수는 운동권이 아닌 평범한 시민들이었다. 그러나 경찰의 표현을 빌리자면 '운동권보다 더 무서운 사람들'이었다.

날이 훤히 밝고 대중교통이 다닐 시간이 되자 진압이 시작됐다. 광화문우체국 쪽으로 밀려서 몸싸움을 하는데 등에 아기를 업은 한 여성을 봤다. 애는 등에 업혀서 자는데 엄마는 늘어선 전경들의 방패 앞에서 계속 구호를 외쳤다. 지금에 와서야 하는 말이지만 나는 처음에 그 여성분이 이해가 안 되고, 심지어 미웠다. '애를 어떻게 하려고. 저러다 사고라도 나면 어쩌지?' 하는 생각에 조바심이 났다.

그러다 퍼뜩 내가 잘못 생각하고 있다는 것을 깨달았다. 사람들이 다시 하루의 일상을 시작하는 시간까지 꼬박 밤을 새우고도 절규에 가까운 구호를 외치는 아이 엄마는 마주선 경찰들보다 오히려 뒤에 있던 내게 더 무섭고 절절하게 외치는 것 같았다. "지금 등에 착 달라붙어 잠들어 있는 이 아이가 세상에서 내가 가장 아끼고 사랑하는 존재야. 오죽하면 이러겠니?" 촛불 시위가 이 정도로 끝나지 않겠다는 예감이 들었다.

촛불 시위 당시 국민대책회의 내부 그리고 거리에서는 각종 논쟁들이 많았다. 문화제 형식의 집회에만 머무를 것인가, 도로로 나가 행진할 것인가의 논란은 비교적 쉽게 정리됐다. 문제는 그다음이었다. 행진이 시작되고, 연행자가 발생하면서 그 책임을 둘러싼 논쟁이 일어났다. 그때 정치조직인 '다함께'가 희생양이 됐다. 이른바 '확성기녀', '다함께녀' 논란이 인터넷에 일었다.

요지인즉 "거리 행진을 사회주의 지향 단체인 다함께가 주도하는데, 대열을 경찰들 앞으로 데려간 뒤에 빠져 버리고 그러면 연행이 시작된다."는 식이었다. '다함께'가 행진에 앞장섰던 것은 맞지만, 그 외에는 근거가 없는 얘기였다. 행진하다가 경찰과 대치한 후 일정한 시간이 지났을 때 질서 있는 해산을 제안해도, 시민들은 해산을 마다했다. 오히려 "너희들은 빠져라."라고 해서 뒤로 물러섰는데 연행자가 발생하면 이런 식의 논란이 번졌다.

프락치 논쟁도 난무했다. 서로 프락치라고 비난했고, 심지어 국민대책회의도 프락치이며, 대책회의 집행부가 거리에서 모금한 집회 비용으로 플라자 호텔에 방을 잡아 생활한다는 황당한 소문마저 나돌았다. 국민대책회의가 행진용 음향 차량을 앞세우고 행진을 주도하면 "너희가 뭔데 마이크 동원해 행진을 유도하느냐."라며 항의하고, 행진용 음향 차량을 빼면 "왜 또 너희는 빠지느냐."며 항의했다. 노래를 틀면 왜 노래를 트느냐, 노래를 끄면 또 이번에는 왜 끄느냐는 식이었다.

경찰보다도 매일 밤 우리 편의 항의에 시달렸고, 인터넷에는 '대책 없는 대책회의'라는 비난까지 돌았다. 얼굴이 알려진 내가 주로 항의의 표적이 돼 처음에는 어이도 없고, 해도 해도 너무한다는 생각이 들었지만, 흔들려서는 안됐다. 국민대책회의 활동가들은 역할을 분담해 끝까지 남아 부상자와 연행자를 챙기고 더 큰 투쟁에 앞선 끝에 겨우 신뢰와 권위를 인정받았다. 민주주의는 소란한 것이고 소통의 비용이 드는 것이다.

국민대책회의 내부에서는 운동의 진로와 방향을 둘러싸고 거센 논쟁이 일어났다. 초기 쇠고기 '협상 무효', '고시 철회'라는 주 슬로건에는 이견이 없었다. 정부가 쇠고기 협상에 관한 고시를 강행하고 집회 규모가 커진 이후 의제를 확장하고, 정권 퇴진을 내걸어야 한다는 주장이 나왔다.

반면, 현실적인 대책도 없으면서 정권 퇴진을 내거는 것은 모험주의이며, 그 순간 동의하지 않는 시민들이 촛불 시위에 참여하지 않을 것이라는 반론도 팽팽했다. 결국 논란은 "재협상에 나서지 않을 시 정권 퇴진도 불사한다."는 어정쩡한 결론으로 봉합됐고, 이는 또 다른 해석의 논란으로 이어졌다.

그 무렵 나는 촛불 시위의 정치적 전망에 대한 고민이 들기 시작했다. 이명박 정권의 태도는 요지부동이었고, 기만적이었으며, 재협상 전망은 안 보였다. 야당은 불신받았고, 촛불 집회 현장에서도 시종일관 어정쩡했다. 총선이 끝난 직후라서 정권 심판의 다른 계기도 없었다. 이제 정당정치로 수렴돼야 한다는 주장은 막연했다.

어느 날 지금은 탈당한 한나라당 정태근 의원이 만나자는 연락을 전해 왔다. 이명박 대통령이 서울시장이었을 당시 정무 부시장이었던 측근이었기 때문에, 뭔가 메시지가 있을 것이란 판단이 들었다. 괜한 논란을 벌이기 싫어 한용진 공동상황실장에게만 공유하고 만났다. 그런데 정권이나 한나라당의 메시지를 갖고 온 것이 아니었다. 본인도 답답해서 어떻게 풀어야 할지 얘기나 들어 보자는 것이었다.

나는 "재협상 말고는 답이 없다. 그게 아니면 설사 물리력으로 촛불을 꺼도 정권은 내리막길을 탈 것이고, 정상적인 통치는 불가능할 것이다."라고 답하고 돌아섰다. 2008년의 촛불은 거리에서 일어나, 거리에서 뜨겁게 불을 밝히고 또 거리에서 사그라져 추후를 기약할 운명이었다.

나는 6월 10일 광화문 네거리에 컨테이너로 쌓은 명박산성 앞 무대에 올라 1백만 군중 앞에서 사회를 봤다. 역사적 현장의 중심에 섰다. 신문로, 시청 앞, 남대문까지 가득한 촛불의 감격을 지금도 잊을 수 없다. 6월 25일 국민대책회의 상황실에 파견돼 있던 참여연대 안진걸, 한국청년연대 윤희숙 두 사람에 대한 구속을 시작으로 본격적인 탄압이 시작됐다. 나를 비롯한 국민대책회의 활동가들에게 무더기 체포 영장이 떨어졌다.

6월 28일 밤 처참한 폭력 진압이 이루어지는 모습을 현장이 아닌 인터넷 생중계로 지켜봐야 할 때는 말할 수 없이 괴롭고 착잡했다. 참여연대와 한국진보연대에 대한 동시 압수 수색이 진행됐다. 집도 압수 수색이 이루어졌고, 초등학교 3학년 아들이 다니는 학교 앞에까지 경찰이 붙었다. 우선 몸을 피해야 했다. 하지만 기약도 정처도 없이 떠돌 수는 없는 상황이었다. 7월 5일 밤 집회에서 마지막으로 연설을 한 뒤 조계사로 들어갔다.

그렇게 시작된 조계사의 118일은 힘든 시간도 있었지만, 조계종단의 보호 그리고 많은 국민들의 관심과 지원 속에 보낸 행복한 시간이었다. 그러나 시간이 갈수록 현장을 판단할 수 없는 상황실장이 수행할 수 있는 역할이란 제한적일 수밖에 없었다. 촛불 시위도 거센 탄압과 누적된 피로 그리고 정치적 전망의 부재가 맞물리면서 서서히 가라앉기 시작했다. 국민대책회의 내부도 운동이 확대·고양되던 시기와는 달리 비생산적인 논쟁이 날이 갈수록 커졌다.

조계사 안에서 여러 사람을 만나며 논의를 진전시켜 보려 애를 썼지만 한계가 있었다. 내가 운동의 방향과 전망에 대한 논의를 붙잡고 있으면 오히려 걸림돌이 될 수 있겠다는 생각을 했다. 긴 토론과 논쟁 끝에 새로운 연대 기구인 '민생민주국민회의'를 발족하던 날 무거운 책임을 내려놓기로 했다. 그리고 마지막 정리와 새로운 싸움을 위해 조계사를 떠났다.

2008년 5월의 촛불 시위는 불현듯 내 삶에 들어왔다. 계획하지 않은 것은 물론 예상하지도 못했다. 그러나 인생에는 수많은 필연과 우연들이 있다. 촛불 집회를 주도하고 수배되고 감옥에 갔던 시간들도 그렇게 보면 우연 속에 예정되어 있던 필연이라는 생각이 든다. 수많은 사람들의 기운을 받고, 또 내 안의 기운을 끌어올려서 다른 사람들에게 전달했다. 그 에너지는 사회운동가로 살아온 삶을 다시 한 번 정리하고 추스르는 계기가 됐다.

무엇보다 대중 속에 뛰어들어 만나고 부대꼈던 경험이 소중했다. 거대한 해일과도 같은 시민들 가운데서 그들을 마주하는 일이 처음에는 무척이나 당혹스러웠다. 그러나 피할 수도 없었고, 만나지 않을 방법도 없었다. 거세게 항의도 받고, 욕도 먹고 격려와 지지도 받으면서 한참을 부대끼고 나서야 알았다. 대중은 이성적이고 합리적이라는 믿음과 자신감을 갖게 됐다.

일상이 아닌 비상 상황은 사람을 긴장하게 만들고, 그런 긴장은 평소에는 없던 힘을 만든다. 거대한 촛불의 한복판에서 시시각각 몰려오는 판단과 책임의 순간들에 상념과 망설임을 물리치고 결정과 집행을 했다. 또 다른 나를 발견한 새로운 경험이었다. 앞으로 내가 무엇을 하며 인생을 살던 자신감의 원천이 될 것이다.

오랜만에 들어간 징역살이는 나쁘지 않았다. 일단 싸울 일이 적었다. 학생 때는 징역 가서도 크고 작은 일로 싸우는 게 일과였는데, 민주 정부를 거치면서 국가인권위원회가 생겨 수형 시설을 모니터하고 교정 행정이 개선되어 과거에 비해 달라진 점이 많았다. 그래도 여전히 감옥은 인권의 사각지대다.

법원에 출정할 때 이른바 '시승 시갑', 그리고 '연승'이라는 것을 한다. '시승 시갑'은 수갑을 채우고 밧줄로 묶는 것이다. '연승'이란 포승을 진 앞뒤 사람을 연결해서 굴비처럼 줄줄이 묶는 것이다. 특히 이 연승은 도주를 방지하기 위해서라지만 사실은 낡은 관행에 의한 인권침해다. 또 법원 대기실에서는 수갑과 포승을 풀어 주지 않고 재판을 기다리는데, 남성들은 화장실도 묶인 채로 가 볼일을 봐야 한다. 난동이나 다툼을 방지한다지만, 조금만 시설에 투자하면 해결되는 문제다.

두 가지 문제에 대해 감옥 안에서 국가인권위원회에 진정서를 냈고, 조사관이 법원 출정 현장에 나와 조사를 했다. 그랬더니 구치소 측은 나와 공범들인 대책회의 활동가들만 따로 수갑과 포승을 풀고 각 방에 들어가 대기할 수 있는 검찰청 구치감으로 데려갔다. 결국 법원도 검찰청과 같은 시설로 보완할 수 있다면, 수갑과 포승으로 사람을 몇 시간씩 묶어 두지 않아도 된다는 것을 스스로 입증한 셈이다. 쓴웃음이 났다.

활동가에게 감옥은 일종의 갇힌 자유다. 온종일 앉아 책 읽고, 일기 쓰고, 편지 쓰면서 스스로 정리하는 시간이 그때가 아니면 언제 가능한가. 감옥은 "혁명가의 발전에서 핵심적인 요소"이며, "자신의 생각을 종합하고 반성하는 기회로서 가장 적합한 해결책"이라는 미국의 사회운동가 사울 알린스키(Saul Alinsky)의 말에 크게 공감했다. 감옥에서 지인들에게 보낸 편지에 썼던 표현처럼 그 시간은 "아무도 기획하지 않은 자유"였고, 앞으로의 인생에 다시없을 호사였다.

재판은 더디게 진행됐다. 나중에 밝혀진 사실이지만, 신영철 대법관의 재판 개입 때문이었다. 경찰과 검찰에서 묵비권을 행사했기 때문에 법정 투쟁이 중요했다. 편지지 30쪽 분량의 모두진술을 준비해 법정에서 긴 모두진술을 했다. 국민들 앞에 섰던 사람으로서 정리된 주장과 견해도 남겨야 한다는 책임감도 들었다. 나중에 안 사실이지만, 변호인을 통해 모두진술문이 『오마이뉴스』에 전재됐다. 촛불 집회에 대한 당시 나의 생각을 잘 담고 있는 기록이고, 역사적 문서라고도 볼 수 있기 때문에 글의 말미에 실어 두었다.

진보의합창

2009년 4·19 기념일을 하루 앞두고 갑작스레 보석으로 석방됐다. 촛불 시위 이후 1년 만에 참여연대로 돌아온 뒤 나는 정치에 대해서 고민하기 시작했다. 그도 그럴 것이 연인원 수백만 명이 촛불을 들고 1백

일 동안 싸웠지만, 딱히 손에 쥔 결과도 없고 이명박 정권의 태도도 전혀 바뀌지 않았다. 이명박 정권의 역주행과 촛불 시위를 경험하면서 "불의한 권력에 맞서 저항하는 것이 중요하지만, 거리의 저항만으로는 사회를 바꿀 수 없다."는 인식이 확산됐다. 정치의 부재를 절감했고, 정치의 재구성을 고민하기 시작했다.

그러나 당장은 구체적인 구상도 없었고, 무언가를 실행할 기반도 없었다. 일단 지방선거에서 다른 경험을 해보기로 결정하고, 곽노현 서울시 교육감 후보 추대 과정과 선거 캠프에 참여했다. 참여연대에서의 지위나 역할 때문에 캠프에서 상근할 형편은 아니었지만, 선거 전략 수립에도 참여하고 유세차를 타고 지지 유세도 했다. 선거가 무엇인지 조금은 맛보고 알게 됐다.

지방선거가 전체적인 야권의 승리로 끝났지만, 서울시장 선거, 경기도지사 선거를 놓친 불완전한 승리였다. 여러 평가들이 나왔고 연초부터 거론되던 연합 정치 담론들이 '빅텐트론', '야권 단일 정당론', '진보 대통합론' 등 백가쟁명의 형태로 솟아올랐다. 각각이 진정성 있고 설득력도 있는 주장들이었다. 나는 평소 한국의 진보 정치 세력이, 고착된 지역주의 보수 양당 체제에 균열을 내는 제3의 주체로서 정치적 확장성을 가져야 한다는 생각을 했다.

진보 정당이 분열돼 있고 이념적·정치적으로 충분히 유연하지 못해 확장성의 한계도 있지만, 그 가능성을 단념하는 순간 한국 정치는 진보적 사회 발전의 견인차가 되기보다는 걸림돌이 될 가능성이 크다고 판단했다. 지방선거의 친환경 무상 급식 정책의 승리를 통해 한층 커진 생활 정치의 요구나 보편적 복지에 대한 기대를 실현하고 온전하게 그 가치를 담아내기 위해서는 진보 정치의 힘이 커져야 한다고 생각했다. 신자유주의로 경도된 민주 정부 10년의 한계를 봤고, 2008년 촛불 시위를 통한 변화의 열망을 경험했으며, 시민운동가로 살아온 나의 신념과 가치로 볼 때 상식적인 결론이었다.

나는 진보 대통합을 위한 시민 정치 운동인 진보의합창을 제안하고 만드는 과정에 참여했다. 이 책의 공동 저자인 신언직·이정미 두 사람과는 그때 의기투합했고 정치적·인간적으로 가까워졌다. 권영길·강기갑·노회찬·심상정 등 멀리서 봤던 정치인들의 경험과 생각을 나눌 수 있었다. 진보의합창은 문제의식의 참신성과 초기 기세에도 불구하고 결과는 신통치 못했다. 통합에 무게중심을 두다 보니 진보 정당 내부 논의 상황에 구속됐다.

발언과 행동 모두 신중할 수밖에 없는 정당인들이 중심에 있어 진보 정당이 안고 있는 이런저런 문제들에 대한 과감한 혁신과 변화를 제안하기 어려웠다. 시민사회의 새로운 세력의 참여도 활발하지 못했다. 정치 활동에 일정한 제약이 따를 수밖에 없는 시민 단체의 현직 임원으로서 나 자신의 한계도 있었다. 좀 더 가볍고 경쾌하게 일을 만들어 가지 못한 것이 아쉽다. 다만 진보의합창의 문제의식이나 시도는 그때도 유의미했고 지금도 유효하다.

우여곡절 끝에 통합진보당이 출범했다. 비록 진보 정치 세력의 온전한 통합을 이루지 못한 안타까움이 있고, 전통적 진보와는 다소 결이 다른 결합에 대한 논란도 있다. 그러나 지역주의 보수 양당 체제에 변화를 가져올 제3의 정치 세력으로서 의미 있는 출발이다.

정당은 권력을 목적으로 하는 집단이다. 진보 정당 또한 단지 대안 정당으로 만족하는 것이 아니라 집권 정당으로 나아가야 한다. 그러나 목적과 의욕만 앞서 공수표 날리는 식의 집권 전략은 사기 진작에는 도움이 되겠지만, 큰 의미는 없다. 되도록 성과를 축적하고 힘과 실력을 키워야 한다. 그것을 위해 필요하면 연합도 하고 연대도 해야 한다. 정당정치가 광범위하게 불신받는 상황에서 혁신하고 국민에게 가깝게 다가가는 것이 현 시점에서 정치적 경쟁의 요체다. 헌신성과 치열함은 진보 정당의 입증된 장점이다. 여기에 더해 매력적이고 유능한 리더들을 더 만들어 내고 리더십을 세워야 한다. 한층 구체적이고 유연하면서도 유능한 비전을 제시해야 한다. 생활 속에 파고드는 정책과 대안을 제시해야 한다. 새로운 세력에 과감하게 문호를 개방하고, 진성 당원만이 아니라 지지자까지 포함하는 개방적인 정당 민주주의를 실험해야 한다. 정파나 패권 같은 구태는 과감히 벗어 던져야 한다.

시민 정치의 관점에서 볼 때도 진보 정당의 통합과 확장은 중요하다. 좋은 정당 없이 운동의 가치를 실현하기란 불가능하다. 그런 점에서 대중적이고 유능한 진보 정당은 시민사회의 과제이기도 하다. 시민 정치 세력이 정당에 직접 참여할 수도 있고, 밖에서 정당의 변화와 혁신을 추동하는 역할을 할 수도 있다. 시민 정치 운동의 대표 사례로 거론되는 미국의 '무브 온'(move on)도 정당과 긴밀한 연관성을 갖고 있다. 그간 시민 정치를 표방하는 흐름이 진보 정당보다는 민주당을 중심으로 형성돼 온 것이 사실이지만, 진보 정당의 힘이 커지면 자연스레 균형을 잡아 갈 것이다.

나는 진보의합창이 국회에서 성대한 출범식을 한 이후로 사실상 손을 뗐다. 진보 통합 관련된 논의도 한동안 크게 관심을 두지 않았다. 신언직·이정미 두 분께는 지금도 미안한 일이지만, 내가 할 수 있는 일이 많지 않다고 판단했다. 대신 당장 눈앞에 닥친 다른 일들로 바빠졌다. 설마 했던 친환경 무상 급식 주민 투표를 실시하면서 거기에 대응하는 데 집중해야 했다.

오세훈 주민 투표에 대비해 큰 단체가 역할을 맡아야 한다는 포석으로 2011년 초부터 서울 친환경 무상 급식 추진본부 집행위원장을 맡고 있었다. 친환경 무상 급식 주민 투표가 발의된 이후 제 정당과 시민사회단체들이 함께 '나쁜투표 거부 시민운동본부'를 구성했는데 또 집행위원장을 맡았다. 여의도의 나쁜투표 거부 운동본부 사무실에서 한 달간 상주하면서 주민 투표 거부 운동 전략 수립과 조직 구성, 캠페인을 챙기고, 교육과 강연을 다니는 일에 집중했다. 서울시민의 현명한 판단은 결국 주민 투표를 무산시켰고 재·보궐선거의 길을 열었다.

다른 한편으로 나는 지난해 전국 4백 개 노동·시민사회단체로 구성된 '복지국가실현연석회의'를 만드는 일에 집중했다. 기존의 복지국가 담론은 주로 정치권과 싱크탱크가 중심이 된 정치 담론에 머물러 왔다. 이행 전략 또한 정권 교체와 증세를 통해 복지 서비스를 확대해 복지국가로 간다는 식의, 간명하지만 단순한 경로를 갖고 있어 기득권의 격렬한 저항을 뚫고 나갈 주체 형성의 문제는 간과되어 있다.

그러다 보니 신자유주의 국가 운영의 최대 피해자인 노동자, 농민, 중소 상인 등을 중심으로 한 대중조직이 복지국가 운동의 주체가 되지 못하고, 생존권의 문제가 중심에 놓여 있지 않다. 그런 복지국가 비전은 한계가 있다고 봤다. 연석회의는 복지국가 주체 형성, 핵심 의제와 정책 목표 수립, 복지국가 5개년 계획과 같은 중장기 이행 계획의 수립, 총선과 대선 공동 대응을 포함한 공동 실천을 목표로 출범해 여러 가지 활동을 하고 있다. 나는 상임집행위원장을 맡아 연석회의를 출범시켰고 전체 활동을 조율하는 책임을 졌다.

촛불 집회 이후의 촛불 집회

2008년 촛불 시위 이후로 나는 세 가지 정도의 화두를 갖고 운동과 정치를 고민해 왔다.

첫 번째는 개인을 이해하는 것이다. 촛불 시위를 기점으로 기존의 정치·사회적 이슈의 장 전면에 등장하지 않았던 전혀 새로운 개인들이 나타났다. 그리고 그들은 소셜 네트워크로, 희망버스로, 한미 FTA 반대 여론으로 우리 사회의 변화를 밀고 가고 있다. 어떤 기성의 권위도 쉽게 인정하거나 무비판적으로 수용하지 않는 톡톡 튀는 개성을 갖고 있지만 동시에 정치적으로 매우 성숙하다.

분산되어 있는 듯 보이지만, 서로 소통하고 있다. 소란스럽고 질서가 없는 것 같으면서도 그 나름의 질서가 있다. 전자화되어 있고 정보의 습득과 소통 능력이 뛰어나 온라인 공간에서 존재 양식이 더 두드러진다. 그들의 존재 기반과 행동 양식은 전통적인 계급 대중이라는 범주나 그와 유사한 집합적 개념으로 분류하고 규정하기 어렵다. 이런 현상을 두고 이탈리아 정치철학자 안토니오 네그리(Antonio Negri)의 '다중' 개념이 유행하기도 했다. 하지만 그에 대한 깊은 이해나 신념이 없는 나로서는 그냥 '개인성'이라고 부르기로 했다.

과거에는 개인에 대한 주목은 부르주아 정치철학이나 사회윤리의 영역이지, 전통적인 사회변혁 사상에서 보면 이단이라고 치부했다. 시민운동을 하면서도 추상적인 '대중'이나 '시민'을 생각했지, '개인'에 대해 별로 생각해 보지 않았다. 그런데 어떤 집합적 개념으로 정의하기 어려운 '개인성'이 지금 한국 사회에 폭발하고 있고, 정치를 바꾸고 운동을 밀고 가는 원동력이 되고 있다.

자본주의든 사회주의든 아니면 다른 어떤 생산양식에서든 권리와 욕망의 일차적 주체는 개인이며 사회를 움직이는 가장 기본적이고도 독립적인 단위다. 그런 점에서 보면 앞으로의 운동, 특히 정치는 개인과 개인의 욕망에 대해 더 깊은 이해가 필요할 것이다.

두 번째는 생활 정치 또는 공공성의 정치에 관한 것이다. 광우병 쇠고기 문제나 한미 FTA 문제를 시민들은 복잡한 논리가 아니라 생활의 위협으로 받아들인다. 명쾌하면서도 완강하다. 광우병 쇠고기 문제에 이어 지난 지방선거에서 친환경 무상 급식 의제가 확산되면서 '생활 정치'가 주목받고 있다. 보편적 복지에 대한 관심과 높은 선호 또한 '생활 정치' 현상으로 이해할 수 있다.

생활 정치는 가장 급진적이며 폭발력이 있는 정치다. 나의 생명, 안전, 생존의 문제에는 대리 만족이 있을 수 없고, 비타협적이다. 이명박의 지지자들조차 이명박에게서 등을 돌리게 만들었던 것은 1퍼센트를 위해 99퍼센트를 희생시키는 정책 때문 아닌가. 경계하고 주의해야 할 점도 있다. 님비 현상과 같은 '집단 이기주의'나 일부 대기업 노동조합운동이 비판받는 '경제주의'처럼 왜곡되어 나타날 수 있는 위험성이 있다. 그렇기 때문에 공공의 가치로 수렴되고 대변되는 진보적 생활 정치를 구성하고 발전시키는 것이 중요하다.

촛불 시위가 처음에는 쇠고기에서 대운하 반대와 미친 교육 반대로, 여기에서 더 나아가 공공서비스의 민영화, 사유화 반대, 한미 FTA 반대로 확장된 것은 그런 점에서 중요한 의미와 시사점을 내포한다. 지난 양극화 과정에서 삶이 파괴되고 주변화된 사람들이 그 구조적 원인이 어디에 있는지 인식하기 시작했고, '공공성의 정치'가 싹트고 있다. 이를 더 본격화시키고, 성숙시키는 것이 향후 한국의 정당정치나 시민운동에 있어 중요한 과제일 것이다.

세 번째이자 가장 중요한 것으로 '나는 무엇을 할 것인가.'에 관한 고민이다. 주변의 지인들로부터 "정치를 할 것인가?"라는 질문이나 "정치를 하라."는 권유를 종종 들었다. 시민운동을 하면서 이름과 얼굴이 알려진 것도 있고, 또 외향적이고 웬만해선 쫄지 않는 내 스타일 때문이기도 할 것이다. 그런 질문을 받을 때면 "나는 이미 정치를 하고 있다. 시민운동도 제도화돼 있지는 않지만 일종의 정치다."라고 느슨하게 답하며 피하곤 했다.

시민운동가들 사이에는 개인적 동기로 정치를 선택한다는 것은 여전히 순수하지 않다는 관념이 있다. 사회를 바꾸고 싶은 열망이 있고 그 효과적 수단이 정치를 통해 권력을 획득하고 선용하는 것이라는 관점에 동의하면서도 운동과 정치의 경계를 구분하는 데 익숙하다. 제도 밖에서 의제를 제기하고 여론을 동원해 정치과정에 비교적 성공적으로 개입했던 경험이 있다 보니 은연중 운동 정치가 도덕성이나 효율성 면에서 더 우월하다는 생각도 퍼져 있다. 그렇다 보니 정치가 아쉽지 않고 굳이 욕먹어 가며 구정물 튀길 일 있나 생각하기도 한다.

한국 사회의 강한 반정치 정서 속에서 시민운동가들은 '좋은 일을 하면서도 사심 없는 사람들'로 칭송되기도 한다. 박원순 변호사가 민주당이 입당을 권유했음에도 끝내 무소속으로 재·보궐선거에 출마한 것은 민주당의 한계도 있지만, 반정치 정서 속의 '좋은 사람' 이미지가 더 유리했기 때문이다.

나 역시 이런 관념들로부터 자유롭지 않은 사람이다. 정치에 대한 자기 내면의 동기보다 정치를 평론하는 데 익숙했다. 잘할 수 있을까에 대한 두려움도 있고 실패의 두려움도 있다. 지금까지 대단한 성공은 없었어도 크게 실패가 없는 인생을 살았는데, 정치를 한다는 것은 크고 작은 실패를 감수하는 운명에 스스로를 내맡기는 것이다.

물론 시민운동을 하면서 느끼는 한계와 답답함도 있다. 정책이나 입법 운동을 하다 보면 어떤 단계에 이르러 더는 운동이 접근할 수 없는 벽을 수없이 경험한다. 현실 정치의 힘의 관계에 따라 정책의 굴절과 왜곡이 일어나기도 하고 수포로 돌아가기도 한다. 사실 대부분의 경우가 그렇다고 해도 과언이 아니다. 결국 할 수 있는 것이라곤 욕밖에 없을 때 무력감이 찾아온다. 정말 내가 생각하는 이상과 가치 그리고 정책을 직접 실현하고 싶은 욕망이 생긴다.

　이명박 정부의 역주행과 촛불 시위를 경험하면서 '정치가 우선한다'는 인식이 확산됐다. 오세훈 전 서울시장의 주민 투표 소동을 보면서 나쁜 정치인이 어떤 문제를 일으킬 수 있는지를 경험했다. 나는 좋은 정당을 만들어 좋은 정치를 실현하는 것이 이 시대의 핵심 과제라고 생각한다. 거기에 내 역할이 있다면 부족하지만 마다하지 않을 것이다. 그게 지금까지 내가 운동을 살아왔던 자세였고, 또 정치를 살아갈 자세다.

2008년 6월 광화문 네거리에서 열린 촛불 집회의 사회를 보는 모습.

못다 정리한 대화들

▌ 기러기 아빠로 사는데 외롭지 않아?

아내가 일리노이 주립대학에 방문연구원으로 있어. 애 데리고 미국 간 지 1년 6개월 됐는데, 처음 한 일주일간은 무지하게 쓸쓸하고 우울하더구먼. 집에 들어오면 불도 안 켜고 아들 방에 가서 누워 있곤 했지. 근데 바쁘니까 또 그럭저럭 괜찮아지더라고. 주말에 혼자서 밥 먹는 게 제일 고역이었는데 그것도 어느 정도 익숙해지고. 기러기 아빠가 돼서 우울증 걸린 사람들도 있다고 하는데, 운동권은 일단 바빠서 그런지 좀 덜한 것 같아. 이제 올 때 다 됐는데, 하루 이틀 사이

• 이 절은 이름을 밝히지 말아 줄 것을 부탁한 친구에게 질문자 역할을 하게 해 글로는 표현하기 어려운 내용을 담았다. 내 삶에 생명력을 갖게 한 친구에게 감사한다.

한 번씩 꼭 전화를 하지만, 그 사이 애가 많이 큰 것 같아서, 서로 또 적응할 게 기대도 되고 걱정도 되고 그래.

▌ 가족이 미국에 가있으면 돈이 많이 들지 않나?

돈이 좀 들긴 하는데, 아내가 휴직 중이지만 급여의 일부가 나와. 나도 일부 보내고, 좀 모았던 거 쓰고 그렇게 대강 해결하고 있어. 지금 사는 곳이 일리노이 주 어바나–샴페인인데 집값이 싼 동네야. 거기 서민 아파트에 살고 있는데다 우리 아들이 툴툴거릴 만큼 아내가 알뜰하게 살아서 큰돈은 안 드는 듯해. FTA 비준 반대 로비 차 미국 갔을 때 들러 봤더니 잘 살고 있더라고.

▌ 부인이랑 어떻게 만나게 됐는지 얘기해 봐.

대학 과 동기로 만났어. 사실 처음에는 내가 처를 별로 좋아하지 않았어. 워낙 까칠하고 자기표현도 분명한 친구라서 좀 부담스러웠다고나 할까. 2학년 되면서 데모도 열심히 나오고, 고민도 많은 듯하고, 예뻐 보이더라고. 그래서 엠티 갔을 때 고백하고 연애를 시작했지. 당시는 운동권이 연애하면 안 된다고 선배들이 말로는 얘기했지만, 실은 자기들도 알게 모르게 다 하고 있고, 문제가 되진 않을 때였어. 그래도 같은 과에서 연애하는 게 눈치도 보이고 쉽지는 않았지. 8년 연애한 후 서로를 너무 잘 알고, 이제 헤어지든 결혼하든 둘 중 하나의 선택밖에 없는 상황에서 결혼했지.

■ 아들이 아빠가 뭐 하는지 알아?

알고 매우 자랑스러워하지. 2008년에 아빠가 촛불 시위로 수배돼 언론에 대문짝만하게 나고 학교에도 다 소문이 났다는데, 오히려 그걸 즐기더라고. 시민운동이 좋은 일이고, 참여연대가 세상에서 제일 좋은 직장인 줄 알아. 이명박 때문에 아빠가 구속됐다고 생각하고, 어릴 때부터 이명박을 끔찍하게 싫어하지. 2010년 지방선거 전날 일기를 써놓고 자길래 살짝 봤더니, "내일은 선거하는 날이다. 기다렸던 MB 심판의 날이다. 서울시장은 한명숙, 교육감은 곽노현, 경기도지사는 유시민, 교육감은 김상곤……." 이렇게 적어 놓은 걸 보고 배꼽 잡았네.

■ 부인은 어떻게 생각해?

일단 서로의 소신이나 각자 하고 싶은 일 하는 것을 존중해. 처도 지금은 공무원이지만 예전에는 시민운동을 했기 때문에 잘 이해해 주는 편이고. 물론 경제적으로야 늘 아쉬움이 있지만, 그렇다고 지난 20년간 내가 수입이 없지는 않았으니까. 그런데 만약 백수가 되도 이해해 줄지는 모르겠어. 정치를 하더라도 처자식 굶겨서는 안 된다는 강력한 주장을 하더구먼.

▮ 어린 시절은 어땠어? 모범생이었나?

내가 다섯 살 때까지 외가에서 살았어. 부모님이 경제적으로 어렵기도 하고, 누나랑 동생도 있어서 외가에서 키워 주셨다고 해. 외조부께서 특별히 나를 예뻐하셨는데, 당시 고등학교 다니던 이모들이 조금만 늦게 우유를 타오면 불호령이 떨어졌다네. 당시 외가가 옥수동이어서 한강이 가까웠는데, 한강 백사장에 나가서 놀았던 기억이 나. 초등학교 들어가서 고등학교 졸업할 때까지는 특별한 사고 안 쳤고, 그럭저럭 평범한 학창 시절을 보냈어. 중학교 다닐 때 당시 한창 유행했던 롤러스케이트 장에 한동안 빠진 적이 있는데, 시간이 지나서 자유자재로 타게 되니까 이내 시들해졌고, 고등학교 3학년 돼서 담배를 배워 피우기 시작한 게 일탈이라면 일탈이지. 대입 시험 1백 일을 남겨 놓고 백일주 먹고 취해서 학교에서부터 집까지 걸어서 새벽에 들어와 어머님이 놀랐던 정도가 큰 사건이랄까.

▮ 평소 취미나 문화생활은?

특별한 취미는 없고, 산에 가는 걸 좋아하는데 요즘 거의 못 갔어. 문화생활은 한때 뮤지컬에 재미를 들여 좀 봤지. 〈미스사이공〉, 〈캣츠〉, 〈웨스트사이드 스토리〉, 〈시카고〉, 〈오페라의 유령〉, 〈맘마미아〉 등 소문난 뮤지컬들을 다 봤고 소극장 뮤지컬도 몇 편 봤는데, 문제는 이게 비싸서 취미로 계속 유지하기가 힘들어. 영화는 좋아하는

데 시간이 없어 극장에 가서 보는 건 1년에 너덧 편 정도 될까. 가장
최근에 극장에 가서 본 영화는 〈최종병기 활〉이야.

■ 기억에 남거나 감명 깊었던 영화는?

한 편만 꼽으라면 〈그랑블루〉. 끝없는 도전 정신이 감명 깊
었던 영화지. 사랑과 죽음의 미학이 끝내주는 프랑스 영화 〈사랑한다
면 이들처럼〉도 기억에 남아. 어린 시절의 리버 피닉스가 나온 〈허공
에의 질주〉, 수록된 영화음악이 유명한 〈바그다드 카페〉, 팀 버튼 감
독의 동화 같은 상상력과 위노나 라이더의 청순함에 반했던 영화 〈가
위손〉도 좋아하지. 한국 영화 중에는 〈공동경비구역 JSA〉 그리고 허
진호 감독의 〈8월의 크리스마스〉와 〈호우시절〉을 좋아해.

■ 인생이 마라톤이라면 지금 어디쯤 와있는 것 같아?

마라톤보다는 축구 경기에 비유하는 게 더 적합할 것 같아. 이
제 전반전 끝나 간다고 해야 할까? 전반전에 원 없이 뛰었고, 개인기도
화려하게 발휘했고, 팀플레이도 좋았는데 후반전에도 같은 페이스를
유지할 수 있을지는 모르지. 일단 믿는 건 체력이니 밀고 나가는 거지.

■ 살면서 가장 즐거웠던 때는?

음……. 2008년 촛불 시위 할 때가 아니었나 싶어. 매일 밤

새고 돌아다녀 몸무게가 4~5킬로그램 빠질 정도로 힘들었지만 물 만난 고기처럼 펄떡이며 살아 있음을 느꼈다고나 할까. 한번은 밤을 꼬박 새우고 아침에 집회가 끝났는데, 생방송 라디오 인터뷰가 있었어. 사무실 들어갈 시간도 없어서 차 안에 들어가 휴대전화로 인터뷰를 했지. 나중에 옆에서 지켜봤던 친구에게 들으니 내가 분명 눈 감고 자면서 인터뷰를 하는데, 말 한마디 안 틀리고 인터뷰를 끝내더라는 거야. '뭐, 저런 인간이 있나.' 하고 생각했다더군. 거대한 기운에 일종의 초능력이 생겼던 거라고 생각해. 물론 그로 인해 대가도 치렀지만.

가장 힘들었던 때는?

살면서 힘들었던 때는 여러 번 있는데, 근래 가장 힘들었던 때는 어머니가 대장암 응급 수술 받고 중환자실에서 사경을 헤매실 때야. 아버지한테 새벽에 전화가 왔는데, 어머니가 의식을 잃어 간다는 거야. 급히 내려가 병원으로 옮겨 검사했는데, 암세포가 대장을 뚫고 나와서 패혈증까지 일으킨 상태였어. 응급수술을 하는 의사가 상황이 위독해서 그날 밤을 못 넘길 수 있으니 가족들에게 알리라고 하는데 미치겠더라고. 중환자실에 계시는 동안 이대로 돌아가시면 우리 엄마 불쌍해서 어쩌나 하는 마음에 화장실 가서 울기도 했지. 다행히 고비를 잘 넘기고 항암 치료도 잘 끝나 이제 좀 있으면 완치 판정을 받으시게 돼.

■ 유학 가서 석사도 하고 논문도 썼는데 영어 실력은?

아, 그런 질문은 좀⋯⋯. 나이 들어서 배운 영어는 한계가 많아. 이게 계속 안 쓰니까 요즘에는 단어도 잘 생각이 안 나고. 2010년 가을에 마닐라에서 열린 '아시아 인권 옹호자 포럼'에 한국의 민주주의와 인권에 대해 기조 발제를 한 꼭지 해달라고 해서 원고도 써서 보내고 가서 발표를 했어. 발표는 그럭저럭 했는데, 문제는 꼭 그런 자리에서 질문하는 선수들이 있어요. 한 번도 아니고 답변하면 또 질문하고. 간만에 진땀 좀 뺐지. 2011년 초에 FTA 비준 반대 로비하러 미국 의회에 들어갔을 때, 시간도 없어 죽겠는데 같이 간 모 국회의원께서 통역 놔두고 자꾸 영어로 설명하는 거야. 미국 쪽 의원 표정은 계속 묘해지고. 그때 생각했지. '나는 저러지 말자. 웬만하면 통역 쓰자.'

■ 나이 들어 공부하니 어떻던가?

아주 즐거웠지. 지금도 한 번 더 하라면 하고 싶을 만큼. 다른 나라에서 온 친구들 중에도 나이가 비슷한 또래가 있어서 기숙사에서 재밌게 지냈어. 두 친구가 기억에 남아. 인도에서 왔던 비조 프랜시스(Bijo Francis)라는 친구는 변호사인데 지금은 홍콩에 남아 '아시아인권위원회'라는 단체에서 활동가로 일하고 있어. 가장 가깝게 지냈던 네팔 친구 라제쉬 하말(Rajesh Hamal)도 변호사인데, 공부 끝난 뒤 네팔로 돌아가서 인권 운동을 하지. 주로 페이스북을 통해 연락하며 살아.

310

■ 당신에게 시민운동은?

내가 인생을 배우고 사회에 눈뜨고 또 운동을 배운 영역. 이념을 떠나 현실을 보는 눈을 갖게 되고, 사회를 보는 관점을 벼린 곳이지. 시민운동을 하지 않았다면 다른 일을 했을 텐데, 경제적으로는 어쩌면 더 나았겠지만 지금보다 더 나은 인생을 살지는 않았을 것 같아. 그런 면에서 인생을 윤택하게 살 수 있게 된 배경이야.

■ 당신에게 참여연대는?

영원한 고향. 젊음을 던져 일했고 사회를 바꾸는 의미 있는 역할을 했고, 그 가운데 성장해 오늘의 내가 있고, 많은 사람들과 귀한 인연을 맺었거든. 앞으로 남은 인생에 어디 가서 무엇을 하며 살든 그 출발점이 되는 곳을 돌아보면 언제나 참여연대일 거야. 참여연대를 만드는 과정에 참여하고, 참여연대와 함께 성장한 것은 내게 무한한 영광이자 자부심이지.

■ 참여연대에서 18년 동안 활동할 수 있었던 힘은?

처음에는 학생운동의 연장선에서 사회 변화를 위한 길로 선택했는데, 그 뒤로는 배우는 게 많고, 많은 사람을 만나고, 또 재미있고 좋아서.

■ 정치 할 건가?

정치 해야지. 사회를 바꾸기 위한 것은 정치나 시민운동이나 마찬가지인데, 문제 제기하고 비판하는 것을 넘어서 뭔가 결정하고 변화시키는 실질적인 일을 하고 싶어. 객관적으로도 정치가 중요하고, 정치를 바꾸는 게 사회를 바꾸는 가장 중요하면서도 빠른 길이라고 생각해.

■ 가족들은 안 말릴까? 안 말렸어?

일단 부모님은 지금 시민운동 하는 것을 전적으로 지지하고 계속했으면 하시지. 아들이 고생할까 봐 새로운 모험을 하는 것을 불안해하시고, 좋은 일 하고 살다가 왜 구정물 쓰려고 하느냐는 얘기도 하시고. 시민운동은 좋은 일이라고 생각하지만, 정치나 정치인을 보는 보통 사람들의 시각은 안 그렇잖아. 아내는 찬성하는 편인데, 일단 첫 번째는 말려도 할 테니 하고 싶은 거 하고 살아라. 두 번째는 정치가 얼마나 힘든 길인지, 어떤 리스크가 있는지 감이 잘 안 오는 모양이야. 제일 재미있는 건 우리 아들인데, 아빠가 좋은 일 하려 한다고 믿지만, 참여연대에 자기 아는 사람도 많고 정도 들었고, 아빠가 높은 사람이어서 좋았는데, 백수가 될까 봐 무지하게 걱정하고 있어. 가족 중 가장 큰 지지자는 동생인데, "형이 대학 다닐 때부터 지금까지 계속 그랬듯, 뜻을 세우고 큰일 하며 살아."라고 하더군.

어떤 정치를 꿈꿔?

가난하고 힘없는 사람들이 기대하는 정치, 서민들의 소박한 꿈을 행복하게 만드는 정치, 상식의 기준이 되는 정치, 국민들에게 박수 받는 정치를 하고 싶어. 그런데 정말 중요한 건, 그 모든 게 뜻대로 잘 안되더라도 쉽게 절망하거나 좌절하지 않는 정치라고 생각해.

정치를 함께하고 싶은 사람은?

매우 많지. 우선 심상정·노회찬·이정희·조승수 등 진보 정치의 리더들. 내가 개인적으로 매우 좋아하고 재미있는 강기갑 의원. 대한민국 정치인 중 말과 글로 대중과 소통하는 능력이 가장 뛰어나다고 생각하는 유시민 대표. 이 책의 공동 저자인 신언직·이정미, 그리고 진보의합창에서 만났던, 노련하면서도 대중적인 김창현 통합진보당 울산시당 위원장. 대중 연설 기가 막히게 하고, 감각도 좋은 민주노총 김영훈 위원장. 참여연대에서 함께 동고동락했던 김기식 선배도 함께하고 싶은 사람. 그러고 보니 재밌겠네.

끝으로 더 하고 싶은 말은?

음……. 마지막 할 말이라면, 책을 많이 팔아야 해. 재판은 찍어야지. 그래야 앞으로 1년에 한 권씩 낼 용기가 생길 테니까.(웃음)

내게 죄가 있다면 국민의 편에 선 것입니다

먼저 이 자리에 참석해 주신 가족과 동료, 선후배 그리고 지인들에게 감사와 안부의 인사를 드립니다. 또한 마음으로 격려와 지지를 보내 주시는 국민들께도 감사의 인사를 드립니다.

경찰과 검찰은 지난여름의 촛불 운동을 불법 폭력 시위로 규정하고 그것을 주도한 혐의로 저와 이 자리 동료들을 기소했습니다. 저는 수백만 명에 이르는 각계각층 국민이 참여한 민주주의 축제였던 촛불 운동을 불법 폭력으로 매도하는 검찰의 공소를 인정할 수 없으며, 저와 동료들에게 부당하게 씌워진 혐의도 인정할 수 없습니다. 경찰과 검찰의 수사 과정에서 제가 일관되게 진술을 거부하고 묵비권을 행사한 것도 무엇을 감추거나 숨기려 함이 아니라 촛불에 대한 탄압과 부당한 수사에 항의와 거부의 의사를 표한 것입니다. 저는 오늘 이 법정에서 비로소 무엇이 옳고, 누가 그른 것인지를 분명히 가리고자 합니다.

▌촛불 집회 발단의 배경과 원인

지난 5월 2일 청계광장에서 여중생·여고생들이 주축이 되어 촛불이 시작될 때만 해도 그것은 우연한 사건이었습니다. 그러나 촛불은 그로부터 1백 일이 넘도록 지속되면서 지난 1987년 6월 항쟁에 이어, 우리 현대사에 획을 긋는 대사건으로 발전했습니다. 촛불 운동은 특히 그 중심에 시민사회단체나 정당이 아닌 청소년·네티즌·주부 등 보통 시민들이 있었다는 점에서 기존의 집회·시위와는 다른 시민 참여의 새로운 현상으로 평가되고 있습니다. 무엇이 각자 생활 현장에 있던 수많은 사람들을 광장과 거리로 불러낸 것인지, 왜 일상에 있던 사람들이 학업이나 생업도 뒤로한 채 거리에 나선 것인지, 그 배경과 원인을 파악하는 것은 이 사건의 전체를 이해하는 매우 중요한 전제입니다.

지난 4월 18일 한미 쇠고기 협상이 타결되면서, 광우병 위험 미국산 쇠고기 수입 재개가 기정사실화되었습니다. 미국산 쇠고기의 광우병 위험은 이미 수년 전부터 미국 내부는 물론 국제적인 경계의 대상이 되었습니다. 2006년 3월 작성된 한미 간의 쇠고기 수입 위생 조건을 보면 '30개월 미만의 뼈 없는 살코기'만을 수입 대상으로 제한하고 있습니다. 미국산 쇠고기의 광우병 위험에 대한 정부의 우려와 경계가 반영된 것입니다.

인근 국가이자 미국산 쇠고기 수입량이 많은 일본이나 대만은 더 엄격한 기준을 적용해 왔습니다. 예를 들면 일본은 지금까지도 '20개월 미만의 미국산 쇠고기'만을 수입 대상으로 제한하고 있습니다. 이처럼 미국산 쇠고기의 광우병 위험에 대한 우려가 국내외적으로 높고 안전성에 대한 입증이 이루어지지 않았음에도 불구하고 정부는 한미 정상회담을 앞두고 미국 정부와 축산업자들이 요구해 왔던 사항들을 대부분 수용하는 협상안을 받아들였습니다. 사전에 아무런 국내 협의 절차도, 국민을 대상으로 한 설득도 없이 철저하게 밀실에서 이루어진 협상이었습니다. 그로 인해 광우병 발병 위험이 매우 높은 30개월령 이상의 쇠고기 수입이 허용되었습니다. 30개월 미만의 쇠고기 중에서는 그간 수입이 금지되었던 척추 뼈, 뇌, 눈, 곱창과 같은 광우병 특정위험물질(SRM)까지 수입이 허용되었습니다. 그뿐 아니라 미국에서 광우병이 발병되어도 한국 정부는 즉각적인 수입 중단 조치를 취할 수 없도록 했고, 도축장에 대한 승인 취소 권한도 종전과 달리 모두 미국 정부에 내주었습니다.

검역 주권마저 송두리째 포기한 협상이었습니다. 졸속 협상, 굴욕 협상에 대한 여론의 비판이 쏟아졌지만 정부는 국익을 위한 불가피한 선택이었으며, 미국산 쇠고기는 안전하다는 답변만을 되풀이했습니다. 그러나 무엇이 우리가 얻을 국익인지 정부는 분명하게 제시하고 설득하지 못했습니다. 그러면서 국민이 느끼는 밥상의 불안과 공포를 '괴담'으로 치부하고 쇠고기 수입 강행 의지를 굽히지 않았습니다. 그 시점에 청소년과 네티즌을 중심으로 미국산 쇠고기 수입 반대와 재협상을 요구하는 촛불 운동이 시작된 것은 국민 스스로 행동에 나서지 않으면 안 될 만큼 실질적인 위협을 느꼈기 때문입니다. 국민의 건강과 안전을 도모해야 할 정부가 실체도 없는 '국익'을 내세워 국민을 위험으로 내모는 것에 크게 실망하고 분노했기 때문입니다.

또한 촛불이 갈수록 더 커진 것은, 말로는 소통을 내세우지만 실제로는 '한반도 대운하', '0교시 자율 학습'과 같은 국민 다수가 반대하는 정책들을 일방적으로 밀어붙이고, 반대하거나 비판하는 의견을 힘으로 누르려 했던 이 정부의 반민주적이고 독선적인 정책 추진 태도 때문입니다. 실제 광우병 위험 미국산 쇠고기 수입을 결정한 것 이상으로 국민을 분노하게 만든 것은 "싫으면 안 사먹으면 그만"이라는 대통령의 막말이었으며, 미 축산업자들의 대변인이라도 된 듯 국민의 혈세로 전 일간지에 "미국산 쇠고기는 안전하다."는 광고를 낸 정부의 어이없는 행태였습니다. 정부는 처음부터 과학적인 근거 제시나 설득 없이 미국산 쇠고기의 광우병 위험에 대한 의견을 '괴담'으로 몰아붙였으며, 불법 촛불 집회를 주도한 사람들을 처벌할 것이라고 위협했습니다. 심지어는 장학사와 교장 교감들을 동원해 청소년들의 집회 참석을 감시하고 가로막는 졸렬한 행동으로 국민의 조롱과 비판을 자초했습니다. 촛불의 위력에 밀려 대통령이 두 번이나 국민 앞에 사과해 놓고도 돌아서서는 '추가 협상'이라는 빈껍데기대책으로 여론을 호도하고, 거대한 컨테이너 장벽과 물대포 그리고 방패와 곤봉으로 촛불 끄기에 혈안이 되었습니다. 그런 정부에 국민은 절망을 느꼈습니다. 폭력으로 민주주의를 억눌렀던 독재 정권의 형태가 눈앞에서 다시 벌어지는 믿기 어려운 상황들을 목격했습니다. 지난 20년간 이루어 놓은 민주주의의 미약한 성과마저 하루아침에 물거품이 되는 위기를 느꼈습니다. 누구라도 이 상황에서 저항하지 않을 수 있었겠습니까?

민주사회에서 주권자인 국민이 정책 결정 과정에 의견을 제시하거나 찬반을 표하는 것은 당연한 권리입니다. 따라서 건강이나 생명의 안전에 위협이 될 수 있는 정책을 다수 국민의 반대 의사에도 불구하고 정부가 일방적으로 강행하는 것을 막기 위해 집단적 의사표시를 한 것은 우리 헌법의 국민주권의 원리나 집회·시위·결사의 자유 그리고 저항권적 기본권에 비추어 볼 때 정당한 의사 표현이자 기본권의 행사였습니다.

오히려 부당한 것은 국민의 의견을 무시하고, 정당한 의사 표현을 물리력으로 억압하고 봉쇄한 정부의 대응이며, 갈등을 악화시키고 사태를 키운 책임도 정부에 있습니다.

▌촛불 시위는 누가 주도했나

: 반미 좌파 세력의 기획과 선동이라는 주장에 대해

촛불 운동이 한참 진행되던 당시 정부와 한나라당 그리고 조·중·동 보수 언론은 촛불 배후설을 끊임없이 유포했습니다. 광우병국민대책회의나 한국진보연대와 같은 일부 반미·반정부 성향 단체와 그 단체들에 소속된 개인들이 촛불 집회를 기획하고 주도했으며, 치밀하게 배후 조종하고 있다는 것이 요지입니다.

검찰도 공소장을 통해 저를 비롯한 광우병국민대책회의 파견 활동가들이 서로 공모해 불법·폭력 시위를 주도했다고 주장하고 있습니다. 그러나 그와 같은 주장은 근거도 없을뿐더러 수백만 명이 참여했던 국민적인 저항을 소수의 기획과 선동에 의한 것으로 왜곡하는 것입니다. 지난 촛불 운동이 시민의 자발적인 참여에 의해 시작되고 증폭된 것이라는 점은 당시 많은 언론 보도나 민주주의의 새로운 현상으로 촛불을 주목한 여러 연구자들의 분석과 저술을 통해서 이미 객관적으로 확인된 사실입니다. 때문에 배후란 애초부터 존재할 수 없었으며, 네티즌과 시민들은 수사기관의 배후 찾기에 대해 각자가 배후이며, 서로가 배후라고 거침없이 밝혔습니다. 촛불 시위가 일부 반미·반정부 세력에 의한 것이었다는 주장의 허구성은 촛불 시위에 참여했던 사람들의 구성만 살펴보더라도 곧바로 드러납니다.

일례로 지난 5월 2일 첫 촛불 문화제에 참석한 1만여 명 중 중고생과 일반 시민은 7천3백여 명으로 전체 참가자의 70퍼센트를 넘는 것으로 나타났습니다. 이어진 5월 3일 촛불 문화제에 참석한 8천 명의 참석자 중 중고생은 5천2백 명, 주부 등 일반 시민은 1천4백 명으로 대다수 참가자가 시민사회단체나 노동조합, 또는 대학의 학생회 등과는 무관한 시민들이었습니다. 경찰과 검찰이 대표적인 불법 집회·시위로 지목하고 있는 5월 31일 촛불 문화제에도 참가자 3만8천 명 중 시민은 2만 명, 주부 2천5백 명, 중고생 1천 명 그리고 네티즌 3천 명 등으로 시민사회단체나 정당 등에 소속되지 않은 일반 시민으로 분류된 참가자가 약 70퍼센트에 이르는 것으로 나타났습니다. 최대 군중이 모였던 6·10 촛불 문화제에도 네티즌 등 일반 시민의 참여는 60퍼센트를 넘은 것으로 나타났습니다.

앞서 인용한 참가자 숫자와 구성비는 모두 경찰이 증거자료로 제출한 정보 보고에 따른 것입니다. 참가자 숫자를 터무니없이 축소하고 그 구성 또한 부정확한 경찰의 정보 보고에 따르더라도 지난 촛불 운동은 자신과 가족의 건강과 생명의 안전을 지키고자 자발적으로 나선 시민들이 시작하고 주도한 것이며, 배후 세력의 기획과 선동 운운하는 주장은 터무니없는 것입니다.

▌광우병국민대책회의의 역할

광우병대책회의는 5월 2일 청계광장에서 청소년·네티즌을 중심으로 첫 촛불 문화제가 열린 이후 사안의 중대성과 시급성을 느낀 시민사회단체들이 5월 6일 긴급회의를 소집한 자리에서 전국적으로 약 1천5백 개 단체들이 참여 의사를 밝힌 가운데 만들어졌습니다. 광우병국민대책회의는 그 자리에서 '미국산 쇠고기 수입협상 무효와 전면 재협상'을 포함한 4대 요구 사항을 발표하고, 청계광장을 중심으로 진행되는 시민들의 촛불 문화제를 지원할 것을 결정했으며, 실무적인 역할을 위해 상황실을 구성하기로 결정했습니다.

그러나 그 같은 결정은 촛불 문화제 준비와 개최에 따르는 인적·물적·시간적 부담을 네티즌이나 개인이 아닌 시민사회단체들이 나서 감당하기로 한 것일 뿐, 시민의 자발적 참여가 중심이 된 촛불 문화제의 성격에는 하등의 변화도 없었습니다. 광우병국민대책회의에 참여한 많은 단체들은 오랜 기간 사회 진보와 개혁을 위해 권력을 감시하고 정책을 비판하는 활동을 해왔습니다. 또한 미국산 쇠고기의 광우병 위험에 대해서도 이전부터 문제 제기를 해왔습니다. 그런 점에서 이 단체들이 촛불 문화제를 지원하기로 한 것은 지극히 상식적이며, 자연스러운 결정입니다. 검찰은 광우병국민대책회의가 촛불 집회를 주도했다고 주장하고 있지만, 앞서도 언급했듯, 촛불 운동은 특정 단체나 집단이 주도한 것이 아닌, 자발적 국민의 참여가 원동력이 된 것입니다.

따라서 대책회의 상황실 구성원들이 집회의 실무적인 준비와 진행을 맡았다 하더라도 그것은 들끓는 국민의 여론이 하나의 장을 통해 효과적으로 표출될 수 있도록 지원한 것입니다. 광우병국민대책회의의 상황실장으로서 저의 역할 또한 국민의 의견과 여론이 정확하게 표출될 수 있도록 지원하고 노력한 것입니다. 따라서 국민대책회의나 내게 죄가 있다면, 그것은 불의한 권력에 맞서 국민의 편에 선 것뿐입니다.

▌촛불 집회는 불법·폭력 시위였나

검찰은 지난 촛불 문화제가 허가받지 않은 미신고 불법 집회였으며, 차도를 점거해 교통을 방해하고 폭력을 행사한 불법·폭력 시위라고 주장하고 있습니다. 검찰은 그런 주장을 뒷받침하기 위해 촛불 문화제에 문화예술인들이나 시민들의 공연 등 다양한 문화 행사가 있었던 사실을 의도적으로 생략하고 마치 정치 발언과 구호, 거리 시위만 있었던 것처럼 전개 양태를 호도하고 있습니다. 촛불 문화제는 전체적으로 공연, 장기 자랑, 자유 발언 등이 어우러진 시민 축제의 형식이며 그 가운데 정치성 구호도 나오는 것입니다. 그럼에도 불구하고 촛불 문화제의 한 측면만을 부각시켜 전체를 정치 집회로 보는 것은 지극히 자의적인 기준이며, 판단입니다.

야간에 미신고 불법 집회를 했다는 주장에 대해서는 이미 야간 집회를 허가 사항으로 하고 있는 현 집시법 10조에 대한 위헌 심판 제청 신청이 이 법원에 의해 받아들여져 헌재의 결정을 기다리고 있는 만큼, 별도로 언급하지 않겠습니다. 다만, 국민대책회의는 집시법 10조가 명백히 위헌적인 조항이고 촛불 문화제는 따로 신고가 필요 없는 문화 행사이지만, 불법 시비를 차단하기 위해 수차례 신고하려 했습니다. 그러나 그때마다 설득력 없는 사유를 들어 신고를 반려하고 결과적으로 미신고 집회를 할 수밖에 없도록 몰아간 책임은 경찰에 있다는 점을 분명히 지적하고자 합니다.

경찰과 검찰은 5월 24일을 시작으로 국민대책회의가 불법 시위를 주도했으며, 행진과 거리 시위 과정에서 경찰과의 물리적 충돌을 방치함으로써 결과적으로 폭력 시위를 조장했다고 주장하고 있습니다. 5월 24일의 거리 시위는 국민들의 거듭된 재협상 요구와 호소에도 불구하고 수입위생조건 변경고시를 강행하려고 했던 정부에 대해 더욱더 분명한 의사표시를 함으로써 고시 강행을 막고자 했던 시민들의 절박한 심정이 비계획적으로 표출된 것입니다.

당시 저는 무대에 올라 네티즌들과 시민들에 의해 거리 행진이 시작된 것을 현장에 있던 전체 참가자에게 알리고 동참을 권유한 바 있습니다. 검찰은 이를 두고 불법 거리 시위를 선동했다고 주장하고 있습니다. 그러나 당시 제 행동은 현장에서 발생한 주요 상황을 전체 참가자에게 알리고 공유할 책임이 있는 상황실장으로서 당연한 역할을 수행한 것이며, 기왕에 시작된 행진이 좀 더 질서 있게 진행되도록 하기 위해서라도 필요한 조치였습니다. 만일 지금 제 눈앞에 동일한 상황이 전개되더라도 당시와 같은 상황 판단과 행동을 할 것입니다.

5월 24일 첫 거리 시위가 시작된 이후 협상 무효와 재협상을 요구하는 효과적인 압력 수단으로 거리 행진을 계속해야 한다는 합의가 촛불 문화제 현장과 네티즌들 사이에 자연스럽게 형성되었습니다. 또한 할 수 있는 모든 합법적 방법을 통해 국민의 의사를 정부에 전달했지만 모두 묵살된 상황에서 이는 불가피한 수단이기도 했습니다. 대책회의는 거리 시위가 평화적으로, 질서 있게 이루어질 수 있도록 하기 위해 5월 말부터는 방송 차량을 준비하고 자원봉사자를 조직·배치했으며, 일관되게 평화 시위의 원칙을 천명하고 고수했습니다.

경찰과 검찰은 폭력 시위의 근거로 밧줄을 이용해 경찰 버스를 끌어내거나 파손한 사례 그리고 소수의 시위대에 의해 쇠파이프가 등장한 사례 등을 제시하고 있습니다. 비록 소수였지만, 이 같은 사례가 나타났던 것은 사실입니다. 그러나 이는 경찰의 조직된 폭력과 무자비한 시위 진압에 비하면 폭력이라고 할 수도 없는 미미한 것들이었으며, 경찰 폭력에 흥분한 소수의 시위대에 의한 우발적 행동에 불과합니다. 하지만 국민대책회의는 이조차도 촛불 집회를 불법·폭력 시위로 몰아가려는 경찰과 보수 언론에 빌미를 줄 수 있기 때문에 자제를 호소했으며, 현장에서도 적극적인 만류와 제재의 노력을 기울였습니다. 그 같은 사실은 이미 여러 차례 언론 보도 등을 통해 확인된 바입니다. 폭력을 조장하고 조직적으로 행사한 것은 오히려 경찰이었으며, 마구잡이식 연행과 무자비한 진압 그리고 거대한 명박산성이 바로 폭력의 증거들입니다.

경찰 폭력은 국제적으로도 문제가 되어 런던에 본부를 둔 세계적인 인권 단체인 앰네스티 인터내셔널(AI)은 조사관을 파견해 촛불 집회 당시 경찰의 인권침해에 대한 조사를 실시한 뒤 보고서를 내, "절제되지 않은 공권력의 행사와 폭력 진압 그리고 그로 인한 인권침해가 있었다."는 사실을 적시하고, 이를 시정할 것을 권고한 바 있습니다.

또한 국가인권위원회는 얼마 전 "촛불 집회 당시 경찰의 폭력 진압과 인권침해가 있었으며, 책임을 물어 경찰청장과 지휘 책임자들을 징계하라."는 권고를 포함한 조사 결과를 발표했습니다. 실제 경찰은 집회를 마치고 해산하려는 1백여 명의 시민을 차도도 아닌 서울 광장 안에서 무차별 연행한 바 있으며, 5월 31일에는 경복궁역 인근에서 아무런 물리적 위협도 되지 않는 시위대에게 살수해 다수가 안면 등에 부상을 당하는 일이 발생했습니다.

6월 1일 새벽 동십자각 인근과 안국역 주변에서는 토끼몰이식 진압과 연행을 하는 과정에서 많은 시민들이 경찰이 휘두른 방패와 곤봉에 찍히고 맞아 부상을 당했으며, 서울대 음대에 재학 중인 한 여학생을 진압경찰이 군홧발로 머리를 밟고 걷어차는 동영상이 확인되기도 했습니다. 6월 29일에는 서울시의회 부근에서 경찰의 마구

잡이식 진압과 연행을 몸으로 막고자 길에 누운 시민들을 무참히 밟고 지나가, 현장에 있던 한국 YMCA연맹 사무총장이 골절상을 당하는 등 많은 시민이 다쳤습니다.

그뿐만이 아닙니다. 6월 10일 광화문 네거리를 가로막은 5미터 높이의 컨테이너 장벽과 소통을 거부하는 이 정부의 태도를 상징하듯 겹겹이 둘러친 차벽이야말로 거대한 구조의 폭력이 아니고 무엇이겠습니까? 경찰의 무차별적인 연행과 폭력 진압으로 약 1천5백 명의 연행자와 무려 2천 명이 넘는 부상자가 발생했습니다. 이와 관련해 여러 건의 고소·고발이 있었지만, 지금껏 어느 하나 제대로 조사되지 않았습니다. 이런 점들을 종합해 볼 때, 경찰과 검찰의 폭력 시위 주장은 그야말로 도둑이 회초리 드는 격의 주장이 아닐 수 없습니다.

▮ 촛불 운동의 의미·교훈·과제

촛불 운동은 비록 광우병 위험 쇠고기의 수입을 막고 재협상을 관철시키지는 못했지만 많은 의미와 교훈 그리고 숙제를 우리 사회에 남겼습니다. 어떤 권력이나 권력자도 주권자인 국민의 뜻을 거슬러 성공할 수 없다는 평범한 진실을 우리는 다시 한 번 확인했습니다. 비록 이명박 정부가 물리력으로 거리의 촛불은 껐을지 모르나, 대통령과 정부에 대한 신뢰는 이미 회복 불가능할 만큼 깨지고 바닥났습니다. 취임 1년도 안되어 20퍼센트대에서 올라갈 줄 모르는 이명박 대통령에 대한 지지율이 바로 그 증거입니다. 통치의 출발선에서 이처럼 바닥을 모두 드러낸 대통령과 정부에 무엇이 남아 있어 남은 임기를 성공적으로 마칠 수 있겠습니까?

촛불 운동은 우리 대의민주주의가 안고 있는 문제점도 드러냈습니다. 정부는 물론 기존의 어떤 정당이나 정치인도 국민의 의사를 대변하지 못한다는 불신이 팽배해 있습니다. 국민들은 믿을 수 없는 그들만의 정치를 거부하고 스스로 결정의 주체가 될 것을 어느 때보다 강렬하게 요구하고 있습니다. 정부와 정치권은 민주주의 운영의 원리와 체계에 대한 국민의 새로운 요구와 열망을 어떻게 제도적으로 수렴하고 확립할 것인지 도전과 과제에 직면해 있습니다.

촛불 운동 과정에서 확연히 자리 잡은 쌍방향 의사소통의 원리를 국정 운영이나 정책결정 과정에 어떻게 반영할 것인지도 매우 중요한 과제입니다. 지식정보화 시대에는 과거처럼 정부나 권력을 가진 특정 세력이 지식과 정보를 전유하는 것이 불가능합니다. 따라서 일방적인 명령이나 계몽으로는 국민과 소통할 수 없으며, 정부가 마음을 열고 공론의 장에 다가설 때에만 비로소 국민과 소통할 수 있습니다. 만일 이명박 정부가 지금처럼 일방통행식의 대국민 관계를 고수한다면 국민의 지지는 더욱 멀어질 것이며, 그 결과는 실패한 정부로 남는 것뿐입니다.

촛불은 우리 사회에 만연한 시장 만능주의와 탐욕스러운 이윤 추구에 제동을 걸고 시장 독재에 강한 경종을 울렸습니다. 광우병은 초식동물인 소에게, 소에서 추출한 동물성 사료를 먹이는 인간의 탐욕이 빚어낸 비극입니다. 광우병 위험으로부터 자신과 가족의 건강을 지키기 위해 들었던 소박한 촛불은 광장과 거리의 투쟁을 거치며 이윤보다 인간이라는 품격 있는 깨달음으로 발전되고 승화되었습니다. 또한 광우병에서 시작된 촛불은 교육과 의료, 언론, 물, 전기, 가스 등 사회의 필수적인 공공성을 지켜야 한다는 의견으로 확대되었습니다. 촛불 운동은 모든 것을 시장과 이윤의 논리에 내맡기는 사회가 아니라, 사회 공공성을 강화하고 더 평등한 민주주의를 실현해 함께 사는 공동체로 나아가는 것이 우리 시대의 과제이며 미래라는 점을 분명히 보여주었습니다.

그러나 이명박 정부는 이 같은 촛불의 교훈이나 촛불이 남긴 과제를 여전히 외면하고 있습니다. 과거와 같은 폐쇄적·독점적·권위주의적 권력 개념에서 단 한 발짝도 나가지 않고 있습니다. 방송을 장악해 국민의 눈과 귀를 가리고 민주적 기본권을 억압하는 각종 악법을 추진하고 권위주의 정치의 도구였던 공안 기구들의 권한을 확대하고 있습니다. 민주주의와 인권의 어처구니없는 역주행입니다.

그뿐만이 아닙니다. 전 세계적인 금융 위기와 그 여파로 인한 실물 경제의 위기가 확산되는 상황에서 민생의 보호와 안정이 무엇보다 시급한 상황입니다. 그럼에도 불구하고 이 정부는 종부세·상속세·법인세 완화 등, 1퍼센트도 안되는 재벌·부자·특권층을 위한 감세 정책을 펴고 있으며, 경기 활성화라는 명분으로 건설 자본을 살리는 대규모 토목공사에 재정을 집중 투입하는 예산안을 편성했습니다.

반면, 저소득층과 약자에게는 최저임금을 내리고 비정규직의 기간을 연장하겠다는 칼을 들이대고 있습니다. 대통령은 "젊은 사람들이 눈이 높아 청년 실업의 문제가 발생한다."며 취업 문제로 가슴앓이를 하는 대학생·청년들의 가슴에 대못을 박는 발언을 하고 있습니다.

과연 이 정부가 추진하는 '경제 살리기'의 방향과 수혜 대상이 무엇이며, 누구란 말입니까? 단언컨대 그것은 서민과 사회적 약자 그리고 중간층을 위한 '경제 살리기'가 아니라, 1퍼센트 부자와 특권층을 위한 '부자 살리기'입니다.

정부의 국정 운영에 대한 불신에다 생존의 불안과 고통까지 겹친 지금, 언제 다시 촛불이 거리에 옮겨 붙을지 모르는 상황입니다. 만일 다시 한 번 촛불이 거리에 옮겨 붙으면, 그 촛불은 단지 몇몇 정책에 대한 반대에 그치는 것이 아니라 국민과의 소통을 외면하고 민생을 도외시한 채, 부자와 특권층을 위한 정책으로 우리 사회를 더 깊은 차별과 양극화의 늪에 몰아넣는 이 정부에 대한 근본적인 거부로 나아갈 것입니다. 이명박 대통령과 정부는 지금이라도 촛불의 교훈을 되새겨 무엇이 국민과 소통하는 길인지 고심해야 할 것입니다.

재판장님, 그리고 존경하는 방청객 여러분!

지난 촛불 운동은 건강과 생명의 안전을 위협하는 위험한 정책을 정부가 일방적으로 추진하는 것에 맞서 스스로를 지키고자 했던 국민의 자구적 실천이었으며 부당한 정책 결정과 불의한 권력 행사에 대항한 정당한 국민주권의 행사였습니다. 그 과정에서 국민들은 평화적으로 자신의 의사를 표현하기 위해 최대한의 자제와 노력을 기울였습니다. 1백 일이 넘도록 수백만의 군중이 모였음에도 아무런 불상사가 없었던 것은 국민의 평화 의지와 노력 그리고 성숙한 민주주의 문화 때문이었습니다. 따라서 정당한 목적과 평화적인 방법으로 진행된 촛불 운동을, 빈약한 근거와 편협한 논리로 불법·폭력의 틀에 가두려는 검찰의 공소는 마땅히 기각되어야 할 것입니다. 장시간 경청해 주셔서 감사합니다.

2008년 12월

박원석